CHINA SECURITIES GREAT COLLECTIONS

中国证券典藏大系

——— 民国文化股票卷 ———

余庆生　陈伟国　编著

中国科学技术大学出版社

内容简介

本书为"中国证券典藏大系"之一,通过再现部分文化企业在民国期间发行的珍稀股票文物,讲述其历史沿革及开创者创业背后的故事,以期知往鉴今,启迪未来。全书分为四篇,分别为:书局、报刊、图书篇,印刷、造纸、广告篇,戏院、影业、影院篇,古玩场、运动场、游艺场篇。为完整呈现文化类老股票发行的脉络,本书附录部分增加了少量清朝末期和新中国成立初期的文化类实物股票。

图书在版编目(CIP)数据

中国证券典藏大系:民国文化股票卷/余庆生,陈伟国编著. —合肥:中国科学技术大学出版社,2020.9

ISBN 978-7-312-04900-2

Ⅰ. 中… Ⅱ. ①余… ②陈… Ⅲ. ①证券市场—史料—中国—民国 ②股票交易—史料—中国—民国 Ⅳ. F832.97

中国版本图书馆CIP数据核字(2020)第150231号

中国证券典藏大系:民国文化股票卷
ZHONGGUO ZHENGQUAN DIANCANG DAXI:MINGUO WENHUA GUPIAO JUAN

出版	中国科学技术大学出版社 安徽省合肥市金寨路96号,230026 http://press.ustc.edu.cn https://zgkxjsdxcbs.tmall.com
印刷	合肥华苑印刷包装有限公司
发行	中国科学技术大学出版社
经销	全国新华书店
开本	787 mm×1092 mm　1/16
印张	16.25
字数	365千
版次	2020年9月第1版
印次	2020年9月第1次印刷
定价	286.00元

作者简介

余庆生

同济大学技术经济及管理学博士,深圳证券交易所金融博览中心顾问,任职于证券公司二十余年,主持或参与完成多只股票及债券发行的承销与保荐工作。从事股票文物收藏十余年,诸多藏品先后参加中国证券博物馆、深圳证券交易所金融博览中心及各大专题展览。

陈伟国

浙江镇海人,先后任上海电视台编辑、记者、制片人、主编等,曾编导四集大型电视纪实片《证券风云录》。从事实物股票收藏及研究二十余年,编著《珍稀上海老股票鉴藏录》《中国近代名人股票鉴藏录》等图书,在《新民晚报》《第一财经日报》《行家》等期刊发表股藏文章一百多篇。

名 家 推 荐

　　1983年"深宝安"股票公开发行,1984年"小飞乐"股票公开发行。1990年12月1日"深市老五股"股票在深圳证券交易所开始集中交易,1990年12月19日"沪市老八股"股票在上海证券交易所开始集中交易。之后不久,深、沪这两家交易所均实现了交易、交收无纸化,从此再无实物股票。

　　时至今日,深、沪股市共有近4000家上市公司,不少年轻人却不曾见过深、沪这两家交易所早期的上市公司实物股票是啥样的,更不知道清代、民国时期都有哪些上市公司股票。"中国证券典藏大系"以时序为轴并按专题分卷出版,以实物证券为基础,通过搜集、整理、研究相关文献史料,挖掘证券背后的故事,展现近现代民族工商业史、民族实业家创业史、外资企业在华发展史,为研究中国近现代股份制经济发展进行了积极的探索。"中国证券典藏大系"在资料搜集方面下足功夫,以使基础资料更加翔实,内容分类更加清晰。厉以宁教授曾说:"博引只为致用,溯源足以证今。"把中外股票的历史告诉读者,对于推进以中国特色社会主义市场经济体制为目标的改革发展,有着积极的作用。

——禹国刚("改革先锋"称号获得者,
深圳证券交易所创始人、第一任副总经理)

　　股份制是商品经济和社会信用发展到一定阶段的产物,股票是股份制的体现和物化。马克思曾对股份制企业的诞生及其促进社会生产力发展的巨大作用给予高度评价。他说,股份制企业对社会经济发展的促进具有里程碑式的意义,"标志着现代各国经济生活中的新时代","在股份公司中联合起来的不是单个人,而是资本";股份制度"对国民经济的迅速增长的影响恐怕估计再高也不为过","它们是发展现代社会生产力的强大杠杆"。

　　据估计,仅在近代中国,从清朝末年到新中国成立前发行过的各种股票,不下数千种;改革开放后发行的股票,数量和种类就更多了。这些代表股份制企业的实物证券,在社会经济生活中发挥出集聚资本、推动生产力发展的巨大作用。一张张股票,是一段段历史风云的体现,是一段段创业故事的见证。

可以说：

张张股票，浓缩中国股份企业步步轨迹；

方寸之间，折射世纪证券市场演变风云。

——朱荫贵（复旦大学历史学系教授、博士生导师，

复旦大学中国金融史研究中心研究员）

票证是证券市场所有者权利确认和转移的载体。尽管现在市场运转已经虚拟化和电子化，但历史遗留下来的实物票证承载着那一段历史市场风云和故事遗迹。余庆生先生以其长期收藏市场历史票证的积累，来叙述这背后的历史风云，使后人得以从实物票证形象地认识和领略那些历史真实，这是功德无量的行为……

——陆一（英国《金融时报》集团旗下FT中文网

专栏作家，中国证券市场史研究者）

总　　序

证券是证明其持有人享有某种特定权益的法律凭证,狭义的证券主要指证券市场中的股票、债券、基金、期货、期权等证券产品,是国家、社会经济组织及个人投融资活动的金融工具,在人类的经济活动中一直扮演着重要角色。证券市场历史悠久、风云变幻,对世界各国政治经济发展有着重大影响。中国证券发展有史料记载以来经历了不同历史阶段,直至当今成为促进我国国民经济发展不可或缺的要素。

据《周礼》记载,早在西周时期,私人之间、官府与民间常有借贷,当时借据(债券最原始的雏形)或买卖契约写在木片或竹片上,然后剖开一分为二,债权人或买主执右券,债务人或卖方执左券,债权人或买主可执右券责成债务人或卖方履行合约,即"操右券以责"(《史记·平原君列传》)。债权人在讨债和索取利息时可命债务人前来"合券"(《史记·孟尝君传》)。《周礼·天官·小宰》所载"听称责以傅别",讲的就是根据契约债券裁决借贷上的争议。东周及春秋战国时期,借贷已非常普遍,《国语·晋语八》记载栾桓子"假贷居贿",即放款取息、积储财物。1986年出土于湖北荆门包山二号楚墓的楚简中有相关借贷的记载——"期至屈栾之月赛金"和"化期不赛金",为关于借款到期无力偿还的描述。西汉时期,高利贷进一步发展,《汉书·王子公卿表》记载表明朝廷对高利贷有法定利息及税收(赀贷税)的相关规定。东汉时期,中央朝廷财政愈发困难,不得不向地方王侯或民间借贷,即早期的国债。三国两晋南北朝时期,社会分裂动荡,经济发展衰退,但借贷一直兴盛,特别是南朝时期,寺院放贷盛行,产生了中国古代最早的典当业。隋朝出现的公廨钱制度,即为朝廷放贷取利,以补朝廷经费之需的做法。唐朝时期,长安西市产生了中国最早的金融市场,如办理抵押贷款的"僦柜""质库"、朝廷经营贷款的"公廨"、接受存款及保管服务的"柜坊",特别是经营"飞钱"业务的"进奏院"等机构的出现,产生了中国最早的汇兑业。宋代是我国古代金融业发展鼎盛时期之一,出现了大量从事货币、金银、有价证券买卖的交引铺,同时出现了以"库户""钱民"为中心的高利贷网络,典当业也出现了合伙、合股经营等形式。元代高利贷十分活跃,其时西域商人经营的"羊羔息"业务年息加倍且为复利,另官府亦设立"广惠库"以经营高利贷业务,放典收息。明代典当业十分发达,同时出现了"钱铺""钱肆""钱庄"等开展兑换业务的店铺。清代开始出现从事存放款业务的账局以及从事汇兑和存放款业务的票号,如道光三年(1823年),山西平遥商人雷履泰创办了中国最早的票号"日升昌"。明清时期,"招商集资、合股经营"的组织形式就已出现,如钱庄在清代的繁荣期,多为合伙出资的模式,具有明显的股份制特征,其合股者签订的契约也具备一定的股票功能。

中国封建社会在漫长的发展过程中孕育着资本主义的萌芽。第一次鸦片战争以后,国外资本主义势力入侵,中国传统的金融体制和产业发展受到前所未有的冲击,清末洋务运动本着"自强求富"的方针,通过设立中国人自己的军工及民用股份制公司,开启了中国近代资本市场的新篇章。

1853年，上海道台吴健彰向上海洋商借款雇佣作战船只，并由江海关关税担保，此次借款被认为是中国政府首次对外借款。此后，为了筹措战争经费、兴办实业、修建铁路以及对外赔款需要，清政府大举外债。同时，为弥补财政不足，清政府还效仿外国做法，共发行了三次国内公债：1894年的"息借商款"、1898年的"昭信股票"和1911年的"爱国公债"。

1872年，轮船招商局发行了被认为是中国真正意义上的第一张股票。此后，随着洋务运动的深入，选择发行股票的企业越来越多，参与股市的国人也越来越多，并先后出现了中国近代证券市场三次影响较大的股票风潮，分别为光绪九年(1883年)矿局股票风潮、宣统二年(1910年)橡皮股票风潮以及民国十年(1921年)信交风潮。

上海是我国近代资本市场的发轫地。1869年，在上海四川路二洋泾桥北，洋商率先在中国成立了第一家专营有价证券的股票交易公司——英商长利公司。1891年洋商在上海设立了上海股份公所，1905年又将之改组为上海众业公所，从事证券交易，交易方式有现货、期货两种，现货交易占绝大比重。上海众业公所是洋商在中国创办的第一家证券交易所，也是中国最早的证券交易所。清光绪八年(1882年)十月，中国人自己创办的第一家买卖股票的公司——上海平准股票公司设立并开展股票公开买卖交易，首开中国有组织证券市场的先河。但受时局动荡的影响，平准公司很快停业，自此清代就再没有华商证券交易所设立。中国的证券市场长期被洋商垄断，存在于华商市场的仅是以茶楼聚会形式商谈证券交易的民间组织，即股票市场的"茶会时期"。

1914年，上海创立了上海股票商业公会，公会会所附设股票买卖市场，有会员13家，每天上午集会买卖证券，会员也可经营代理买卖，按成交额收取佣金。市场管理人员登记交易情况，逐日公布行情，并印送行市单。后参加公会的证券商增加到60余家，交易规模不断扩大，实际上已成为证券交易所。

1914年和1915年，北洋政府分别颁布了《证券交易所法》和《证券交易所法施行细则》，这是近代中国第一部关于证券交易的法规，为国人证券交易所的开办奠定了法律基础。1929年，南京政府颁布《交易所法》，针对证券交易运作中的具体问题提出了更进一步的法律解决方案。

1916年，中国人自己创办的第一家证券交易所——汉口证券交易所成立，主要经营证券及棉花等物品交易，但开业不久即歇业。1918年6月，经北洋政府农商部批准，北平证券交易所成立，成为中国第一家经政府批准专营证券业务的交易所。北平交易所由梁士诒等人创办，主要经营债券、股票，兼营外币业务；1922年以后以公债买卖为主；至1933年，经营逐步陷入了停顿状态；1939年6月，该所因战事影响而宣告停业。

1919年9月，由虞洽卿等人发起的上海证券物品交易所获准设立，1920年2月1日宣告正式成立，1920年7月2日正式对外营业，交易的标的物有证券、棉花、棉纱、布匹、金银、粮油和皮毛7类。后因1929年的《交易所法》关于一地只能有一个证券交易所的规定，该交易所的证券部于1933年并入上海华商证券交易所。

1920年5月，上海股票商业公会经过多方协商筹备，改组为上海华商证券交易所，交易方式分现货、期货两种。现货交易每日上午开市，期货交易分为1月、2月、3月三种。1937年上海"八·一三"事变停业。1943年在日伪当局命令下复业，日本投降后即停业解散。1946年国民党政府筹办官商合办的上海证券交易所，由原华商证券交易所的股东认购60%的股份，新中国成立前歇业。

民国时期，我国股份制经济已十分普遍，外国资本、官僚资本、民族资本等各类资本通过发行股票筹措资金，兴办各类实业，极大地改变了传统的生产关系，有力地促进了生产力水平的提高，金融、纺织、面粉加工、铁路运输、化工制药、商业百货等工商业取得了空前发展。同时，民国政府为偿还承继于清政府的债务、弥补财政及战争经费的不足，发行了大量的国家和地方公债。

值得一提的是，中国共产党人在领导广大人民群众开展新民主主义革命期间，也有效利用资本工具积极开展革命战争和经济建设活动。如在红色根据地建立经济合作组织并发行股票，不仅弥补了国营经济、稳定了物价、改善了供求关系，为经济困难者提供经济帮助，而且提高了社员的民主意识与政治素质，为成功开展革命提供了经济和社会基础。革命根据地公债是我国新民主主义革命时期，各根据地人民政府以信用形式向人民举借财粮的一种办法，成为根据地建立初期财政收入的主要来源，为新民主主义革命作出了重要贡献。

1949年6月1日，经华北区财委会、人民银行总行及天津市人民政府批准，天津市军管会在接收原天津市证券交易所基础上成立的新的天津证券交易所正式开业。这是新中国第一家证券交易所，交易的股票有启新洋灰、东亚企业、耀华玻璃等14家公司以往发行的股票，1952年7月关闭并入天津市投资公司。

1950年2月1日，北京证券交易所正式开业，主要交易的股票为天津上市的启新洋灰、耀华玻璃等6种股票，1952年2月21日，北京证券交易所关闭歇业。

新中国成立后，兴办生产、消费或金融（信用）合作社，并发行合作社股票，成为个体工商业、农业和手工业进行社会主义改造的主要途径。从1953年起，开始在全国范围内对资本主义工商业进行大规模的社会主义改造，至1956年，资本主义工商业实现了全行业公私合营。国家对资本主义私股实行"定息制度"，并发放股票或股息凭证。公私合营对巩固和发展社会主义道路发挥了重要作用。

1950年，为弥补财政赤字、减少现钞发行、有计划地回笼货币、稳定物价，中央人民政府发行了第一期人民折实公债，计划发行1亿分，实际销售1.48亿分，主要针对社会富裕阶层销售。1950年，经中央政府批准，东北地区先后发行两期共3000万元地方折实公债。1954~1958年，国家连续5年发行了国家经济建设公债，共实际募集资金35.44亿元，为初步建立我国国民经济工业基础发挥了积极作用。

1978年12月，党的十一届三中全会确定了以经济建设为党和国家的工作中心，并开始逐步推行一系列经济体制改革，中国资本市场又重新开始孕育。1980年1月，辽宁抚顺红砖厂由中国人民银行抚顺市分行新抚办事处首次代理发行定额每股"壹万元"股票280股，被认为是改革开放后首家发行股票的企业（非股份公司）。1982年，国家经济体制改革委员会成立，负责统筹和指导全国经济体制改革工作，全国自上而下的经济体制改革拉开帷幕，一些小型企业开始尝试发行股票，之后越来越多的企业开始股份制试点，股票一级市场开始出现。从20世纪80年代初直至上海证券交易所与深圳证券交易所相继开业，全国许多地方进行了企业股份制改革的探索并发行股票。但这阶段发行的股票从发行的条款来看更接近于企业债券，由于缺少统一的法律法规及监管体系，发行规模普遍偏小，发行过程亦不规范，交易市场混乱，出现了许多问题。1990年，深圳、上海出现股票热，引起全社会的广泛关注，国家相关部门先后对深圳、上海企业股份制改革及证券市场进行多次调研，最后决定保留上海、深圳股份制试点及证券市场。为规范证券市场发展、有序推进股份制改革，经政府主管部门批准，上海证券交易所与深圳证券交易所分别于1990年12月19日和1991年7月3日正式开业，标志着全国性的资本市场初步形成，市场从区域走向全国，从分散柜台交易转为集中统一的场内交易。

1981年1月28日，我国政府通过了《国库券条例》。1981年7月，我国开始重启国债的发行。1984年，由于银根紧缩，为解决在建项目资金不足问题，银行开始了发行金融债券融资支持这些项目。1985年，中国工商银行发行1年期金融债券5亿元，为改革开放后首次金融债券发行。1985年5月，沈阳市房地产开发公司向社会公开发行5年期企业债券，成为改革开放后首支发行的企业债券。1991年7月，国内设立最早的投资基金——珠海国际信托投资公司发起成立的"珠信基金"，经中国人民银行珠海市分行"珠人银金管151号文"批准设立，拉开了投资基金发展的序幕。

可喜的是，上海证券交易所与深圳证券交易所开业近三十载以来，中国资本市场得到了长足发展，多层次资本市场逐步形成，中国证券市场已成为全球几大资本市场之一和全球资本市场的核心力量，在资源配置和服务社会经济建设中发挥着越来越重要的作用。

为完整呈现中国近代证券发展历史画卷，系统研究中国近代金融证券史、工商业史及社会发展史，借古鉴今，更好地建设完善我国资本市场，对大量史料文献进行收集整理研究是必要的基础工作。"中国证券典藏大系"丛书按照时序系统收集整理我国清代、民国、新中国成立初期、改革开放后等各时期发行的各类专题股票、债券等珍贵证券实物，以期填补国内外档案馆、图书馆及博物馆等各类馆藏该类文献资料的不足，为专家学者开展专题研究提供大量宝贵第一手文物史料，亦为金融证券文化传播及金融证券收藏提供有益参考。

编者潜心证券收藏与研究十余年，呕心编著此丛书，但鉴于证券实物珍稀，加之编者水平局限，丛书收集的证券实物及相关文字批注仍需不断补充完善。不足之处，敬请方家雅正。

编　者

2019年12月31日

前　言

习近平总书记在党的十九大报告中指出："文化是一个国家、一个民族的灵魂。文化兴国运兴，文化强民族强。""让收藏在博物馆里的文物、陈列在广阔大地上的遗产、书写在古籍里的文字都活起来，让中华文明同世界各国人民创造的丰富多彩的文明一道，为人类提供正确的精神指引和强大的精神动力。"

中共中央办公厅、国务院办公厅印发的《关于加强文物保护利用改革的若干意见》中也指出："文物承载灿烂文明，传承历史文化，维系民族精神，是弘扬中华优秀传统文化的珍贵财富……保护文物功在当代、利在千秋。"

文化类老股票是珍贵文物，是近代中国老股票宝库中的灿烂瑰宝。它真实地记录了一个时代的文化信息，浓缩了一个时代历史文化的发展与变迁，也见证了一个时代文化市场诞生、发育与成长的轨迹。收藏、保存、展示文化类老股票，是对历史文化的传承与延续，是对创建股份制文化企业先辈们的敬重和缅怀，更是对灿烂历史文化价值的重新认识与历史传承，在新时代赋予它们新的历史使命与生命力。

近代以来，中国发行的老股票，不仅涉及金融业、工商企业、交通运输业等，还有书局、报社、戏院、印刷、学校、游艺、文物等文化业，这足以说明中国的民族资本早就开始利用股票市场来发展、壮大自己的文化企业。文化类股票涉及的股份制企业几乎遍布各个文化领域，大致可以分为：一是出版文化板块，即书局、报刊、图书等；二是文化用品板块，如造纸厂、制笔厂、印刷厂等；三是舞台文化板块，即影片公司、戏院、影院、剧场等；四是娱乐文化板块，如娱乐场、赛马场、跑狗场、游艺公司、古物商场等，它们共同构成了异彩纷呈的近代中国大文化产业，为我们留下了极其珍贵的大文化实物股票，其中不乏极具文物价值和深邃历史内涵的传世珍品。保存、诠释、传承和发掘这份宝贵遗产，是我们义不容辞的责任。知往鉴今，启迪未来。

本书分为四篇：书局、报刊、图书篇，印刷、造纸、广告篇，戏院、影业、影院篇，古玩场、运动场、游艺场篇。本书述及的老股票发行时间范畴主要是民国时期，为完整呈现文化类老股票发行的脉络，本书附录增加了少量清朝末期和新中国成立初期的文化类老股票。

古语云：以史为鉴，可以知兴衰。文化是城市的根脉，要保护好历史文化遗产，讲好文化故事，留住文化记忆，传承好历史文脉资源，任重而道远。让中华文化展现永久魅力和时代风采！

编 者

2020年6月

目　录

总序 ··· i

前言 ··· v

书局、报刊、图书篇 ·· 001

 新民国晨报股票 ··· 002
 少年中国晨报股票 ·· 003
 新夜报股款收据 ··· 005
 新天津报股票 ··· 007
 大公报社股份有限公司股票 ······································ 009
 上海商报社股款临时收据 ··· 011
 上海中央日报社股份有限公司股款临时收据 ············· 013
 华侨日报有限公司股份票 ··· 015
 文华美术图书印刷股份有限公司股票 ······················· 017
 良友复兴图书印刷有限公司股票 ······························ 020
 现代经济通讯社股份有限公司股款收据 ···················· 024
 晋省晋新书社股份有限公司股票 ······························ 026
 世界书局股份有限公司股票 ····································· 028
 中华乐社股份有限公司股票 ····································· 032
 上海民智书局有限公司股票 ····································· 034
 佛学书局股份有限公司股票 ····································· 036
 光东书局股份有限公司股票 ····································· 039
 中华书局股份有限公司股票 ····································· 040
 珠林书店股份有限公司股票 ····································· 045
 儿童书局图书文具股份有限公司股票 ······················· 047
 龙门联合书局股份有限公司股票 ······························ 049
 商务印书馆股份有限公司股票 ·································· 051
 芜湖工商报馆印刷有限公司股票 ······························ 054
 英商文汇有限公司股票 ·· 056
 申报馆股份有限公司股票 ·· 059
 现代书局股份有限公司股票 ····································· 061
 美洲国民日报股票 ··· 064
 万叶书店股份有限公司股票 ····································· 065
 开明书店股份有限公司股款临时收据 ······················· 067

印刷、造纸、广告篇 ········ 069

- 粤东编译兼学校用品有限公司股票 ········ 070
- 光华美术印刷股份有限公司股票 ········ 071
- 三一印刷股份有限公司股票 ········ 073
- 文化印刷事业股份有限公司股票 ········ 075
- 香港东方文化印书局股票 ········ 077
- 文华昌记印务局股票 ········ 078
- 荣业印书馆股份有限公司股票 ········ 079
- 中国华一印刷股份有限公司股款收据 ········ 080
- 永祥印书馆股份有限公司股票 ········ 082
- 江南制纸股份有限公司股票 ········ 084
- 天章纸厂股份有限公司股票 ········ 087
- 福建造纸股份公司股票 ········ 089
- 上海龙章机器造纸有限公司股票 ········ 091
- 上海粤昌照相卡纸股份有限公司产业部股票 ········ 093
- 华伦造纸厂股份有限公司股票 ········ 095
- 中国天丰造纸厂股份有限公司股票 ········ 097
- 中华制纸厂股份有限公司股票 ········ 098
- 宏文机器造纸股份有限公司股票 ········ 100
- 中国标准纸品股份有限公司股票 ········ 103
- 关勒铭墨水笔有限公司、关勒铭钢笔文具厂股份有限公司股票 ········ 104
- 博士笔厂股份有限公司股票 ········ 107
- 长城铅笔厂股份有限公司股票 ········ 109
- 上海铅笔厂股份有限公司股票 ········ 111
- 东北大学国货消费合作社股票 ········ 113
- 上海法科大学合作银行股票 ········ 115
- 复旦大学建筑债券 ········ 117
- 大夏大学建设债券 ········ 119
- 美灵登广告有限公司股票 ········ 121

戏院、影业、影院篇 ········ 123

- 大舞台演剧公司股票 ········ 124
- 南京国民大戏院股份有限公司股票 ········ 125
- 嘉兴新兴舞台股份公司股票 ········ 127
- 山东大戏院股份有限公司股票 ········ 128
- 台山联华有声影画戏院股票 ········ 130
- 国泰大戏院股票 ········ 131
- 上海友义股份有限公司股票 ········ 133
- 西安阿房宫大戏院股份有限公司股票 ········ 135
- 汉中大戏院股份有限公司股票 ········ 137

上海沪光大戏院股款收据	139
金都大戏院股份有限公司股票	141
怡和股份有限公司股票	143
楚城大戏院股份有限公司股票	144
朝阳大戏院合伙股票	146
泰山游艺股份有限公司、泰山大戏院股份有限公司股票	147
沪北大戏院股单	149
上海长城画片股份有限公司股票	151
上海南洋华侨影片股份有限公司股票	153
上海明星影片股份有限公司股票	154
联合电影有限公司股票	158
联华影业制片印刷有限公司股票	160
大观声片有限公司股票	162
中华电影联合股份有限公司股票	164
南京首都电影院股份有限公司股票	166
长沙银宫电影院股票	168
芜湖大华电影股份有限公司股票	170

古玩场、运动场、游艺场篇 　　172

上海振豫股份有限公司股票	173
汉口新市场有限公司股票	175
法商赛跑会股份有限公司股票	177
广东福利赛马股份有限公司股票	179
国民游艺股份有限公司股票	181
上海共发公司股票	183
崇明观海楼俱乐部股份有限公司息折	185
上海远东公共运动场股份有限公司股票	187
科学仪器馆股份公司股款收据	189
上海万国体育会股票	191
汉口万国体育会股票	193
天津意商运动场股票	195
中华运动场股份有限公司股款收据	197
上海古玩书画金石珠玉市场股票	199
上海中国古物商场股份有限公司股票	201
香港域多利溜冰场股份票	203

附录 　　205

附录一　清朝末期文化类股票 　　206
| 上海兰心大戏院股票 | 206 |
| 上海英国乡村俱乐部债券 | 208 |

上海广智书局有限公司股票 …………………………………………………………………………210

国事日报有限公司股票 ……………………………………………………………………………212

安徽宿州图书有限公司股票 ………………………………………………………………………214

汕头葱陇公园股票 …………………………………………………………………………………215

镇江商业印刷公司股票 ……………………………………………………………………………216

附录二　新中国成立初期文化类股票 …………………………………………………………217

沪宁大戏院股票 ……………………………………………………………………………………217

生生美术印制厂股份有限公司股款收据 …………………………………………………………218

华东美术印刷厂股份有限公司股票 ………………………………………………………………220

立信会计图书用品社股份有限公司股票 …………………………………………………………222

中国切纸文具制造厂股份有限公司 ………………………………………………………………224

昆明南屏大戏院股份有限公司股票 ………………………………………………………………225

公私合营衡山电影院股份有限公司股票 …………………………………………………………228

中国青年出版社股份有限公司股票 ………………………………………………………………230

公私合营东昌电影院股份有限公司股票 …………………………………………………………232

公私合营民丰造纸厂股票 …………………………………………………………………………233

公私合营上海新闻日报社股份有限公司股票 ……………………………………………………235

公私合营长宁电影院股份有限公司股票 …………………………………………………………237

公私合营杨浦电影院股份有限公司股票 …………………………………………………………239

澳门逸园赛狗有限公司股票 ………………………………………………………………………240

参考文献 ………………………………………………………………………………………………242

书局、报刊、图书篇

从清朝末期到民国时期，由于我国特殊的政治、经济、文化背景，呈现在我们面前的近代出版业，有着一条崎岖而又独特的发展轨迹。

在这个时期，以《申报》《大公报》《新闻报》为代表，商业报刊处于自身发展的繁荣期，已经走上向股份制公司经营的发展之路，在一定程度上引领了我国报刊业的发展潮流。在这个时期，我国近代出版业涌现出一批股份制公司，如著名的商务印书馆、中华书局、申报社、大公报社等公司，无不采取公开发行股票的股份制形式。这种先进的公司形式优于以往其他的组织形式，因而大大促进和推动了我国近代文化行业的繁荣和发展。

民国时期我国有多少家书局和报刊社？至今尚无准确的统计数字，但有关资料显示，在中华民国建立后一年左右的时间，全国的报纸由清朝末期的约100种，迅速增加至500种，总销量达4200万份。民国时期，我国出版的图书超过6400种，仅上海地区就有84家出版社。需要指出的是，上海是近代以来迅速崛起的大城市，经济文化发达，民国时期最大的五家出版机构——商务印书馆、中华书局、世界书局、大东书局、开明书局都在上海，它们的出版物占据了我国出版物的半壁江山。上海毫无悬念地成为当时我国出版业的中心。

值得庆幸的是，著名的申报社、大公报社、商务印书馆、中华书局、世界书局、良友图书公司等都为我们留下了弥足珍贵的实物股票，"出版耆宿"张元济、"一代报王"史量才、"画报鼻祖"伍联德、"新闻巨擘"胡政之、"文化巨匠"梁启超、"电影鼻祖"张石川、"娱乐业大王"黄楚九等，都在这段历史中留下了深深的印记。这些资料使我们能够从更高的层次、更广的视野，来审视我国博大精深的文化，来挖掘我国广博的人文精神。

新民国晨报股票

《新民国晨报》是同盟会多利分会的党报,1912年发行于加拿大域多利埠(今维多利亚城),在宣传辛亥革命、护国反袁等方面,均起到过积极的作用。

名称:新民国晨报股票

发行年份:民国元年(1912年)

股数:贰大元

尺寸:不详

注释:票上注明的"总理高云山"乃同盟会元老,曾在加拿大域多利埠创建同盟会分会,为筹募辛亥革命所需经费贡献颇多;新民国晨报股票亦为华侨老股票之稀见品。

少年中国晨报股票

1905年，以孙中山为首的中国同盟会正式成立。1910年8月19日，中国同盟会旧金山分会依照孙中山的提议，将《美洲少年周刊》改组为《少年中国晨报》，作为美洲同盟会的机关报正式创刊，推举黄伯耀为总经理兼营业部经理，黄超五任总编辑，李是男任副刊及新闻编辑。鉴于三藩市（即旧金山市）原有三家华文日报，皆系每日午间出版，《少年中国晨报》决定以晨报姿态出现，每日清晨六时即出版，从此成为美洲同盟会和革命党人的第一份机关报。孙中山在《少年中国晨报》发刊词中指出："革命事业可分两时期，一曰空言鼓吹时期；二曰武力实行时期，今日的口诛笔伐，是使革命思潮，为之澎湃而不可抑。"

《少年中国晨报》是孙中山在旧金山创办的革命党机关报，当时预算日报创办需筹款约万元，于是组织股份公司，招股集资，凡加入同盟会者，最少需认购一股，共招得股金3000余美元。该报发行后，一直对腐败的清政府进行无情的揭露，对保皇派给予猛烈的抨击，对革命开展大力宣传，尤其对孙中山的"三民主义"等思想更是广为传播，在美国政府和民众之间均产生很大的影响，成为资产阶级革命派在美国西部的重要宣传阵地。从此以后，《少年中国晨报》高举反清共和旗帜，与封建保皇势力展开斗争。

孙中山逝世后，该报仍与国民党保持密切联系，之后也一直得到国民党中央党部的财政补助。历经81年之后，由于国际形势和华侨文化环境的变化，《少年中国晨报》最终在1991年3月30日休刊。

名称：少年中国晨报股票

股数：贰股

发行年份：民国九年（1920年）

尺寸*：318 mm × 232 mm

注释：《少年中国晨报》由孙中山创办，为同盟会在美国的机关报，该股票上印有中国国民党党旗。这份报纸真实地见证了我国近代革命的艰辛历程，也深刻影响了几代华侨对祖国的感情，它的历史意义非同凡响，尤其是作为研究辛亥革命和孙中山的原始资料而弥足珍贵。

---

* 尺寸均按横向数据×纵向数据表示。

新夜报股款收据

《晨报晚刊》创刊于1932年6月6日,同年7月1日改名为《新夜报》。

该报创办时,张竹平、曾虚白所办《大晚报》已取得极大成功,几乎独占了上海的晚报市场,其他众多晚报无法与之竞争,而《新夜报》则提出刊登"新闻外之新闻、新闻内之新闻"和"杂志化夜报""小报化夜报"的口号,与之展开竞争,同时还增办副刊《淞滨夜谈》(后改为《都会风光》)和音乐、电影、舞场、妇女等专刊。经过努力,《新夜报》终于成为当时继《大晚报》后第二家有影响的晚报。

1936年1月,《晨报》因连续刊载揭露孔祥熙公债投机内幕的文章,被蒋介石下令停刊。《新夜报》也被牵连,于2月1日起停止出版。2月7日起,《新夜报》同仁又另组星夜报社出版《星夜报》,但也仅出版了两星期就再次停刊。

1946年5月12日,《新夜报》在上海复刊,负责人分别为社长金振玉、总编辑汤增、采访主任邹凡扬、经理孙道胜、总主笔孙金城。《新夜报》的副刊为《夜明珠》,同时出版各种专刊。1949年5月25日上海解放前夕,《新夜报》停办。上海解放后,新夜报馆由中国人民解放军上海市军管会接管。

潘公展(1894—1975),原名潘有猷,号公展,吴兴(今湖州)人,新闻耆宿。曾任中国公学校长、晨报社社长、申报社董事长等。

潘公展毕业于上海圣约翰大学,1921年入上海《商报》任电讯编辑,后任编辑主任,1926年任《申报》要闻编辑。在此前后,潘公展兼任上海大学、国民大学、南方大学教授。他历任上海市农工商局长、社会局长、教育局长。1932年4月,潘公展在上海创办《晨报》,任社长。抗日战争期间,其历任国民党中央宣传部副部长、新闻检查处处长、中央图书杂志审查委员会主任委员等职。抗日战争胜利后,其担任《申报》董事长兼社长、《商报》副董事长、上海参议会议长等。1949年,潘公展离开上海去香港创办国际编译社,1950年5月抵美定居,曾入《纽约新报》主持笔政,1951年5月与友人合办《华美日报》。1975年6月23日,潘公展在纽约去世,享年81岁。

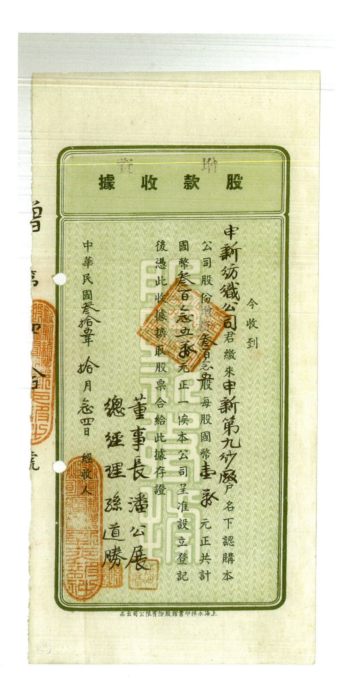

名称：新夜报股款收据

股数：叁佰贰拾伍股

发行年份：民国三十五年（1946年）

尺寸：125 mm × 256 mm

注释：这张新夜报股款收据的股东是申新纺织公司下属的申新第九纱厂，董事长为潘公展，总经理为孙道胜。

新天津报股票

20世纪二三十年代,天津有一份老百姓喜爱的平民报纸——《新天津报》,报纸以内容贴近生活,语言通俗,敢为老百姓说话而著称。该报的创办人刘髯公在从创刊到停刊的十三四年间,把报纸办得有声有色,社会影响相当广泛。

1924年9月,刘髯公与好友段松坡、薛月楼三人合伙,创办了四开报纸《新天津报》,刘任社长,段任副经理,薛任协理兼报纸主笔。《新天津报》初为四开小报,日发行量仅500份,内容以面向平民大众为主,不登桃色新闻,刊登大众关心的新闻,突出真实性、通俗性。刘髯公把报纸的发行对象锁定在平民百姓阶层,并在《新天津报》的报头旁另印一行副标题"平民化的报纸",把该报的宗旨昭示给读者。几年后,《新天津报》日发行量增至5万份,这个发行量在当年的天津报界实属罕见。一时间,《新天津报》一跃成为天津的名牌报纸之一,其气派几乎压倒同在一条马路上的《益世报》。

1935年,刘髯公将报社迁至意租界大马路(今建国道与民族路交口),购置了最新的印刷设备,并拥有了百余人的印刷厂、数十人的编辑队伍,除出版《新天津报》外,还陆续创办《新天津晚报》《新天津晓报》《文艺报》《新天津画报》《新人月刊》等报刊,并设立私家电台,办新闻函授学校等。

然而好景不长。随着抗战爆发,"九一八"事变后,《新天津报》宣传抗日救国,报道抗日英雄马占山、冯占海及上海十九路军蔡廷锴,痛斥不抵抗主义,深得民心,但也因此被打压,1937年7月28日,《新天津报》发出号外,以激昂愤慨的文章向天津市民告别。

刘髯公(1893—1938),天津人,早年曾任法国驻华使馆文书、天津法租界工部局侦探长。自1924年《新天津报》创刊起,刘髯公以髯公为笔名,亲撰社论,痛骂贪官污吏和军阀党棍。他所写文章敢于站在人民大众的立场上痛快淋漓地说真话,易引起社会群众的强烈共鸣,因此成为彼时天津家喻户晓的人物。

1937年抗战全面爆发后,鉴于《新天津报》在战前刊发了大量反日文章,日伪将该报列入另类。由于该报地处意租界,日伪便多次威胁利诱刘髯公出任伪职,均遭到拒绝。同年8月3日,刘髯公像往常一样乘汽车上班,车行至万国桥(今解放桥)时,日本宪兵队令车上的人下车检查。刘髯公刚一下车,即被几个特务逮捕,押送至日本宪兵队。在押期间,刘髯公以训斥和咒骂回答敌人的审问,用悲壮高亢的京剧唱腔倾诉他心中的怒火。日寇残忍地用皮鞭抽打、轧杠子、上电刑,他强忍着疼痛不停地叫、骂、唱。第二天,日本宪兵队长请他到客厅吃茶、谈话,劝他与日本人合作,以示"中日一家,共存共荣",刘髯公以骂相对,随即被丢进水牢,浸泡在污水中,受尽蚊虫叮咬。在此后的数次审问中,他痛斥日寇丧尽天良,恣意踩蹋中国同胞的罪行。

此后,日本人又派汉奸向刘髯公的家人转达"要想保住刘髯公,得让报纸复刊"之意。后经天津各清真寺的阿訇联名具保,家属瞒着他接受了日方的复刊条件,刘髯公才得于10月26日获释。回到家中,刘髯公对前来看他的报馆同仁们说:"《新天津报》绝不再出版了,大家另觅出路吧!千万不要忘记自己是中国人。"他因受酷刑伤及内脏,回家后只活了几个月。临终前,刘髯公仍嘱咐家人不要把《新天津报》拱手送给日本人。1938年4月28日,刘髯公愤然辞世,时年45岁。

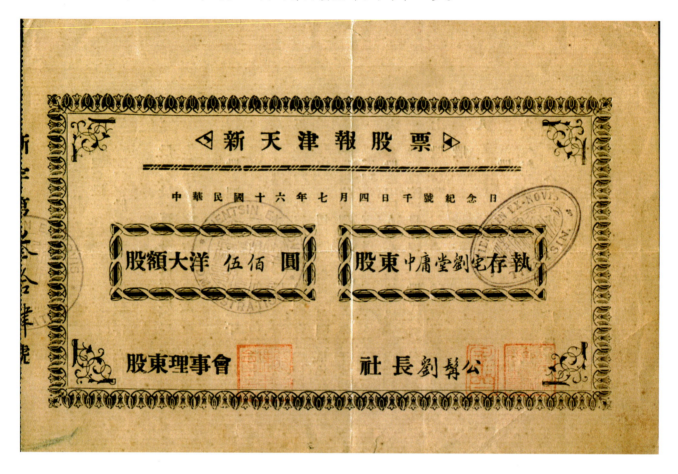

名称: 新天津报股票

股数: (金额)伍佰圆

发行年份: 民国十六年(1927年)

尺寸: 222 mm × 161 mm

注释: 该报社为合伙经营,总股本大洋24000元,每股大洋100元,出资达大洋1000元者均为报社理事,同时规定公司股票不得转卖报社原有股东外的他人。

大公报社股份有限公司股票

1902年6月17日，《大公报》由英敛之（英华）在天津创办，它是我国迄今为止发行时间最长的中文报纸，也是当时我国最具影响力的报纸之一。《大公报》以"忘己之为大"的"大"字，和"无私之为公"的"公"字作为报名，这是一个响当当的报名。

《大公报》在1949年前可分为三个时期：第一时期是1902年创刊到1916年9月，即英敛之时期，由英敛之任总理，以"开风气、牖民智，挹彼欧西学术，启我同胞聪明"为宗旨。英敛之政治上主张君主立宪，变法维新，以敢议论朝政，反对袁世凯著称。第二时期是1916年10月至1925年11月停刊，即王郅隆时期。1923年9月，王郅隆在日本关东大地震中丧生，难以为继的《大公报》于1925年11月27日宣布停刊。第三时期从1926年9月1日起至1949年，即新记《大公报》时期。1926年6月，天津盐业银行总经理吴鼎昌出资5万元，邀请胡政之、张季鸾合组新记公司，接办《大公报》。新记《大公报》创业之初，由吴鼎昌任社长，张季鸾任总编辑兼副总经理，胡政之任总经理兼副总编辑。他们提出鲜明的"不党、不卖、不盲、不私"的"四不"方针。新记《大公报》相继创办了汉口版、上海版、香港版、桂林版、重庆版。

新中国成立后，《大公报》重庆版、上海版先后停刊。天津版改名《进步日报》，后又恢复原名，迁至北京发行，主要报导财政经济和国际问题，1966年9月10日停刊。《大公报》香港版则发行至今。

胡政之（1889—1949），原名胡霖，字政之，笔名冷观，四川成都人，新记《大公报》创办人之一，被称为"新闻巨擘"。

1907年，胡政之到日本东京帝国大学读法律，1911年回到上海，1912年进由章太炎主办的上海《大共和报》任日文翻译，后继任主笔、总编辑。1916年，王郅隆接办《大公报》后，胡政之被聘为主笔和总经理，从此一生以办报为业。

1919年，胡政之以《大公报》记者身份前往欧洲采访巴黎和会，他是唯一一位进入会场报道巴黎和会的中国记者。1920年7月，胡政之回国后不久辞职，创办了国闻通讯社和《国闻周报》。1926年9月，吴鼎昌、张季鸾、胡政之合组的新记公司接办了《大公报》。胡政之主持《大公报》时间最长，达27年之久。这27年也是《大公报》最为辉煌的时期。

在抗战时期，胡政之在极为困难的条件下，相继创办《大公报》汉口版、上海版、香港版、桂林版、重庆版。1945年4月，胡政之以中国新闻界代表的身份，参加了在美国旧金山举行的联合国成立大会，并在《联合国宪章》上签字。1948年初，胡政之在美国创办英文版《大公报纽约周刊》。

1948年4月24日夜，在《大公报》香港版复刊一个多月后，胡政之在报馆伏案工作时突然病倒，4月27日，胡政之回上海治疗，谁知从此一病不起，于1949年4月14日与世长辞，享年60岁。

名称：大公报社股份有限公司股票*

股数：贰佰股

发行年份：民国三十五年（1946年）

尺寸：不详

注释：大公报社股份有限公司股票资本总额为国币6亿元，共6万股，每股1万元；胡政之任董事长；"董事"中的李子宽当时任《大公报》经理，1954年任《大公报》上海办事处主任，又当选为上海市政协委员、常委兼文史资料工作委员会副主任，负责主编《上海文史资料》。

这张大公报社股票的股东为张伯苓，十分难得。张伯苓，南开大学创办人、首任校长，被誉为"南开之父"，近现代职业教育家。

---

* 本股票由任良成先生收藏。

上海商报社股款临时收据

民国时期，上海的民营报业发展迅猛，成为全国民营报业数量最多、影响最大的城市。《上海商报》创刊于1932年9月16日，上海商报社为股份有限公司，地址在汉口路299号望平街口，董事长王延松，董事贝淞荪、骆清华、诸文绮、郑泽南，监察马少荃、潘旭升、谢仲乐，经理孙鸣岐。该报是上海商社的机关报，是工商同业公会的舆论机构，商人喉舌，主要记载商情。副刊有经济周刊、法律专刊、星期生活、国货专刊、职业教育、电影周刊等。

《上海商报》创刊一周年之际，蒋介石、蔡元培、孙科、于右任等人纷纷题词："商厘喉舌""工商喉舌""商战前驱""供求相济""实大声宏"等。

"一·二八"事变前夕，由王延松、骆清华邀集各同业公会代表组成沪商俱乐部。1932年春，各业人士均认为俱乐部限于娱乐交谊，不能发挥团体的作用，即改组为上海商社，选王延松为社长，骆清华、柯干臣为常务委员，孙鸣岐任总干事。社所设于江西路264号绸业银行楼上。

上海商社虽无行动纲领，但对上海地方事件，尤其对工商各业相关问题有较大影响力。此外，还集资创办了《上海商报》，作为工商各业公会的舆论机构，由王延松任报社社长，孙鸣岐任经理。1937年抗日战争全面爆发时，由骆清华任商社社长，聘杜月笙为名誉社长。该社积极征集劳军物品，劝募救国公债，推动工厂内迁等。同年12月，淞沪守军西撤，骆清华被迫离开上海，该社停止公开活动。

1945年11月，上海商社恢复活动。1946年4月，召开复社后首次社员大会，选骆清华为社长，《上海商报》复刊。上海解放后，该社停止社务活动。

王延松（1900—1975），浙江上虞人，现代实业家，东南商科大学肄业。王延松曾在沪经营大新绸缎局，自建绸业大楼，创办绸业银行。历任中华国产绸缎上海救济会主席，上海绸业商业储蓄银行董事长兼总经理，达隆毛织厂、华新印染公司董事长，华华绸缎公司总经理，上海市商会商业职业学校校长，上海华东女子中学校董会主席，肇光中学校董会主席等职。其于1932年创办《上海商报》。1975年，王延松故于台北，终年75岁。

奚玉书（1902—1982），名毓麟，上海人，会计学家、注册会计师、上海公共租界华董、复旦大学校董。他于1920年入复旦大学商学院会计专科学习；1927年获会计师证书；1936年创办公信会计师事务所（新中国成立前中国四大会计师事务所之一），任主任会计师；1938年创办公信会计用品社；1939年创办《公信会计月刊》，该刊连续发行96期，长达10年。1938年至1952年，奚玉书创办了诚明文学院商学系，任系主任。1982年4月22日，奚玉书病逝于美国新墨西哥州。

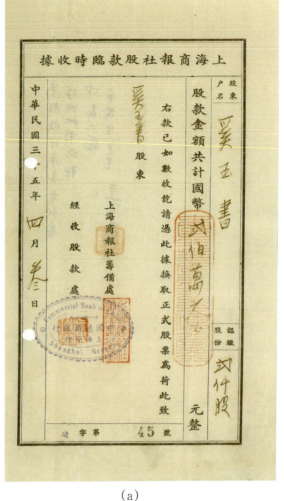 

(a)   (b)

名称：上海商报社股款临时收据

股数：(a)贰仟股、(b)伍佰股

发行年份：民国三十五年（1946年）

尺寸：235 mm × 120 mm

注释：上海商报社股款临时收据两张，股东分别为奚玉书和协大祥，经收股款处为中国通商银行上海分行、上海市棉布商业同业公会。

上海中央日报社股份有限公司股款临时收据

上海《中央日报》是国民党的机关报,于1928年2月1日在上海创刊。上海《中央日报》报名图样采用孙中山的手迹。《中央日报》初创时设董事会,孙科(孙中山之子)为董事长。在上海《中央日报》创刊之前,国民党已在武汉出版了一份《中央日报》,不过它属于汪精卫派系,于是,蒋介石决定在上海另外出版一份《中央日报》,由时任国民党中宣部部长叶楚伧兼任社长。

《中央日报》第二次在上海出版是在1945年8月30日。抗日战争胜利后,国民党宣传部把在安徽屯溪出版的《中央日报》迁来上海出版。1947年春,上海中央日报社股份有限公司成立,负责人分别为董事长彭学沛、社长冯有真、总经理沈公谦。1948年12月淮海战役后,冯有真拟将上海《中央日报》南迁广州,于12月下旬与该报董事长彭学沛乘飞机南行,不料在香港附近的火石山失事,两人坠机殒命。

冯有真(1905—1948),江苏常熟人,毕业于上海沪江大学。毕业后,他毅然参加了广州的国民革命运动,并进入中央通讯社工作,做了一名采访记者,后来被破例提升为采访部主任兼任《中央日报》特约记者。1945年抗战胜利,冯有真从屯溪回到上海,复办上海版《中央日报》,第二年任上海中央日报社社长兼中央通讯社上海分社主任,那时他年仅30岁。

因为冯有真能说一口流利的英语,而且学生时代是足球健将,又曾随中国运动员前往菲律宾参加过远东运动会,于是他被选为中国代表团的随团记者,参加了1936年8月在德国柏林举行的第11届奥运会,成为奥运会历史上第一位报道奥运会的中国记者。

1947年5月,《文汇报》女记者麦少楣因报道"反饥饿、反内战、反迫害"的学生运动而遭特务逮捕。麦少楣的好友陈香梅找冯有真帮忙营救。冯有真出于爱国之心,一口答应,愿作担保,使麦少楣当天获释。实际上,早在1927年"四·一二"反革命政变的白色恐怖下,他就曾经冒险掩护救助了好友、共产党著名"红色谍星"华克之。陈香梅在回忆录中写道:"冯有真先生心胸开阔,不囿于党派之争,是国民党新闻界高官中一位难得的佼佼者。"

1948年秋,国民党见大势已去,决定将《中央日报》南京版和上海版合并,转移到广州出版,任命冯有真为《中央日报》总社社长。同年12月21日,冯有真乘飞机从上海转香港去广州,在距香港40英里(约64千米)的巴塞尔岛,因飞机撞山失事身亡,时年43岁。同机身亡的还有原国民党中宣部部长彭学沛、著名电影导演方沛霖、美国总统罗斯福之孙昆丁·罗斯福等36人。冯有真遗体在香港火化后,被移送至上海静安公墓安葬。

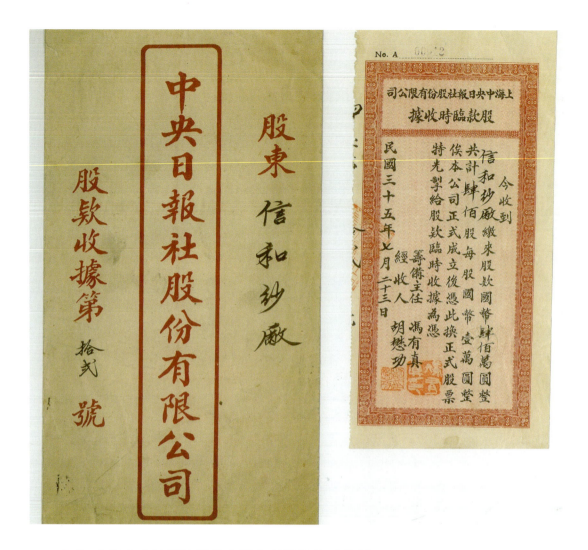

名称：上海中央日报社股份有限公司股款临时收据

股数：肆佰股

发行年份：民国三十五年（1946年）

尺寸：112 mm × 244 mm

注释：这张股款收据编号为00012号，股东为信和纱厂，筹备主任由上海中央日报社社长、国民党中央通讯社上海分社主任冯有真兼任，经收人为胡懋功。

我们从票面上的文字内容可以知道，这是在公司正式成立半年前发行的一张股款临时收据，一旦公司成立，即可凭这张股款临时收据去兑换正式股票。虽说这只是一张股款临时收据，但它的设计绝不马虎，股票的各项基本要素都很齐全。另外它还附有一个很正规的大封套，这在其他公司的股款收据设计中是很少见的。到目前为止，我们还没有发现上海中央日报社股份有限公司的正式股票，而且股款临时收据存世也十分稀少，因此显得尤为珍贵。

华侨日报有限公司股份票

香港《华侨日报》由报业先驱岑维休于1925年创办，岑维休之子岑才生于1945年进入《华侨日报》营业部工作。1954年至1985年，岑维休先后出任《华侨日报》编辑、经理，1985年任总经理。1986年岑维休逝世后，岑才生接任报社社长。1991年年底，香港《华侨日报》被英文《南华早报》以3200万元收购，1994年初由香树辉接手，于1995年1月12日因亏损多时宣布停刊，历时近70年，是香港出版较早、历时较长的中文报纸之一。

《华侨日报》的前身为香港华商总会拥有的《香港华商总会报》，而《香港华商总会报》的前身就是中国首份中文日报《中外新报》。1925年，华商总会把《香港华商总会报》卖给岑维休，同年6月5日易名为《华侨日报》，当时总编辑是李大醒，他也是《香港华商总会报》总编辑，其后由胡惠民担任，同时报馆地址也由乍甸街迁到了荷李活道106—116号，直到1992年才迁往糖厂街南华早报大楼（现太古坊林肯大厦），与《南华早报》在同一大厦办公至停刊为止。在20世纪90年代激烈的报业竞争中，《华侨日报》几度易主，于1995年1月12日停刊。

因为经常刊载中学、大学活动的消息，《华侨日报》有不少香港文教界的读者，但后来被《明报》和《星岛日报》取代。报纸另设助学金，学生只需填写表格后，经校长盖章，连同成绩表的影印本交回报社即可申请，其中1983—1985年的助学金是每位中学生港币800—1000元/年。该报设有"读者论坛"，是公众或机构致函该报的报章版位。当时，无论市民以至大型机构都会利用"读者论坛"向公众发表看法、询问机构一些事宜或与读者交流。

岑才生（1922—2016），广东恩平市人，报业巨子、慈善达人。历任华侨置业集团主席，《华侨日报》总经理、社长，香港报业公会名誉会长等。

岑才生早年毕业于美国纽约大学，取得经济学硕士学位。岑才生对报业情有独钟，从小就立志继承父业。1945年，岑才生大学尚未毕业就进入《华侨日报》工作。1949年大学毕业后，他只身远赴英国，进行了历时九个月的报纸专业训练，在求学期间已才华初露，表现了他从事新闻工作的才干。1960年，岑才生出任《华侨日报》经理，协助父亲工作。出任经理期间，他对报纸的版面设计、内容安排、分析报导、印刷技艺、专题采访等做出了一系列改进，效果显著。1985年12月，岑维休不幸病逝，岑才生接任《华侨日报》总经理。为能每天详尽地报导世界各地的新闻，该报开设了路透社、法新社、国际合众社、美联社、中央社、中国新闻社、新华社和香港新闻处等单位的自动收报机或传真机。1991年初，该报完全取消铅字排版，采用电脑排版，开香港中文报业之先河。岑才生从事报业工作40余年，在同行中享有盛誉，连续三届被选为香港报业公会主席。2016年4月27日，岑才生在港岛养和医院去世，享年94岁。

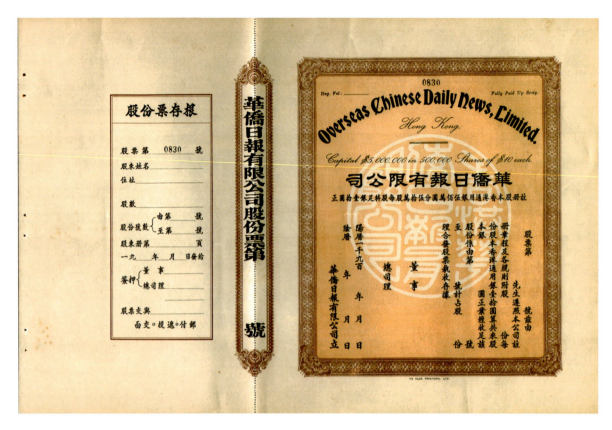

名称：华侨日报有限公司股份票

股数：未填用

发行年份：19××年

尺寸：250 mm × 285 mm

注释：华侨日报有限公司股份票附有存根。《华侨日报》是目前香港发行寿命最长的报纸，于1995年停刊。

文华美术图书印刷股份有限公司股票

文华美术图书印刷股份有限公司是20世纪30年代上海规模较大的一家印刷出版公司，成立于1929年，公司地址在今周家嘴路、鸭绿江路路口，由陆步洲等人创办，初名文华美术图书印刷公司，1933年起启用"文华美术图书公司"名称，并迁址至周家嘴路、保定路路口。文华美术图书公司引进德国的印刷机械，是最早一批采用珂罗版印刷技术的图书发行公司，由"复制大师"鹿文波担任制版主任，这确保了出版物的印制质量。文华美术图书公司发行的《文华》月刊，其发行量、受众群体一度仅次于《良友》画报。

《文华》创刊于1929年8月，1935年4月终刊，共发行54期。《文华》以图片为主、文字为辅；以刊登摄影作品为主，也登载中外美术作品和出版古代著名画册，其特约撰稿人均为文艺界、美术界知名人士，主要有胡伯翔、刘海粟、关良、朱屺瞻、何香凝、潘玉良、郎静山、戈公振等人。虽然《文华》创刊比《良友》晚三年，但它刊登的近千幅美术作品、近万张摄影图片以及大量的艺术理论作品和文学作品，以其独特的艺术特色、艺术风格，在印刷界、出版界、美术界辉煌一时。

1932年10月，文华美术图书公司出版发行了《淞沪御日血战大画史》（简称《画史》）。这本近300页的大型画册，用图片和文字形式，翔实记录了"一·二八"事变中侵华日军发动战争、屠杀我国军民的累累罪行，十九路军抵抗日寇的英勇壮举和上海市民同仇敌忾支援前线的动人画面。《画史》还收录了前线总指挥蒋光鼐、十九路军军长蔡廷锴等抗战将领及战事图片730幅。《画史》的出版发行对研究淞沪抗战具有很高的史料价值。文华美术图书公司还出版发行了《东北巨变血泪大画史》《热河血战画史》《华北战事画史》等一系列真实记录日本发动侵华战争的大型画册。

鹿文波（1901—1980），原名鹿海林，河北枣强县人，中国古代绘画艺术品复制的"开山鼻祖"、中国铜版大师。

鹿文波12岁丧父，15岁在北京琉璃厂的有正书局当学徒，17岁被书局派往日本东京赤坂美术写真印刷所学习三色铜版制版技术，5年后回国，应日本人小林荣居之聘，在上海美术制版社工作。1927年，为《中国陶瓷图录》制版100幅，完成后被陆步洲高薪聘进文华美术图书公司任制版部主任。1933年，鹿文波与好友柳溥庆在上海发起成立了我国最早的印刷团体——中国印刷协会。抗战爆发后，鹿文波等出资在上海大沽路创立开文制版所，以三色铜版复制古代绘画技术达到很高水平而闻名。

1953年，时任文化部副部长的郑振铎邀请鹿文波到故宫博物院工作。到北京后，鹿文波制作了《宋人画册》《故宫博物院藏瓷选集》《故宫博物院藏花鸟画选集》等大型画册，其彩铜复制的古代绘画技术超过同期的日本，获得了国内外一致好评。在古代绘画艺术品复制这个行业内，鹿文波掌握的彩铜制版技术在我国独一无二，曾被视为国宝。他复制的故宫古代绘画册页精妙绝伦、传神逼真，曾被国家领导人作为国礼送给国际友人。1980年3月，鹿文波在北京逝世，享年79岁。

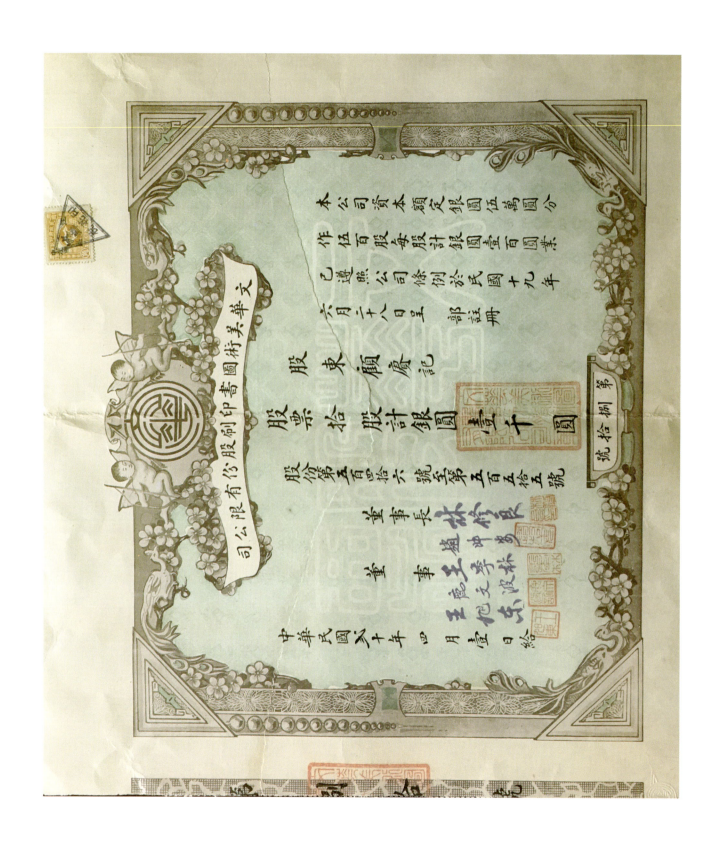

名称：文华美术图书印刷股份有限公司股票

股数：拾股

发行年份：民国二十年（1931年）

尺寸：340 mm × 322 mm

注释：这张股票的股东顾赓记认购股份10股，计银元1000元。该公司资本额定银元5万元，分作500股，每股100元，1930年6月28日登记注册，贴有一枚印花税票。票面上董事长为林修良（上海林协记纸行老板，曾任世界书局监察），董事为赵冲安、王季林、鹿文波、王旭东，其中董事鹿文波为中国铜版大师、古代绘画艺术品复制的"开山鼻祖"。令笔者不解的是，在董事一栏里为何没有创始人陆步洲的名字？

这张文华美术图书印刷股份有限公司股票票幅很大，画面精致漂亮，票头上的两个小天使十分惹人喜爱。该股票存世非常稀少，具有很高的史料和收藏价值。

良友复兴图书印刷有限公司股票

良友图书印刷公司(简称良友公司)成立于1925年7月15日,由广东人伍联德集资创办,是我国第一家以图像出版为主的民营出版机构。公司在上海北四川路鸿庆坊内自设印刷厂,当时仅有数架印刷机、十几个熟练工人。伍联德邀请昔日同窗余汉生来沪共同经营,开始偏重于印刷业务,主要承接社会印件。

1926年2月15日,由良友公司出版发行的我国乃至世界上第一本大型综合性新闻画报诞生了,这就是著名的《良友》画报,它比同类型的美国《生活》杂志足足早了10年。伍联德、周瘦鹃、梁得所、马国亮、张沅恒先后任《良友》画报主编。《良友》画报的发行量高峰时达4万余份,当年凡是有华侨的地方,都有《良友》画报,故有"良友遍天下"一说。《良友》画报从1926年创刊到1945年停刊,共出版172期和2期特刊,奠定了它在我国画报史、摄影史、美术史上的崇高地位,是一块熠熠生辉的金字招牌,镶嵌在中外文化的历史长卷上。

1927年1月,良友公司迁入三层楼新址,楼下前面是门市部,后面是印刷所,二楼是经理部,三楼是编辑部。不久,又在香港、广州、梧州等地设立分局。1929年,良友公司面向社会进行第一次公开招股10万元,分为1000股,其中400股向老股东定向募集,另外600股则向社会公开发售,并在此基础上成立了良友图书印刷股份有限公司,总经理为伍联德,经理为余汉生。1931年公司进行第二次公开招股,募集的金额也是10万元。1932年,良友公司设文艺书籍出版部,聘请赵家璧为主编,曾编辑《中国新文学大系》《良友文学丛书》《一角丛书》《万有画库》等文学系列书和单行本,鲁迅、茅盾、巴金、老舍、丁玲等文艺界名人都曾为《良友》执笔,使良友公司名噪一时。

1937年抗日战争全面爆发,良友公司原址沦为战区,遂迁至江西路264号继续营业,期间《良友》画报停刊复刊,几经曲折,风光不再。1938年1月,《良友》画报迁往香港出版发行。数月后,因公司内部发生阋墙之争,最终伍联德辞职,良友公司宣布破产,后由袁仰安、陈炳洪、赵家璧等人重组良友公司,改称"良友复兴图书印刷股份有限公司"。1939年2月1日起,《良友》画报在上海复刊。1941年12月,因太平洋战争爆发,《良友》画报被迫停刊。因拒绝与日本人合作,良友公司曾先后迁至桂林、重庆复业。1945年抗战胜利后返沪,《良友》画报一度复刊,后因股东分歧最终停刊,良友复兴图书公司亦宣告停业。

"良友",它既是一家出版机构,也是一家画报,更是一种经营理念,它在我国近代出版业发展史上占有独特的地位。

伍联德(1900—1972),广东新宁(今台山)人,著名出版家,良友图书公司和《良友》画报的创始人,被人誉为"良友之父""画报鼻祖"。

伍联德早年由伯父带到广州岭南大学求学。20岁刚刚出头的他,对美术颇感兴趣,还在念大学预科时,便与同班学友陈炳洪合译了《新绘学》一书,投寄至上海商务印书馆出版,他从此对出版事业产生极大的兴趣。后来伍联德放弃到美国留学的机会,进入上海商务印书馆工作。伍联德的广东籍同乡、时任商务印书馆编译所所长的王云五,安排他主编《儿童教育画》丛刊。在此期间,伍联德为商务印书馆出版的《儿童世界》写美术字,深受小读者的欢迎,也成为商务印书馆设计的著名商标,一直沿用到1949年。

1925年7月,伍联德脱离商务印书馆,邀请当年的同窗好友余汉生创办了良友印刷所。1926年2月15日,由伍联德担任主编的《良友》画报创刊。1945年10月《良友》画报停刊。1954年伍联德在香港以"海外版"的名义,重新出版《良友》画报,直至1968年,伍联德因健康问题,《良友》画报不得不再度停刊。1972年伍联德在香港病逝,终年72岁。1984年,伍联德的长子伍福强继承父业,在香港恢复良友公司和《良友》画报。

赵家璧(1908—1997),江苏松江(现属上海市)人,著名编辑出版家、作家、翻译家。1932年,赵家璧光华大学英国文学系毕业后,进入良友图书印刷公司任编辑、主任。1936年,当时还不满30岁的赵家璧,在鲁迅、茅盾、郁达夫、阿英、郑振铎、郑伯奇等文化名人的帮助下,编辑出版了10卷《中国新文学大系》,迎来了他事业上的一个高峰,从此与出版业结下了不解之缘。

1937年起,赵家璧在上海《大美晚报》社担任《大美画报》主编,并复刊《良友》画报;1943年在桂林重建良友公司,续出《良友文学丛书》,后将公司迁往重庆。1947年,赵家璧离开良友公司,与老舍合作在上海创办晨光出版公司,任经理兼总编辑,出版了包括《四世同堂》《围城》等名著在内的《晨光文学丛书》《晨光世界文学丛书》。

1954年,赵家璧调任上海人民美术出版社副总编辑,编辑出版了《苏联画库》40种,《新中国画库》60种。1960年,其调任上海文艺出版社副总编辑,并任上海市人民代表、市政协常委、中国出版工作者协会第二届副主席等职。1997年3月12日,赵家璧在上海逝世,享年89岁。

名称:良友复兴图书印刷公司股票(4张)

股数:股数不等

发行年份:(a) 民国十六年(1927年)、(b) 民国二十二年(1933年)、(c) 民国二十九年(1940年)、(d) 民国三十四年(1945年)

尺寸:(c) 307 mm × 270 mm、(d) 283 mm × 250 mm,(a)(b)尺寸不详

注释:良友图书印刷公司股票目前存世的有不同时期发行的几种版式,董事会成员有所变动。图(a)上海良友图书印刷公司股票发行于1927年11月1日,资本总额大洋20万元,股份总额2000股,董事长李自重、总经理伍联德,是目前最早发行的、最具设计感的良友股票;图(c)良友复兴图书印刷公司股票发行于1940年,董事长袁仰安、总经理陈炳洪、总编辑赵家璧。良友股票上都有一个相对而视的"双鹅"商标,这就是人们较为熟悉的良友图书印刷公司的标志,它由良友公司创始人伍联德设计。《良友》画报封面上两个漂亮大方的美术字"良友",也出自伍联德之手,并一直沿用至今,被誉为"金不换"。良友图书印刷公司股票是我国文化类老股票的罕见品。

(a)

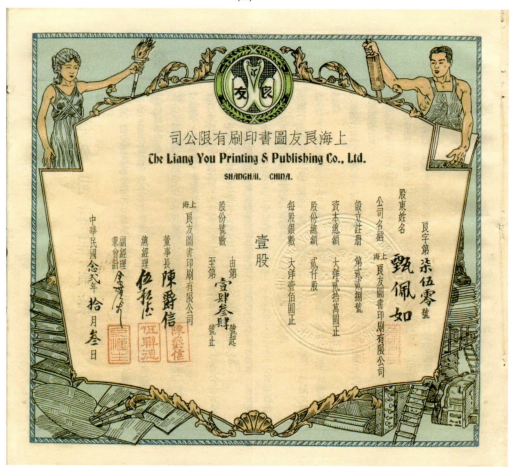

(b)

(c)

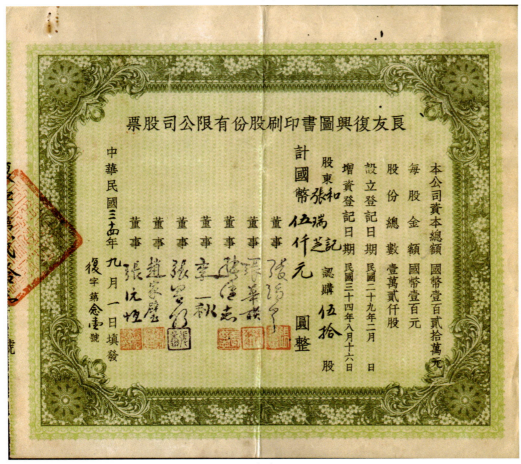

(d)

现代经济通讯社股份有限公司股款收据

1946年夏,经济学家许涤新随中共代表团到上海,出任中共上海工作委员会财经委书记。他离开重庆之前,向中共南方局领导提出:国共谈判破裂后,我党有必要在上海设立一个联络点,办一个民营的通讯社,以便搜集国统区的经济情报。他的建议得到南方局的批准。到上海后他就筹办了"上海现代经济通讯社"。这个通讯社由中共中央上海局刘少文领导,以民营形式经营,实际上是中共在上海的一个隐蔽哨所。这个通讯社采用招股集资,筹得一笔经费作为开办费,吴觉农为董事长、杨荫溥为社长、娄立斋为总编辑,他们都是我国新闻界的知名人士。通讯社一直坚持到上海解放,完成了自己的历史使命。

上海现代经济通讯社设在上海汉口路446号曼伏大楼38室,是抗日战争胜利后,经董必武同志批准,由许涤新在上海创办的中共地下党通讯社。该社出版的《现代经济通讯》杂志是发布上海市场信息和经济评论的专业性刊物。

许涤新(1906—1988),原名许声闻,笔名方治平、渤若,广东揭阳县人,曾经中国社会科学院副院长、汕头大学首任校长。

1933年,许涤新毕业于国立上海商学院(现上海财经大学),并加入中国共产党。其曾任社联研究部副部长、宣传部长、党团书记等职,1934年任中共中央文化工作委员会委员、中国左翼文化总同盟组织部长。1935年2月,许涤新因叛徒告密在上海被捕。他在狱中克服困难,坚持学习马克思主义经济理论。抗战爆发后,国民党被迫释放政治犯,许涤新恢复自由。

1949年4月,许涤新从香港来到北平,同年5月和潘汉年、夏衍一起随第三野战军进入上海,协助陈毅市长从事上海接管工作。他先后担任上海军管会接管委员会第一副主任、上海市财委副主任、中共上海市委委员、统战部部长、上海市政府秘书长、上海市工商局长和复旦大学经济所所长等职。1988年,许涤新因病在北京逝世,享年82岁。

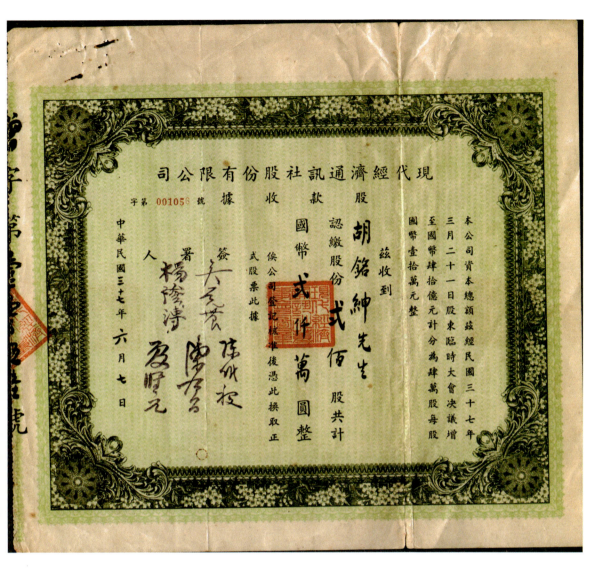

名称：现代经济通讯社股份有限公司股款收据

股数：贰佰股

发行年份：民国三十七年（1948年）

尺寸：285 mm × 263 mm

注释：票面上有现代经济通讯社董事长吴觉农、社长杨荫溥、总编辑娄立斋等人的签名。杨荫溥（1898—1966），著名经济学家，出版了《上海金融组织概要》《中国交易所论》《中国金融论》等著作。

晋省晋新书社股份有限公司股票

晋省晋新书社由徐一清等人创立于光绪三十二年(1906年),于民国三年(1914年)禀请官厅注册并增添股本,共计大洋30000元,共计1000股,每股30元。该书社乃晋省出版业之翘楚。

徐一清(1869—1947),字子澄,山西五台县人。他23岁中秀才,1902年转入山西大学堂学习,1904年由清政府保送公费留学日本,与同窗赵戴文同时参加孙中山领导的同盟会,参与反清的革命活动。毕业归国后,徐一清创立晋阳中学、模范小学,自任校长,并集资创办晋新书社,传播新学。其后又任山西大学堂斋务长。山西军政府成立后,其任财政司长、大汉银行经理,后又任审计处长。1917年,徐一清起任陆军粮服总局局长、山西省银行总经理等职。

民国初年,徐一清先后在太原兴建电灯公司,又创办晋胜银行,同时募集商股建立榆次晋华纺织公司、太原晋生织染厂、晋恒造纸厂、阳泉荫营煤矿公司、祁县益晋织染公司,并担任各公司董事长,成为山西实业界的佼佼者。1930年,阎锡山、冯玉祥反蒋战事期间,徐一清任北京中华国家银行总经理,主办天津建设银行、北京晋煤公运局、天津大亨煤栈等。1947年,徐一清病逝于太原,终年78岁。

名称:晋省晋新书社股份(分)有限公司股票*
发行年份:民国十八年(1929年)
股数:伍股
尺寸:287 mm × 255 mm
注释:晋省晋新书社股票由董事徐一清(山西实业家)、解荣辂(前清翰林,曾任山西大学堂监督)、崔廷献(山西政界中入国民党最早者、曾任保晋公司总经理)等署名,经理为赵云逵;票面上贴有两枚印花税票。

---

* 任良成先生藏品。

世界书局股份有限公司股票

世界书局曾与商务印书馆、中华书局形成"三足鼎立"之势。它由沈知方独资创办于1917年,1921年7月改组为股份有限公司,地址在上海福州路、山东路口的怀远里,因门面被漆成红色,故称"红屋",是当时福州路文化街上的一道风景。世界书局印刷总厂在上海大连湾路(今大连路)130号,上海解放后易名为上海新华印刷厂。

世界书局成立之初出版了张恨水的言情小说,如《春明外史》《金粉世家》《落霞孤鹜》;平江不肖生的武侠小说,如《江湖奇侠传》《近代侠义英雄传》;程小青的侦探小说《霍桑探案》等及翻译作品《福尔摩斯探案全集》,图书畅销国内外。

1928年6月,世界书局陆续出版了徐渭南主编的《ABC丛书》,涉及24个门类,共计100多种,早于商务印书馆出版的《万有文库》一年时间,以其内容通俗易懂、作者阵容强大、符合读者需要而获得巨大商业利润。

20世纪30年代,世界书局致力于《世界学典》(类似于百科全书)的出版,除出版《世界学典》中文版外,还出版了包括《永乐大典》《图书集成》《四库全书》在内的中国学典。1947年,世界书局出版了诗人朱生豪翻译的《莎士比亚戏剧全集》,这是我国第一次较全面地译介莎士比亚的作品,在全世界引起轰动。

1917年至1949年,世界书局共出版图书5580种,仅次于商务印书馆和中华书局。其先后发行期刊20余种,在民国时期的出版机构中,办刊种数位居前列。在教科书出版方面,世界书局一度和商务印书馆、中华书局形成三分天下的局面。

1934年,因资金周转不灵,沈知方被迫退职,由陆高谊任总经理;1945年7月,陆高谊辞职离沪,由陆仲良代理总经理;1946年1月起,李石曾为总经理。1950年,世界书局被政府接管,宣告停业。

沈知方(1882—1939),原名沈芝芳,浙江绍兴人,世界书局创始人,有"书业奇才"之称。

1899年沈知方来到上海,进余姚人魏炳荣创办的广益书局工作,后被商务印书馆经理夏瑞芳招入商务印书馆。在商务印书馆工作期间,沈知方私下里先后与人合作创办过数家书局,积累了一定的资金和声誉,初步显示出他非凡的才华和抱负。

1913年2月,沈知方进中华书局任副局长,同年4月被选为中华书局董事。

1917年,沈知方脱离中华书局,独资创办世界书局。1921年世界书局改组为股份有限公司,选举沈知方、魏炳荣、林修良(上海林协记纸行主)、毛纯卿(上海慎成祥纸行主)、张丽云为董事,沈知方任总经理。在这几位主要合伙人中,除魏炳荣是广益书局老板、张丽云为上海恒丰洋行经理外,其余人都是纸行老板。1934年,陆高谊接替沈知方出任世界书局总经理,沈知方则退居幕后,改任监理。

1937年抗战全面爆发,世界书局总厂被日军占领,改为军营。日伪找到已退居幕后的沈知方,要求沈知方合作,遭其断然拒绝。当时沈知方还在病中,遂预立遗嘱,内有"近遭国难,不为利诱,不为威胁"等语。1939年9月11日,沈知方黯然辞世,终年57岁。

20世纪30年代初,发生在世界书局与开明书店之间的版权纠纷案曾经轰动了我国出版界。这起纠纷还涉及著名的洋博士林语堂,从而使这起公案变得更加引人注目。

教科书是出版业中销量巨大、利润丰厚的品种,曾经使许多文人趋之若鹜,其中有一个人便是当时已经颇有名望的林语堂。林语堂的英文功底十分深厚,国民大革命期间,他曾离开北大,出任武汉国民政府外交部秘书。武汉国民政府垮台后,林语堂除忙于当大学教授外,一直很想编一部中学英语课本。后来通过朋友孙伏园的关系,林语堂找到开明书店的老板章锡琛,章锡琛很爽快地答应了。林语堂没花多长时间就编写出了《开明英文读本》,还特意请漫画家丰子恺配上插图。按照双方的协议,林语堂以10%的版税提取酬劳,另外从自己的版税中拿出2%给丰子恺。《开明英文读本》出版后,持续发行了20多年,林语堂所得酬劳高达30万元,他被称为"版税大王",开明书店也从一个小出版公司,一跃成为民国书刊出版界的巨头之一。

世界书局的老板沈知方见《开明英文读本》的销售日益火爆,十分眼馋,也想分一杯羹,于是请来大学刚毕业的林汉达,仿照《开明英文读本》的样式和内容,编写了一本同类型的英语读物,名为《标准英语读本》,公开向全国各地发售。一向自命清高的林语堂说什么也难以相信,一个毛头小伙子居然有能力来编写中学英文读物。因此他特地找来一套《标准英语读本》细心阅读了一遍,不读则已,一读之后不禁大惊失色:《标准英语读本》不仅在形式上与《开明英文读本》基本相同,而且有不少课文就是从《开明英文读本》里照搬上去的,有"抄袭"之嫌。于是,章锡琛和林语堂公开向世界书局提出了停止出版《标准英语读本》的要求,但沈知方根本不买他们的账,率先对开明书店提起诽谤罪的诉讼。为确保诉讼获胜,世界书局不惜以3000两银子,聘请大律师郑毓秀为辩护律师。第一次审理时,因承办法官一味偏袒原告世界书局,被告开明书店的律师袁希濂几乎连申辩的机会都没有。在这关键时刻,章锡琛把足以证明《标准英语读本》抄袭《开明英文读本》的材料,送到南京国民政府教育部请求鉴定。时任教育部长的蒋梦麟最终断定《标准英语读本》确有抄袭、仿效《开明英文读本》的地方,因此不予审定,禁止发行。最终,世界书局同意赔偿开明书店的损失,并把《标准英语读本》的纸型送交开明书店销毁;开明书店则同意不再登报攻击世界书局。这起曾经轰动整个中国出版界的版权纠纷案,以开明书店及林语堂的胜利而告终。

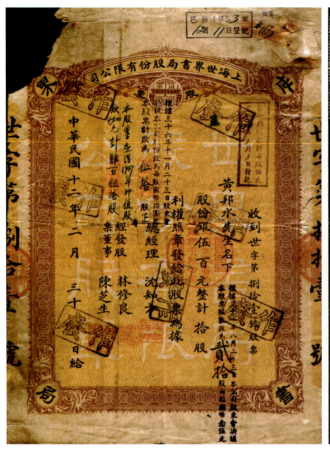
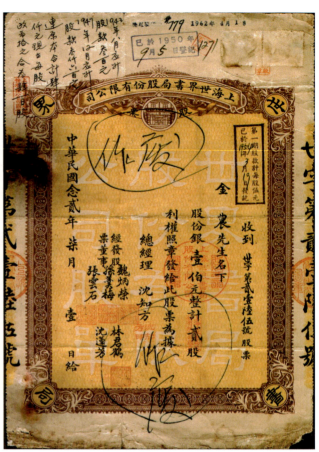

名称：世界书局股份有限公司股票

股数：股数不等

发行年份：民国十二年（1923年）、民国二十二年（1933年），后期有民国三十三年（1944年）、民国三十六年（1947年）、民国三十七年（1948年）

尺寸：93 mm × 252 mm、250 mm × 194 mm（后期）

注释：目前，在收藏市场上世界书局股票有多个版本，后期版本大体相同，只是董事栏里的名字有所变动。

世界书局的出版标记是一个非常直观的圆形地球，地球四周有云彩环绕，正中竖排"世界"二字。该出版标记设计简洁明了，却有着一种飘浮于天际的豪迈感，这大概也是沈知方所向往并追求的一种境界吧。

至于为什么采用"世界书局"的名称，有两种说法：其一，创办人沈知方认为"世界"这一名称有着全球的意思，比"中华"的范围要大得多，更具有包容性；其二，沈知方当时受《世界》杂志的影响而定下了"世界书局"的名称。

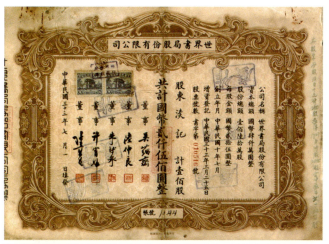
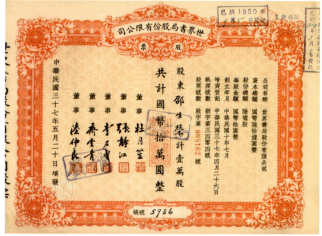
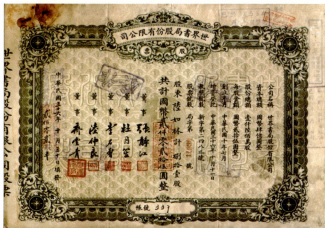
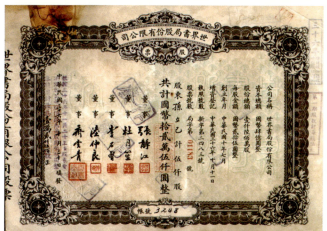
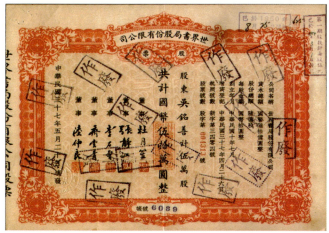
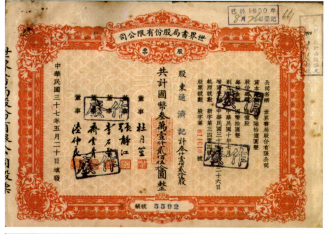
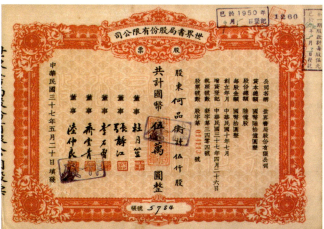
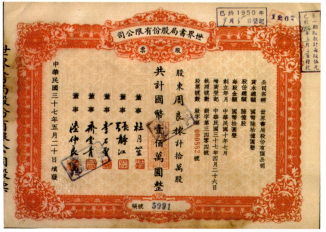

中华乐社股份有限公司股票

20世纪20年代以后,出版发行的音乐刊物和音乐教材的数量大量增多,普通的出版社在出版这些专业音乐书籍的过程中,经常会出现排版、印刷等错误,对音乐的学习和发展造成了很大的阻碍。鉴于这种情况,1928年,柯政和创办了一个专门的音乐刊物、教材出版单位——中华乐社(原在北京崇内三元庵,后迁到王府井大街),在此之前北京从未有过专门的音乐出版社。中华乐社还经销国外进口的钢琴、风琴、提琴和各种乐曲乐谱、唱片、唱机,并聘请了修理钢琴、风琴的专业人员。

至20世纪30年代,中华乐社出版了大量的音乐刊物,仅编译的音乐教材就有180余种。令人惋惜的是,1936年以后中华乐社不知何故中断了业务,但它对北京音乐事业的普及确实起到了推波助澜的作用。此后,柯政和还为发展国产钢琴、提琴等乐器创办过钢琴厂,甚至想开设一个综合出版音乐书籍、销售乐器及乐器制造等活动于一体的企业,但最终都因为各种原因而没有成功,但这些活动足以说明柯政和普及音乐知识的良苦用心。

柯政和(1890—1979),原名丁丑,字安士,台湾嘉义人,我国著名音乐教育家。

柯政和早年随父母移居台湾地区,1907年考上台湾总督府国语学校(后更名为台湾总督府台北师范学校)。1911年毕业后,留母校担任教职。不久,获得学校推荐,保送东京上野音乐学校学习钢琴与作曲理论。1915年返台后,柯政和仍执教于母校台北师范学校。1916年2月,台湾音乐会成立,柯政和为该会的创始人之一。1919年,他前往日本继续深造攻读音乐。

1923年,返回中国大陆受聘于北京师范大学音乐系担任教授,从此开始了他在北京师范大学音乐教育领域的工作。在音乐教学的同时,柯政和编写了《民歌新集》(2册)、《世界民歌一百曲集》(3册),还编译了为数不少的器乐练习教材。在理论教材方面,柯政和编写了《普通乐学》《音乐通论》《音乐教学法》等,弥补了当时教材的短缺,为以后的专业音乐教育打下了很好的基础。柯政和还和其他音乐家发起、组建了第一批新型音乐社团——北京爱美乐社和国乐改进社,创办了一个专门的音乐刊物、教材出版单位——中华乐社。柯政和在其中发挥着核心作用。

抗日战争爆发后,柯政和担任日本华北统治区之北京师范大学音乐系第一任系主任,并任该校秘书兼训导长,随后任北京特别市事务次长等职,专司北京的教育文化之事务工作。1945年,抗战胜利后,柯政和被以汉奸罪提起公诉。1946年,柯政和被释放,并回北京师范大学继续从事音乐教育工作。

新中国成立后,柯政和遭到解职,赋闲在家,后被下放至宁夏回族自治区。1979年病逝,终年89岁。

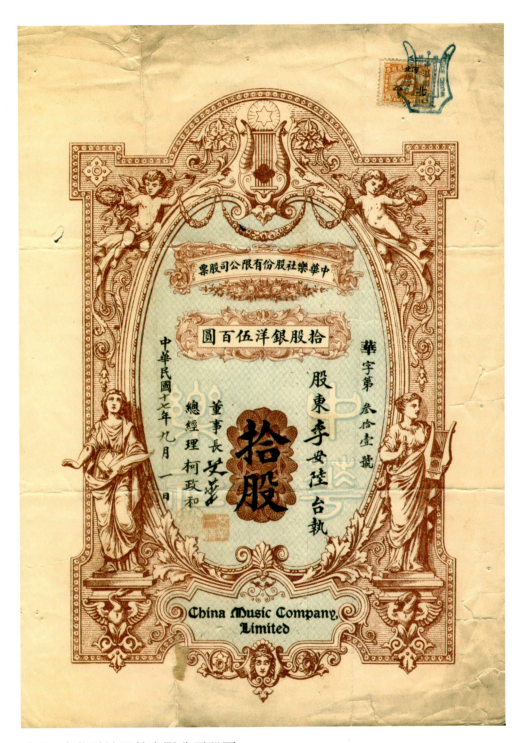

名称:中华乐社股份有限公司股票

股数:拾股

发行年份:民国二十七年(1938年)

尺寸:不详

注释:该股票设计精美,画面十分漂亮,是音乐出版社股票中的精品,存世十分稀少。

上海民智书局有限公司股票

上海民智书局是孙中山先生于1918年提出倡议，1921年初由国民党上海总部创办的出版发行机构。林焕廷主持社务，黄咏台、郑树南先后任经理，后由刘庐隐、杨幼炯主持编务，总店设在上海河南中路原商务印书馆斜对面。上海民智书局是一家主要出版发行革命党人书刊的书局，孙中山的一些重要著作如《民权主义》《三民主义》《建国方略》等，都是由民智书局率先出版的。

林焕廷（1880—1933），名业明，字焕廷，广东顺德县人，辛亥革命志士，民主革命家。

1907年，林焕廷加入同盟会并担任同盟会越南海防支部的主盟人。1907年，孙中山策划了镇南关起义，林焕廷在张云田开设的"云南书塾"掩护下，曾参加镇南关、钦廉、河口诸役，失败后潜赴南洋宣传革命。1918年，他在上海创办华强书局，1923年任国民党本部财政部长，后在香港创办《真报》《黄花三日》刊物。

民智书局在政治态度与编辑选题上与胡汉民的理念十分接近，曾出版过胡汉民编辑的《总理全集》等。林焕廷曾在上海环龙路44号国民党总部担任总干事，协助孙中山开展革命工作。1933年秋，林焕廷病逝，年仅53岁。

名称：上海民智书局有限公司股票
股数：伍股
发行年份：民国十八年（1929年）
尺寸：307 mm × 265 mm
注释：民智书局股票在书局类股票中很有特色。上面有一幅孙中山的照片（在民国书局类股票中独此一种），左右两边分别是国民党党旗和中华民国国旗。这印证了当时的民智书局与孙中山、国民党的关系。这张民智书局股票存世十分稀少。

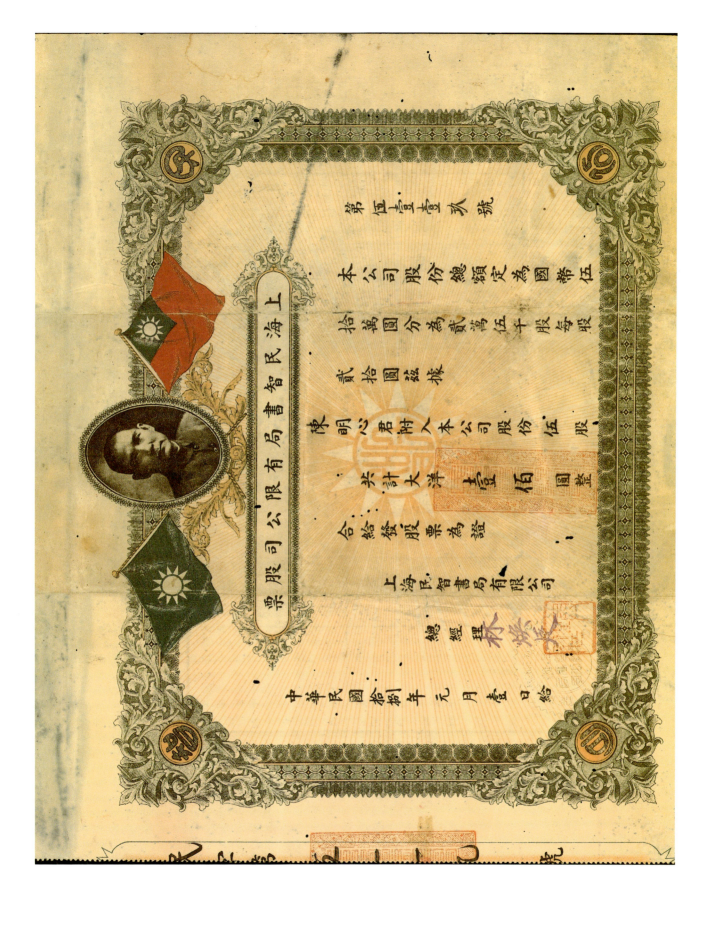

佛学书局股份有限公司股票

上海佛学书局是我国近代一家专门编辑、刻印、发行佛学典籍的出版机构，是近代上海佛教文化事业复兴、发展的缩影，是上海乃至全国佛教界人士活动、弘法的重要基地，被誉为近代我国佛学出版业的"无冕之王"，在我国近代佛教发展史上占有极为重要的地位。

上海佛学书局，系由近代上海的世界佛教居士林同人于1929年9月发起创立的，创办人主要有著名居士王一亭、范古农、李经纬等。初创时由王一亭（时任世界佛教居士林林长）担任董事长，李经纬（时任世界佛教居士林总务部长）为常务董事，范古农为总编辑，狄葆贤（楚青）、丁福保、诸广成、朱石僧等为理事，沈彬翰任总经理。局址初设于上海闸北宝山路界路口，后经"一·二八"事变，宝山路总局被毁，停业三个多月后，总局辗转迁至胶州路7号（愚园路口）。1936年前后，佛学书局在上海先后设有6个发行分所，总发行所设在牯岭路人安里22号，在麦特赫司脱路（今泰兴路）设立分店，后来又在长沙、北京、杭州、福州、昆明等地设立分店，在成都、西安、重庆、汉口、青岛、香港、仰光等地设立特约经销处。

佛学书局采取股份公司制这种组织形式，是佛教弘法事业的破天荒之举，在整个近代佛教史上独一无二。佛学书局注册资金5万元，每股10元，面向佛教徒发行股票，这在近代股票史上是绝无仅有的。该公司派发年息为6厘的固定股息，由于入股者均为佛教徒，他们入股本为弘扬佛法，因此在取得股息后，就以这笔钱回购佛学书局出版的书籍送人，这亦可称作"实物股息"。此举减少了书局的现金流出，保证了企业运营中保有充裕的流动资金，为书局的发展增加了后劲。佛学书局成立未及三载，经董事会决议增加股本，续收新股5万元，仍计5000股，每股10元。

佛学书局除出版、发行佛学典籍外，还出版和代办发行佛学刊物、建立刻经部、设立造像所、附设佛学文会、创办电台佛学、灌制佛化唱片、设立佛学研究函授社、附设流通图书馆等。据1937年统计，当时佛学书局出版的佛学典籍共有3319种，编辑了一套《佛学小丛书》，定期出版《佛学半月刊》，代理发行《世界佛教居士林林刊》《海潮音》《佛学出版界》等。当时编纂出版的佛学辞书有《佛学大辞典》《实用佛学辞典》《法相辞典》等，出版的佛学刊物有《佛学丛报》《佛教月报》《觉社丛书》，英文刊物《中国佛教杂志》《佛学出版界》《佛学研究》《佛教日报》等数十种。

新中国成立后，上海佛学书局仍继续出版佛典、佛书，但机构缩小、人员减少，已不具有当年的规模。1956年，上海佛学书局更名为上海佛教书店，迁至江宁路999号玉佛寺旁继续营业。"文化大革命"期间，上海佛教书店停办。1991年，上海市佛教协会决定恢复上海佛学书局，地址设在常德路418号，并附设门市部。

王一亭（1867—1938），名震，字一亭，号白龙山人，浙江吴兴（今湖州）人，近代上海名流、画坛名宿，享有"民国慈善第一人"的美誉。

王一亭13岁时经人介绍在上海慎余钱庄当学徒，业余时间在广方言馆学外语。1905年参加同盟会，并在上海光复后被沪军都督陈其美任命为商务总长。1907年被聘为日本日清汽船株式会社买办，先后出任华商电气公司、中华商业储蓄银行、大达内河轮船公司董事，以及湖州电灯公司、立大面粉厂、申大面粉公司董事长等职。1909年至1911年，王一亭三次连任上海商务总会董事；1916年、1918年两次连任上海总商会董事。

王一亭因受母亲影响，一生信奉佛教，担任过中国佛教会常委、世界佛教居士林林长等职。晚年，他以亿元巨资投身慈善事业，与他人共同创办华洋义赈会、孤儿院、残疾院、中国救济妇孺会、同仁辅元堂、普善山庄等。作为一个在书画艺术上造诣极深的大家，王一亭与吴昌硕被誉为"海上双璧"。1937年淞沪抗战后，王一亭归隐上海南汇周浦镇。其于1938年11月13日病故，享年71岁。

范古农（1881—1951），原名运枢，字古农，号幻庵，浙江嘉兴人，清末秀才，我国现代著名的佛学家之一。

范古农18岁肄业于上海南洋公学，27岁赴日本留学，29岁回国任浙江省立第二中学校长，课余广购佛典，潜心研究。在此后的30年里，他应邀在上海、杭州、绍兴等地巡回奔走，定期讲经，开居士讲经之风，受其感化而皈依佛门者难以计数，此后渐成为国内佛学界权威。

缘于范古农的佛学造诣和弘法的声望，佛学书局聘请范古农为总编辑。从此，范古农的弘教活动转而以上海为中心，主事佛学书局编务十余年，出版了大量的佛教书籍，并主办了多种佛教书刊，为上海佛教乃至全国佛教的复兴与发展，做了大量卓有成效的工作。1951年4月12日，范古农因病在上海去世，享年70岁。

名称：佛学书局股份有限公司股票

股数：贰拾股

发行年份：民国二十三年（1934年）

尺寸：275 mm × 140 mm

注释：佛学书局股份有限公司股票上印有：董事会主席王一亭，常务董事李经纬，董事朱石僧，经理沈彬翰。票上贴有两枚印花税票，并盖佛学书局印花章。此股票以黄色为主色调，中间是佛学书局的商标，四角分别有"福、慧、雙、修"四字，意指"福德与智慧都达到至善尽美的境地"。这张佛学书局股票存世十分稀少。

股東 嚴 記 君

資本總額 國幣銀伍萬圓

股份總額 伍千股

每股銀數 國幣銀壹拾圓

設立登記 廿二年十一月四日

計 式拾 股共國幣 式百圓整

佛學書局股份有限公司

董事會主席 王一亭

常務董事 李經緯

董事 朱石僧

經理 沈彬翰

中華民國廿三年七月一日

光东书局股份有限公司股票

　　民国十八年（1929年）8月1日，光东书局股份有限公司在广州永汉业路142号成立，主要营业项目包括：发售各种教育图书用品；承印各种刊物；精铸各款字粒花边；汇兑上海、香港、台山、江门银两等。该局为了增加收入来源，曾经代理美国橡皮公司Keds运动鞋在国内的生意。据广州光东书局年结总册显示，民国十八年（1929年）其年盈利银341元，至民国二十二年（1933年）年盈利已达4155元。股份公司成立后，公司取得快速发展。书局由伍荫丛任总经理，分别在上海、南京、台山等地设立分局，许多台山华侨入股该局成为其股东。民国初期，随着印刷技术的进步、文化艺术创作的繁荣、新式教育的蓬勃发展，广东图书出版业也进入了发展期。新中国成立后，光东书局仍然继续营业，同时接驳外洋书信和侨汇业务。

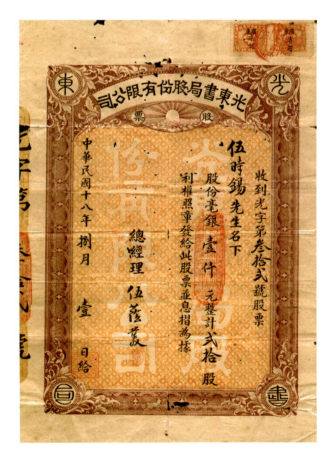

名称：光东书局股份有限公司股票
发行年份：民国十八年（1929年）
股数：贰拾股
尺寸：195 mm × 277 mm
注释：该股票为光东书局股份有限公司设立时最早发行的股票。

中华书局股份有限公司股票

对我国近代出版业来说，中华书局和商务印书馆犹如夜空中两颗明珠，闪烁着夺目的光采。1912年1月1日，在中华民国成立的同一天，中华书局在上海诞生了。

中华书局是一家集编辑、印刷、出版、发行于一体的出版机构，1912年1月1日由陆费逵创办于上海。创立之初，中华书局以出版中小学教科书为主，并印行古籍、科学、文艺著作和工具书等。1913年6月，中华书局改组为股份有限公司。中华书局总店（发行所）先设在抛球场（今河南路、南京东路口），1916年迁至棋盘街（今福州路、河南路口）新建的五层楼大厦，与商务印书馆比邻。1916年在今南京西路、铜仁路口建成总厂，占地40余亩（1亩约667平方米），拥有当时远东地区最先进的印制设备，规模居当时上海各印刷厂之首。同年在澳门路469号建成新厂，总办事处和编辑所也设在那里。

据不完全统计，中华书局从1912年创立到1949年，共出书6000余种，其中新式教科书500余种。除编辑教科书外，还创刊了《大中华》《中华教育界》《中华实业界》《中华英文周报》《小朋友》等刊物，编纂、印行了《中华大字典》《辞海》《四部备要》《古今图书集成》等辞书和古籍。除印刷本局出版物外，还承接外来印刷业务，包括债券、证券、商标以及政府的有价证券、钞票、公债券等。中华书局是当时国内最大的两家出版社之一。

1954年5月1日，中华书局实行公私合营，组建为财政经济出版社，保留"中华书局"名号。总公司从上海迁至北京西总布胡同7号。

陆费逵（1886—1941），复姓陆费，名逵，字伯鸿，浙江桐乡人，我国近代著名教育家、出版家，中华书局创办人。

陆费逵1903年在湖北武昌参加革命团体"日知会"，1904年与友人集资开设"新学界书店"，1905年应聘主编《楚报》，后遭通缉逃亡上海，先后在昌明公司、文明书局、商务印书馆任职。辛亥革命的成功大大激发了陆费逵施展抱负的热情，遂于1912年1月1日与商务印书馆同仁沈知方、戴克敦等，在上海创建了中华书局。

陆费逵任中华书局局长、总经理30年，并长期担任上海市书业同业公会主席，其一生对传播科学文化知识、促进文化和教育现代化发挥了积极作用，是我国近代出版界、教育界的"巨擘"。

1937年11月，陆费逵离开上海，赴香港主持分局工作。1941年7月9日，陆费逵因突患脑溢血，在九龙寓所辞世，享年55岁。

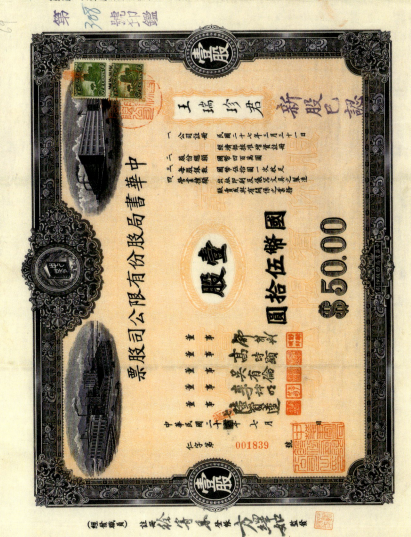

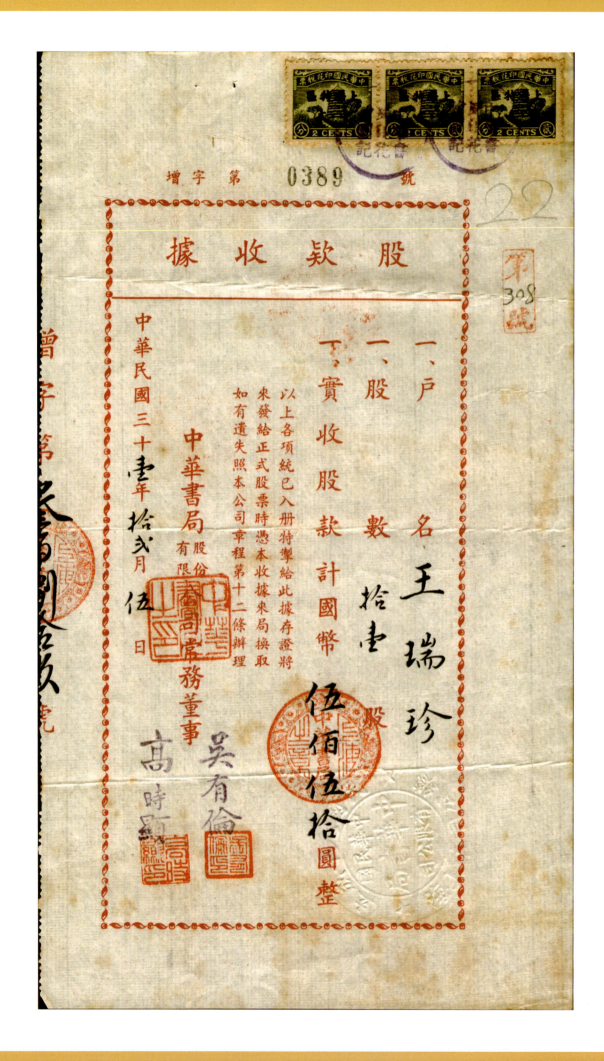

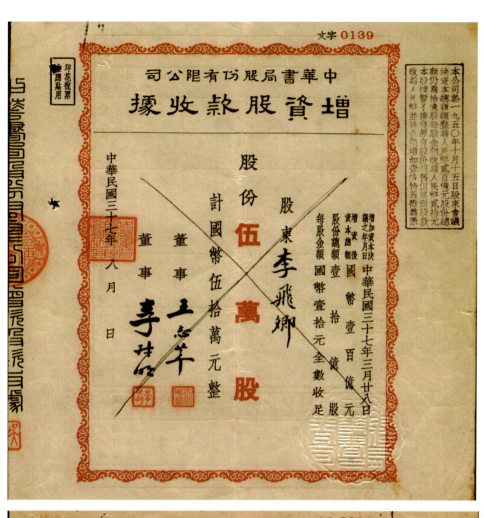

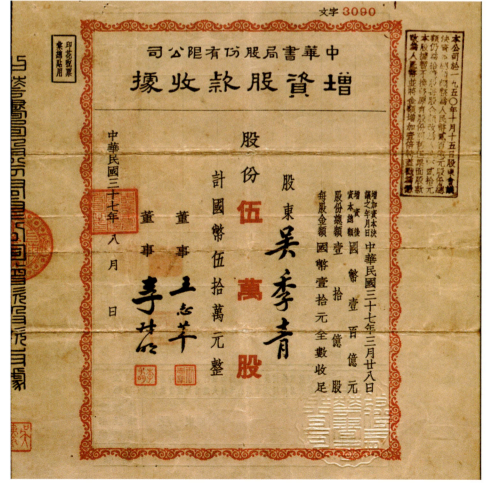

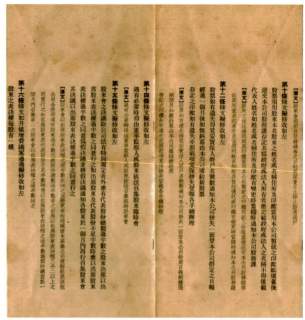
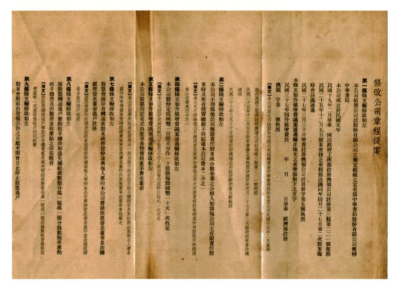

名称：中华书局股份有限公司股票、股款收据及结算报告

股数：壹股

发行年份：民国二十七年（1938年）

尺寸：588 mm × 262 mm

注释：中华书局董事会由陆费逵、舒新成、高时显、吴有伦、李叔明组成。该股票为当时少见的凹凸版印刷，十分精美。票面中央是中华书局的商标：由两枝对称而有动感的稻穗和一本封面印有篆体"中华"的精装图书组成，这两个"中华"篆体字，据说是人称"武进唐才子"的唐驼的手迹；票面的两边分别有一幢气势宏伟的厂房，这是1916年中华书局在今南京西路、铜仁路口192号建成的印刷总厂新房。中华书局股票附有14枚付息票。目前存世的中华书局股票仅有数张，能流传下来实属万幸，它为我国的出版史、印刷史提供了不可多得的实物史料。除中华书局股票外，目前还发现中华书局增资股款收据和结算报告存世。

珠林书店股份有限公司股票

　　珠林书店是民国时期上海较为有名的一家出版机构，地址设在上海牯岭路人安里16号，在翻译学、外国哲学、历史、文学等专题方面曾出版发行了大量的书籍，如《红楼梦类索》（姚梅伯著，1940年11月出版）、《苏联小说集》（宜闲著，1938年出版）、《中国历史讲话》（范子田著，1938年8月出版）、《捷克斯拉夫》（冯宾符著，1938年出版）、《中国历史大事年表》（范子田著，1940年5月出版）、《俄汉新辞典》（舒怡波著，1941年出版）、《战争与通货膨胀》（魏友棐著，1938年出版）、《新哲学教程纲要》（苏联红色教授哲学院，1938年出版）、《江南三唱》（于伶著，1940年出版）、《中国问题评论集》（即《中国革命和欧洲革命》、马克思、恩格斯著，1938年11出版等。

　　魏友棐（1909—1953），字彦忱、忱若，号穹楼，笔名有章榴、涉崖，浙江慈城人。少年时师从著名国学家、教育家冯君木先生，宁波商校毕业后，进入秦润卿先生主持的上海福源钱庄工作，1941年出任福源钱庄襄理。他既是著名的财政金融学家，又是造诣精深的书法篆刻家，学识渊博，著述颇丰。他曾在《东方杂志》《申报》《中央日报》《大公报》《文汇报》等多家报刊发表论文、评论，论述货币、汇率、税收等问题。1938年1月25日，《文汇报》在上海创刊，魏友棐参与了《文汇报》的创建，并在该报初创时期主撰经济评论。魏友棐还担任过《大公报》的社评委员。魏友棐长期从事财经评论，著作有《法币问题》（1931）、《现阶段的中国金融》（1936）、《抗战经济政策论》（1938）、《战争与通货膨胀》（1938）、《外股提要》（1940）、《卢布和现金管理》（1950）、《经济新闻知识》（1950）等。

　　1953年7月24日，魏友棐先生因病与世长辞。

名称：珠林书店股份有限公司股票
股数：贰拾股
发行年份：民国二十九年（1940年）
尺寸：285 mm × 260 mm
注释：珠林书店股份有限公司股票票面有董事罗廷瑗、吴希韩、杨克斋、魏友棐、胡学志的署名，股东为陶予记。

儿童书局图书文具股份有限公司股票

儿童书局是中国第一家以出版儿童读物为主的出版社,以推进儿童教育为主旨,1930年2月由张一渠、石芝坤在上海合资创办,资本为3000元。1931年,儿童书局改组为股份有限公司,由石芝坤任董事长、张一渠任经理。1932年,局址从浙江路同春坊迁至福州路424号,1935年增资后由潘公展任董事长。

1944年,儿童书局与中华图书文具公司合资,改组为儿童书局图书文具股份有限公司,黄仲明任董事长,张一渠任总经理,庞来青任经理。抗战胜利后,重振儿童书局,潘公展复任董事长。黄仲明原在商务印书馆工作30多年,曾任襄理、协理。1945年,儿童书局开始在广州、北平等处设立分局。1946年,儿童书局台湾分局在台湾挂牌经营。

到1948年年底,儿童书局共出版儿童读物1000种左右,其中丛书20余种、期刊6种。出版丛书有《晓庄丛书》《儿童科学丛书》《儿童学术丛书》《动物奇观丛书》《儿童故事丛书》《好朋友丛书》等。出版刊物有《生活教育》《教师之友》《儿童故事月刊》《儿童知识画报》等。儿童书局聘请陶行知、陈鹤琴、俞子夷、陈伯吹等知名儿童文学专家进行编撰,出版的读物图文并重、印刷精良、行销全国。

1950年12月,儿童书局改组为公私合营新儿童书店,出版《新儿童画报》《新儿童教育》两种刊物。1951年12月,以新儿童书店为基础,成立公私合营少年儿童出版社。1955年,少年儿童出版社移交给上海出版局。

张一渠(1895—1958),原名张锡类,笔名徐晋,浙江余姚人。早年就读于浙江绍兴中学,为周作人学生。1928年到上海,在上海总商会主编《商情月报》。1929年,张一渠受泰东图书局赵南公之聘,任经理,自此在上海出版界工作20年。1930年初,他集资创办儿童书局,次年辞去泰东图书局经理职务,专营儿童书局,任经理。抗战爆发,书局陷入困境。1944年儿童书局再次扩股增资,黄仲明任董事长,张一渠任总经理。抗战胜利后,张一渠重振儿童书局,并应正中书局经理蒋志澄之聘,兼任该局协理,同时应申报馆之聘,主编教育栏。

1949年,张一渠携眷去广州,不久移居香港。据说,"在港时接受同乡友人楼适夷之劝,留港不去台湾"。楼适夷与张一渠是余姚同乡,1925年加入中国共产党,长期从事地下工作。张一渠在港仍从事儿童书刊出版事务,主编《儿童乐园》《好孩子》《儿童之友》等杂志。1958年4月,张一渠在香港病逝,终年63岁。

(a)

(b)

名称：儿童书局图书文具股份有限公司股票

股数：(a) 伍佰股、(b) 壹佰股

发行年份：民国三十三年（1944年）

尺寸：300 mm × 250 mm

注释：儿童书局图书文具股份有限公司股票资本总额国币1000万元，股份总额100万股，每股10元。股票票面印着董事长黄仲明，董事吴国珑、石芝坤、张一渠（总经理）等。这两张股票的票面图案设计都十分生动有趣，符合儿童书局的特点，是罕见的儿童书局类股票中的珍品。

龙门联合书局股份有限公司股票

说起龙门书局,确与龙门书院有不解之缘,或者说与上海中学有缘。

1930年6月,上海中学教师严幼芝通过各方集资,在龙门村龙门师范学校旧址(今尚文路迎勋北路)租两间小屋办起了一家出版社,故名"龙门书局",自任经理,出版的第一批书是供上海交通大学教学用的70余种课本。1932年,各方追加投资,龙门书局改组为股份有限公司,上海中学校长郑通和出任董事长,严幼芝任总经理。从创立之初开始,龙门书局便以出版和引进国外教材、辅导学生课外读物著称,陈省身、华罗庚等一大批蜚声海内外的著名科学家,都是读"龙门"书成长起来的。在初始阶段的7年中,龙门书局出书近千种,较好地满足了学校教学的基本需求。

1938年,由严幼芝发起,8家出版社共同集资、联合经营,在人们称为"孤岛"的上海租界成立了龙门联合书局,主要出版科技类图书和高等学校理工类教材、教学参考书和工具书,在当时的我国科技界和出版界产生广泛的影响。龙门联合书局也是股份有限公司,公开发行股票,其中原龙门书局占股份32%,严幼芝被聘为总经理。1938年龙门联合书局自建印刷厂,设立总发行所,同时在北平和天津设立分店。从此,龙门联合书局集出版、印刷、发行于一体,成为全国知名的出版机构之一。

1951年8月,龙门联合书局与中国科学图书仪器公司、立信会计图书用品社、新亚书店等13家单位,组建了中国科技联合发行所。1954年,龙门联合书局实行公私合营,与中国科学院编译局合并组成科学出版社。1993年8月,国家新闻出版署批复同意科学出版社以"龙门书局"为副牌的申请,独立进行出版业务活动。阔别39年后,"龙门书局"这块当年指引青年走科技救国之路的招牌又重返我国出版之林。

严幼芝(1900—1988),江苏东台人,龙门书局创始人,是一位富有进取精神的民族实业家、出版家。

严幼芝为大同大学肄业生,于1930年发明了化学制版法,解决了大批影印中的技术问题。1930年在上海创办龙门书局,自任经理。1934年自费出国深造,先后赴英国曼彻斯特科学技术学院、曼彻斯特大学和德国莱比锡印刷学院学习。1937年回国后创立龙门联合书局,任总经理。

新中国成立后,严幼芝历任中国科技图书联合发行所总经理、科学出版社经理、中国图书进出口总公司顾问,中国印刷技术协会第一、二届理事,民进第六、七届中央委员。1984年加入中国共产党。1988年病逝,享年88岁。

郑通和(1899—1985),字西谷,安徽庐江人,上海中学奠基人。郑通和10岁入塾,1912年就读于舒城县立第二高等小学,毕业后考入天津南开中学;1919年升入南开大学,获文学士学位;1923年8月赴美留学,入斯坦福大学,次年获教育学士学位,旋入哥伦比亚大学师范学院研习;1925年6月获教育硕士学位,继续留校深造;次年返回上海,任上海大夏大学教授等职。1927年6月,郑通和任江苏省立上海中学首任校长,他主持上海中学校务达10年之久,使该校成为当时全国中等学校示范学校。

抗战期间及抗战胜利后,郑通和曾任国民政府甘肃省教育厅厅长、国民党第六届中央执行委员等职。1949年2月去台湾,后任台湾大学教授、教育主管部门政务次长等职。1985年7月15日,郑通和病逝于台北。

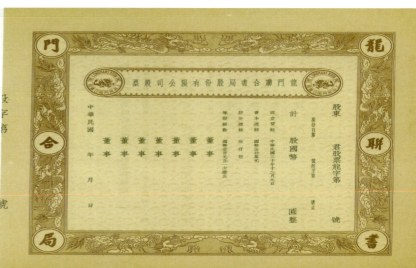

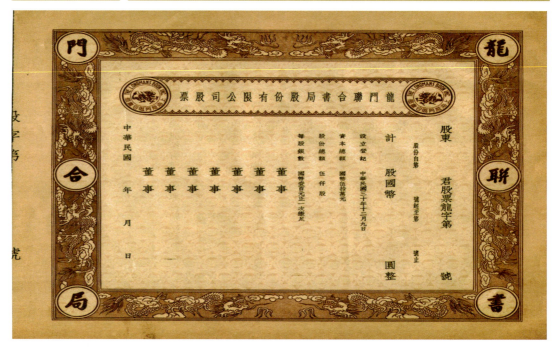

名称:龙门联合书局股份有限公司股票

股数:未填用

发行年份:未填用

尺寸:385 mm × 263 mm

注释:这张是未发行的龙门联合书局股份有限公司股票,迄今未发现龙门书局和龙门联合书局的正式股票。

商务印书馆股份有限公司股票

商务印书馆是我国近代历史最悠久、规模最大的出版机构,它与北京大学被誉为"中国近代文化的双子星"。

光绪二十三年(1897年)正月初十,商务印书馆在上海正式开张,发起人为夏瑞芳、高凤池、鲍咸恩、鲍咸昌,只有4000元资本。馆址设在江西路德昌里,印刷厂位于宝山路499弄584号,发行所位于河南中路211号(科技书店现址)。它的创立标志着我国近现代出版业的开端。

光绪二十八年(1902年),夏瑞芳聘请张元济加入商务印书馆。1903年,日商原亮三郎等携款10万元,来沪拟办一个出版公司,夏瑞芳闻讯,觉得如这出版公司办成,则商务印书馆凭空多了一个竞争对手,如能进行联合,则对双方都有利。于是在夏瑞芳的积极推动下,商务印书馆吸收10万元日资。1903年10月,中日合资的商务印书馆股份有限公司正式成立,从此商务印书馆进入了一个新的发展阶段。

1913年,夏瑞芳根据董事会的决定,亲自东渡日本,与日方反复洽谈,赎回了全部日股,商务印书馆成为完全华资的出版公司。从此,商务印书馆不仅在上海总馆设有机构健全的总务处、编译所、发行所和设备先进的印刷总厂,而且还在全国各重要商埠设有85个分馆以及相应的印刷分厂。同时还走出国门,在新加坡、吉隆坡等地设立分馆。商务印书馆成为一家集编译、印刷、出版、发行、销售于一体的大型出版印刷公司。

1950年,商务印书馆与三联书店、中华书局、开明书店、联营书店联合组成中国图书发行公司。1954年商务印书馆迁往北京。120多年来,商务印书馆以出版的精品图书、培养的文化人才,以及对科学、文化和教育事业的深远影响,被人们誉为"没有围墙的大学""中国现代学术文化的摇篮"。

张元济(1867—1959),字筱斋,号菊生,浙江海盐人,著名爱国人士,中国近现代出版事业的奠基人,被誉为"中国出版第一人"。

1892年张元济参加科举考试中进士。青年时期,张元济曾参加康有为等人发起的"戊戌变法",后来到上海,任南洋公学(现上海交通大学)译书院院长、总理(校长)。1901年张元济在上海与蔡元培等创办《外交报》。1902年应夏瑞芳之聘,他加入商务印书馆,先后任编译所所长、经理、董事长等职。张元济主持创设了"涵芬楼",1926年扩建为"东方图书馆",其收藏的古籍、地方志及各种图书之丰富,均居当时私立图书馆之首。

新中国成立后,张元济任第一届全国政协委员,第一、二届全国人大代表,上海市文史研究馆馆长等职。1959年8月14日,张元济在上海病逝,享年92岁。

夏瑞芳(1871—1914),字粹芳,上海青浦县人。1897年他集资在上海创办了商务印书馆,任经理;1901年创办《外交报》杂志。1904—1914年,除出版教科书和各种读物外,夏瑞芳先后创办发行了《东方杂志》《教育杂志》《小说月报》《少年杂志》等,对商务印书馆的早期发展作出了重要贡献。

1914年1月10日，夏瑞芳登报宣布收回全部日本人的股份，商务印书馆成为独立的民族股份制企业。然而就在当天下午6时，夏瑞芳在商务印书馆发行所门前遭暴徒枪杀，于14日在仁济医院去世，年仅43岁。如今，青浦县博物馆里，屹立着夏瑞芳的塑像，他永远活在人们的心里。

东方图书馆　1926年5月2日，原先供编译所人员阅览藏书的商务印书馆涵芬楼，扩建成了东方图书馆正式对外开放，其规模之大、设施之新、藏书之丰、珍本之多、影响之广，为当时国内之最，曾享有"东亚文化宝库""亚洲第一图书馆"和"学者摇篮"之美誉。

可惜，东方图书馆的辉煌只持续了短短6年。1932年1月29日上午10点刚过，几架日军轰炸机向商务印书馆总馆投下6枚炸弹，商务印书馆的总管理处、编译所、印刷厂等全部中弹，火势波及东方图书馆。2月1日上午8点，日寇又冲入东方图书馆纵火，大火整整烧了一天，东方图书馆的全部藏书46万册，包括古籍善本3700多种，共35000多册；我国最为齐备的地方志2600多种，共25000册，悉数烧毁，这不能不说是我国文化史上的一大劫难。时年65岁的商务印书馆创办人张元济与同仁抱头痛哭，并自责地对夫人说："这是我的罪过！如果我不将这些书搜罗起来，仍然让它散存在全国各地，岂不可以逃过这场浩劫！"他满怀悲愤地仰天长叹："廿年心血成铢寸，一霎书林换劫灰！"

此后虽经老一辈商务人的苦斗复兴，又募集到相当数量的珍贵书籍，但东方图书馆的原貌已不复存在。

名称： 商务印书馆股份有限公司股票

股数： 伍万股

发行年份： 民国三十七年（1948年）

尺寸： 263 mm × 230 mm

注释： 票面上印有商务印书馆董事长张元济，董事朱经农（教育家、出版家、商务印书馆总经理），董事李宣龚（商务印书馆经理兼发行所所长）。这张股票有少见的水印防伪暗记，在书局类股票中独此一例。

芜湖工商报馆印刷有限公司股票

芜湖《工商日报》由安徽报业界爱国民主进步人士张九皋先生于民国四年（1915年）10月20日创建,馆址原设在《皖江日报》社址对面的一家洗衣店楼上,次年迁至陡门巷,1927年又迁至中二街116号。创刊初期,因受袁世凯颁发的"报律"限制,仅刊载工商新闻、商业行情、广告等内容。后"报律"取消,该报增载电讯、本埠新闻和副刊"工商余兴"等内容。创刊初期,全社上下只有四人,从记者、主笔、编辑到校对,全由张九皋一人担任。后来,随着发行量的增加,人员有所增加,并先后聘请王尊庸、张恨水为驻北平特派员。1921年,张恨水每日用电报发文至《工商日报》社,隔日刊登。《皖江潮》在《工商日报》连载后,广大市民竞相争睹,很快成为该报的一块金字招牌。1919年"五四"运动爆发后,《工商日报》改用白话文,倡导民主和言论自由,支持学生运动。5月16日起,该报停止刊登日本的商业广告和船舶航期。1937年12月10日芜湖沦陷,《工商日报》停刊。报社部分印刷器材撤运至合肥三河（现属肥西县）,刊载有关抗战消息,坚持约三个多月停刊。1945年抗战胜利后,张九皋等返回芜湖,利用《皖江日报》留在芜湖的印刷机器,于1946年2月12日起发行《皖江·工商报联合版》,由于受到国民党政府的干扰,该报至年底停刊。1946年起,《工商报》单独发行,仍为对开日报,至1948年,期发行数达4000份,除工商新闻、商情、广告等内容外,副刊还有社长张九皋主编的"陶塘",总编辑张大荒主编的"长街""街谈巷议"等栏目,以及苗辰或（黄振国）主编的"草原"等,形式多样,颇受读者欢迎。1949年4月24日芜湖解放,《工商报》继续出版,4月28日停刊。《工商日报》从创办至停刊,时间长达26年,是芜湖历史上发行时间第二长的民办报纸。

张九皋,安徽历史上新闻界中颇具影响的爱国民主进步人士,光绪十三年（1887年）1月19日出生于江苏溧阳县的一个小店员家里,谱名可铣,号鹤皋。他自幼丧父,家境贫寒,15岁离开家乡来到芜湖张恒春药店当学徒,19岁开始报人生涯。1907年,年仅21岁的张九皋担任《上海新闻日报》和《中外日报》两报的驻芜湖访员。1910年12月21日,其筹办的安徽历史上的第一张对开大报《皖江日报》创刊问世,自己担任主编,1915年在商界朋友和广大店员的支持下,他又独自创办了安徽第一张《工商报》并任社长,同时仍然担任《皖江日报》总编。1932年张九皋创办芜湖至南京的长途汽车客运业务,开辟了芜湖报界开办其他业务的先河。1948年,他辞去报社社长职务,开始研究自己多年来一直深感兴趣的《易经》的五行干支。1956年,经李克农上将介绍,张九皋担任安徽省文史馆员,1958年任芜湖首届政协代表。他晚年从事古代先民哲学思想的研究,并写下了近十万余字的《中国古代宇宙思想史》书稿和大量有价值的地方文史资料。1963年6月9日,张九皋逝世。

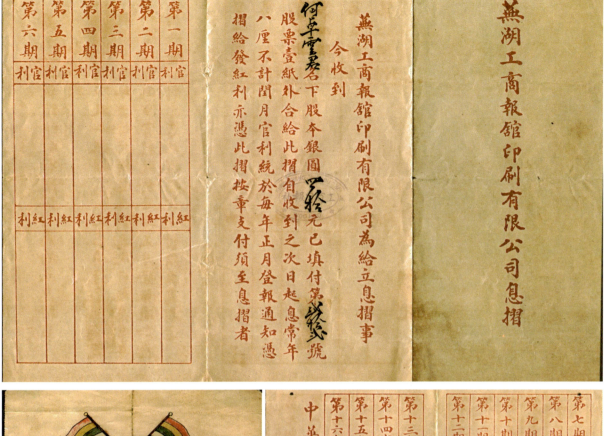

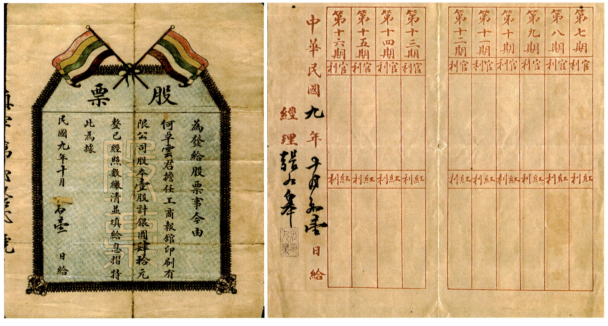

名称：芜湖工商报馆印刷有限公司股票及息折

股数：壹股

发行年份：民国九年（1920年）

尺寸：230 mm × 263 mm

注释：该该公司总股本为银元4000元，分为100股，每股银元40元。官利为常年8厘，红利为股东分得5/8，员工分得3/16，剩余为公积金，该红利制度的安排有效实现了股东与员工利益以及公司发展的均衡。本张股票附有股票息折。

英商文汇有限公司股票

1937年12月,上海沦为"孤岛",日伪当局对新闻实行严密封锁,因此不少报刊先后挂上洋商的招牌,并且聘请外国侨民作为发行人、董事长或总主笔,这就是"洋旗报"现象。爱国人士严宝礼受此启发,在英国驻沪总领事馆登记注册,由严宝礼、胡雄飞(《社会日报》经理)、沈彬翰(佛学书店经理)、徐耻痕(《新闻报》编辑)等人发起的"英商文汇有限公司"于1938年1月25日创立。英商文汇有限公司实行股份制,向社会发行股票,《文汇报》馆设在上海福州路436号,编辑部和印刷所位于爱多亚路(今延安东路)大同坊。

《文汇报》创刊以后,坚持发表翔实的抗战消息和爱国言论,创刊仅4个月,发行量就突破了5万份,超出老牌《新闻报》,成为"孤岛"时期上海最有影响的一份大报。1939年5月,《文汇报》发表纪念"五·九国耻日"的社论,激怒了日伪当局,遂被强行勒令停刊,严宝礼被免除总经理职务。《文汇报》虽然被迫停刊了,但日伪当局对报馆工作人员的迫害并未停止。1945年初夏,严宝礼、柯灵、储玉坤等报人和股东费彝民(曾任香港《大公报》社长)分别遭到日本宪兵队的逮捕和严刑拷打,但他们个个坚贞不屈,后经多方营救,得以先后获释。

1945年抗战胜利,重新复刊后的《文汇报》高举反内战、反独裁、争取民主的旗帜,成为进步文化舆论的一个重要阵地。国民党政府十分恼火,除了对报社各方面施加压力外,还以巨款利诱收买《文汇报》,但都被严宝礼他们断然拒绝。在万般无奈之下,当局恼羞成怒,竟在1947年5月25日悍然下令封闭了《文汇报》。《文汇报》被迫二度停刊后,严宝礼开始筹划去香港复刊。在李济深、郭沫若、柳亚子、茅盾等进步人士的帮助下,香港《文汇报》于1948年9月9日创刊。1949年5月上海解放后,严宝礼立即返回上海复刊《文汇报》。

严宝礼(1900—1960),字问聃,号保厘,《文汇报》创办人,著名的爱国报人。

严宝礼早年就读于上海南洋公学,后因故肄业。当时,他供职于沪宁、沪杭甬铁路局总稽核室。尽管手握一定实权,他却秉公办事廉洁自律,颇受同事和上司好评。后来严宝礼创办上海交通广告公司,常常与新闻界打交道,由此积累了丰富的阅历和人脉关系,为他今后从事新闻报业打下了基础。

抗战全面爆发后,上海沦为"孤岛"。当时上海颇具影响力的《申报》《大公报》等一度被强行关闭。严宝礼毅然辞掉收入丰厚的工作,与他人集资万余元,筹划创办了《文汇报》。严宝礼定下办刊宗旨:"坚持抗战爱国主题,不登哗众取宠的花边新闻"。很快,《文汇报》成为当时上海最热销的报纸。

1939年5月,在日伪当局的施压下,挂名董事长的英国人克明企图出卖《文汇报》。严宝礼得知这一阴谋后随机应变,向英国领事馆申请吊销了《文汇报》执照,以此宣告日伪当局的阴谋破产。1945年,抗战胜利后,《文汇报》很快复刊。与此同时,严宝礼还创办了中国新闻专科学校,培养新闻专业人才。

1947年5月25日,《文汇报》被国民党政府封杀,严宝礼等人转移阵地继续战斗。1948年春天,严宝礼和徐铸成等人集资去香港创办《文汇报》。1949年上海解放后,严宝礼毅然回上海恢复《文汇报》,1956年又参与创办《教师报》。1960年11月18日,严宝礼在上海病逝,终年61岁。

《文汇报》报名确定后,董事沈彬翰负责解决报头问题。最简单的办法是在颜体或柳体碑帖上选出"文汇报"三个字。但沈翻遍所有碑帖,只找到了"文"和"报"两个字,唯独缺个"汇"字,而勉强拼凑又恐难以统一,便提议请有名的书法家谭泽闿题写,大家既赞同又感到为难。

谭泽闿,系近代政治家谭延闿的五弟,他善工行楷,书法被赞力度刚劲、雄浑腴美。谭泽闿定居上海后,一直以卖字谋生,但润笔费颇高,写三个招牌大字一般收300元,即使是熟人介绍也要200元。办报资金并不充裕的文汇报同仁,对写个报头要花二三百元感到十分为难。过了两天,负责广告和发行的董事胡雄飞带来好消息,请谭泽闿写报头一事有门路了。原来,谭泽闿热衷中药滋补养生,而名中医陈存仁是他的医药顾问,也是胡雄飞的朋友。于是,他拜托陈存仁向谭泽闿求字。几天后,胡雄飞果然拿来谭泽闿写就的"文汇报"三个大字,而且分文未付。严宝礼等人决定采用谭泽闿的字,作为1938年1月25日诞生的《文汇报》报头。

此后,《文汇报》在不同的时代因不同的缘故,先后几度停刊,但每次复刊时无不续用谭泽闿所写的报头。

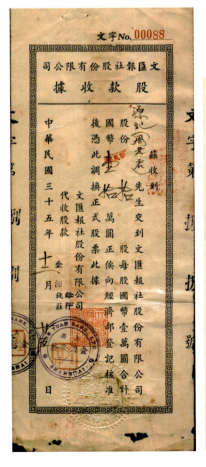

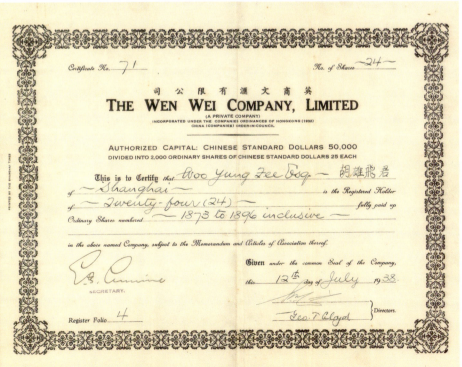

名称：英商文汇有限公司股票和股据

股数：贰拾肆股、肆拾伍股

发行年份：1938年、1939年

尺寸：310 mm × 260 mm

注释：这两张股票清楚地记载了公司股本的变化，1938年英商文汇有限公司股票总股本为50000元，分为2000股，每股25元。1939年的股票总股本显示为250000元，分为10000股。英商文汇有限公司董事会成员有10人，中方董事有严宝礼、胡雄飞、沈彬翰、徐耻痕、方伯奋。英国人克明出任董事长，严宝礼任总经理，胡雄飞任协理兼广告科主任。

这两张股票的股东均是胡雄飞，分别持有股票24股和45股，他是文汇报的创始人之一，既是董事又是股东。这大大提升了这张股票的含金量，其为研究文汇报史提供了一份难得的实物史料。

申报馆股份有限公司股票

同治十一年（1872年），英国商人安纳斯托·美查与伍华特、普莱亚、麦洛基以每人出股银400两，合计1600两作为股本，创办了中文《申报》。《申报》一名源于民间喜欢用"申"字来代表上海，故正式取名《申江新报》，简称《申报》。《申报》初办时，每两天出版一号，从第五号起改为日报，日出8版，本埠零售价每份8文钱；1909年因营业不振而由买办席裕福接手，名义上仍属外商。1912年，史量才与张謇、应德闳、赵凤昌等合资，以12万元（分三期付清）购得《申报》全部股权，史量才出任总经理，并重新在国内注册。1916年，为了能充分施展自己的抱负，不受掣肘，史量才收购了合资人的全部股权，独家经营《申报》。

"国有国格、报有报格、人有人格"，是史量才提出的掷地有声的办报宗旨。《申报》敢于抨击时弊，揭露当局的黑暗统治，因而声誉鹊起，发行量骤增。到1931年，该报日发行量增加到15万份，年利润达数十万元，销售量和影响力直追当时全国最畅销的《新闻报》。1937年7月，申报馆改组为股份有限公司，地址为上海汉口路309号。

抗战结束后，国民党政府接管了《申报》，1946年5月强迫史量才之子史咏赓出让51％股份给政府，然后改组董事会，由政府委派杜月笙任申报馆董事长，已创办74年的《申报》一改其民营性质，成为国民党的官方报纸。1949年上海解放后，《申报》因系国民党党产而宣布停刊。1982年，上海书店以影印的方式出版了全套《申报》。

史量才（1880—1934），名家修，江苏江宁县人，中国报业泰斗。

史量才1899年考中秀才，1901年考入杭州蚕学馆（今浙江理工大学）学习，1904年在上海创办女子蚕桑学校。他先后在南洋中学、育才公学、江南制造局兵工学堂、务本女校任教，并与黄炎培等发起组织江苏学务总会。1908年，其任《时报》主笔。

1912年，史量才等人以12万元购得《申报》全部股权。1927年，他又购得《时事新报》全部产权。1929年，他从美商福开森手中买下了《新闻报》大部分股权，成为上海滩乃至中国新闻界名副其实的报业大亨。

1931年"九·一八"事变后，史量才对蒋介石"攘外必先安内"的政策十分不满，迸发出强烈的民族情感和爱国精神，迎来了他人生道路上的最大转折。黄炎培在《八十年来》中回忆："1932年有一天，蒋召史和我去南京，谈话甚洽，临别，史握蒋手慷慨地说，你手握几十万大军，我有申、新两报几十万读者，你我合作是了。蒋立变色。"这段"你有枪，我有报"的对话流传至今，为史量才平添了几分气势。

1934年10月，史量才前往他在杭州的寓所秋水山庄疗养。11月13日傍晚，他在回程途中遭国民党特务暗杀，年仅54岁。血案发生后，举国震惊，舆论哗然，唁电、悼词、哀文如雪片般飞向各大报馆，同时发出愤怒的呼声："严缉凶犯"。然而杀害史量才的凶案，正是由蒋介石一手策划、戴笠亲自指挥手下的赵理君等六人小组进行的。1934年11月16日，史量才的葬礼在哈同路（今铜仁路）史宅举行，各界知名人士2000多人到会吊唁。

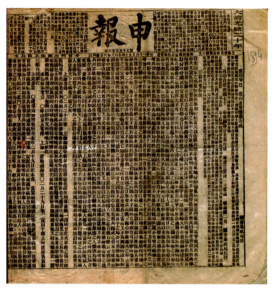

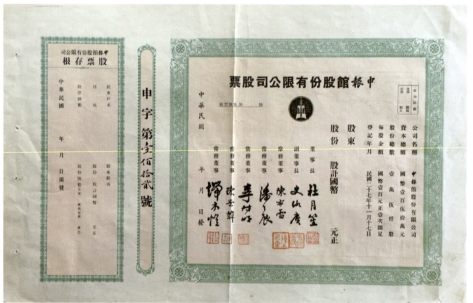

名称:申报馆股份有限公司股票

股数:未填用

发新日期:民国三十五年(1946年)

尺寸:550 mm × 320 mm

注释:此张申报馆股票上的董事长为杜月笙,副董事长为史咏赓(史量才之子)。在"董事"一栏里,还有陈布雷、潘公展、李叔明等人的大名。陈布雷是蒋介石的机要秘书,曾为蒋介石出谋划策。潘公展曾任国民党中宣部副部长、国民党上海市党部主任委员,抗战胜利后任申报社社长兼总主笔,1946年任儿童书局董事长,1949年赴美国任华美日报社社长,1975年6月23日在美国去世。李叔明早年在中华书局工作,1941年7月中华书局创办人陆费逵逝世后,李叔明兼任总经理;抗战胜利后,任中国农民银行常务董事总经理;1949年,辞去中国农民银行董事赴台湾居住,专注于中华书局业务。

这张申报馆股票票幅特别大,为股票和存根连张设计,只可惜没有实用过。不知是何原因,到目前为止,我们还未发现实用过的申报馆股票。

现代书局股份有限公司股票

现代书局作为20世纪30年代众多小书局中的一员,以其鲜明、独特的出版特色,引导了新的文学风尚。

1927年底,张静庐和他的同乡洪雪帆一起创办了现代书局,地址起先设在上海海宁路,后迁至福州路、山东路(今山东中路)商报馆二楼,发行所设在福州路286—290号。1931年,现代书局改组为股份有限公司,总股本是5000元,洪雪帆出1000元,张静庐和松泉出800元,其余都是向朋友们募捐筹集而来的。洪雪帆的股份要比张静庐的多,因此洪雪帆是总经理,张静庐是经理,松泉是出版部主任。

现代书局的发展分为两个阶段:第一阶段强调出版走政治路线,迎合了革命文学潮流;第二阶段则强调脱离政治意识形态,注重出版的文学性。刚刚创业的现代书局资金实力并不雄厚,仅仅在福州路光华书局对街租了一个单开间店面,批售各地新文学出版物,以后才陆续出版书刊。在书籍出版方面,现代书局以出版文学类图书为主要业务,左联文学在现代书局的新书出版中占很大份额。杂志发行也是现代书局经营业务中的重头戏。现代书局于1930年1月推出《拓荒者》,是左联的机关刊物之一,这在20世纪30年代是有标识性的。据不完全统计,在7年时间内,现代书局取得了不俗的业绩,共出书171种,有小说、戏剧、诗歌、童话、文论以及参考书等。现代书局还出版了很多丛书,有世界戏剧译丛、拓荒丛书、现代创作丛刊、世界短篇杰作选等,其中有些丛书产生了很大的影响。鲁迅、郭沫若、茅盾、郁达夫、胡也频、蒋光慈等人的不少著作都是由现代书局出版的。

1932年5月,洪雪帆、张静庐聘请施蛰存创办文艺刊物《现代》。《现代》月刊是我国20世纪30年代初影响巨大的一本大型综合性文学刊物,1932年5月1日创刊,1935年5月停刊,它的发行量一度创下当时期刊发行的奇迹:一万四五千份。

后来洪雪帆、张静庐之间产生分歧(出版商和出版家之间的冲突),导致张静庐退出《现代》,再加上书局因经营不善而负债累累,致使现代书局不得不于1936年关门。

现代书局虽然是一个仅仅存在了7年的出版社,但它定位于"现代",紧跟时代潮流,以其鲜明的出版特色引导了新的文学风尚,体现了取名"现代书局"的深刻含义。

张静庐(1898—1968),原名张继良,笔名静庐,浙江镇海人,我国近现代出版史上的一位资深出版家,为新文化运动作出了较大贡献,著有《在出版界二十年》《中国近代出版史料》等。

张静庐早年在天津、上海的通讯社、报社任记者、编辑;1920年任上海泰东图书局出版部主任;1924年与人合资创办光华书局,任经理;1929年创建上海联合书店,任经理;1931年与洪雪帆合办现代书局,任经理;1934年创建上海杂志公司,任总经理。创办上海杂志公司是中国出版业历史上的一个创举,奠定了张静庐中国近现代十大出版家的地位。

新中国成立后,张静庐致力于中国近现代出版史料的整理工作,先后任北京新闻出版总署私营企业处处长、古籍出版社编审、中华书局近代史编辑组主任。他于1969年9月17日去世,享年70岁。

徐朗西(1884—1961),原名徐应庚,字朗西,陕西三原人,教育家、书画家、社会活动家。徐朗西是当年上海滩一位颇具传奇色彩的人物,他一身兼有孙中山忠实追随者、青洪帮大亨和共产党挚友三种不同的角色,至今还留有许多鲜为人知的秘密。

徐朗西14岁中秀才,于1905年5月赴日本留学专攻铁路专业,在东京加入中国同盟会。1912年南京临时政府成立,徐朗西任造币厂厂长,并与刘海粟、汪亚尘在上海创办了中国第一所美术学校——上海图画美术院(后改名上海美术专科学校),后来又与汪亚尘创办了新华艺术专科学校。二次革命失败后,徐朗西与邵力子等先后创办《生活日报》《民国日报》。抗日战争爆发后,徐朗西避居上海法租界,日伪虽多方利诱,他终不为所动,保全民族气节。新中国成立后,徐朗西参加了在北京召开的全国政协会议,此后一直担任上海市政协委员。1961年10月,徐朗西在上海病逝,享年77岁。

名称:现代书局股份有限公司股票

股数:贰拾股

发行年份:民国二十二年(1933年)

尺寸:310 mm × 270 mm

注释:股票持有人张澹如是张静江的三弟,著名实业家、银行家。票面上所印董事蒋国恩、吴经熊、徐朗西、李孤帆、洪雪帆签名都是本人的手迹,风格迥异,各具特色,令人赏心悦目。还有股票上那枚别出心裁的商标:六本书像叠罗汉似的,以三、二、一的数量向上叠加,最下层是美术体"现代"二字,寓意非常明确;在最上层书的两旁,有两个小白点,似人的双眼,颇具"脸谱"的意趣。设计者的匠心与巧思可见一斑。这张现代书局股票存世十分稀少。

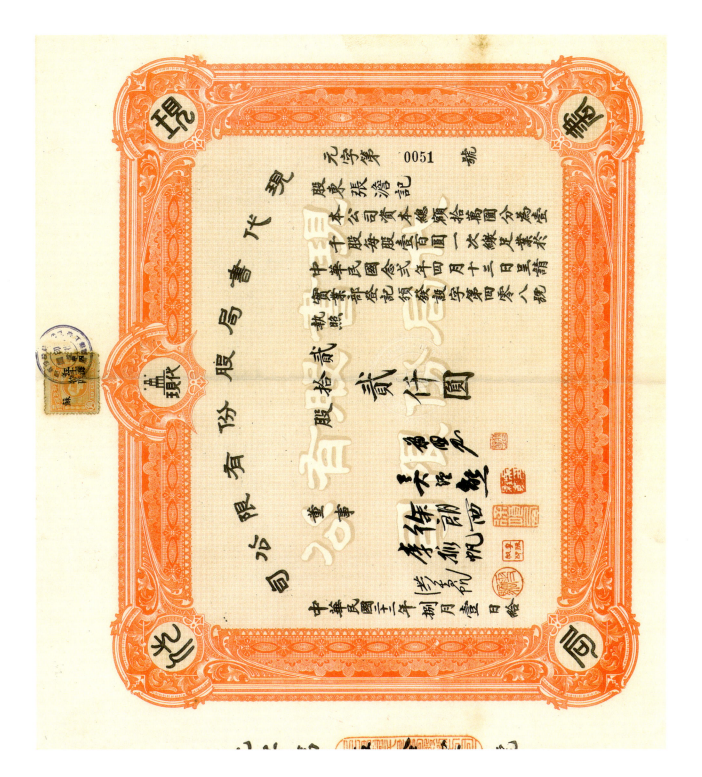

美洲国民日报股票

《美洲国民日报》由国民党驻美洲总支部创办于1927年，属国民党美洲总支部党报，故票上印有国民党党徽。

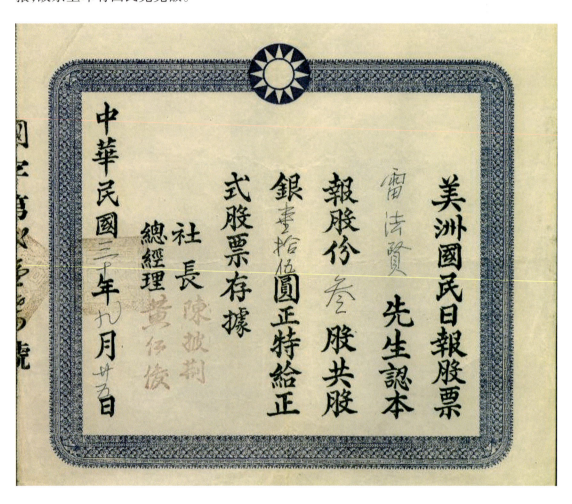

名称：美洲国民日报股票
发行年份：民国三十年（1941年）
股数：叁股
尺寸：不详
注释：美洲国民日报股票由社长陈披荆（旧金山华侨巨子，曾资助孙中山革命）、总经理黄仁俊（台山籍侨领、宁阳总会馆主席）签署发行。

万叶书店股份有限公司股票

我国第一家音乐出版社万叶书店,于1938年7月1日在上海诞生,创办人为钱君匋。在民国时期,万叶书店只能列入中小书局一类,但它是当之无愧的音乐出版"第一重镇",我国现代出版界的"音乐码头"。

诞生于"孤岛时期"上海租界的万叶书店,是由钱君匋和位育中学校长李楚材,澄衷中学教师顾晓初、陈恭则等六人每人集资100元合办的。钱君匋任经理兼总编辑,李楚材、顾晓初、陈恭则任编辑。书店地址前期在上海苏州河北岸海宁路咸宁里11号,后期迁到南昌路43弄。

钱君匋在万叶书店策划的第一个选题是《小学生活页歌曲选》,这在编辑形式上是模仿开明书店的,但内容上是全新的。这本"活页歌曲选"一炮打响,几千册很快即告售罄。后来,他又不断编选新的活页歌曲选,都广受欢迎,为书店赚取了"第一桶金"。因为有在开明书店办教育出版的经验,钱君匋接着把编辑出版重心放到学校辅助用书上。他策划编写了《国语副课本》《算术副课本》《常识副课本》《小学生画帖》《中小学音乐教学法》等。这批课外读物蕴含爱国主义思想,内容积极健康,大大丰富了中小学生的课余生活。

万叶书店在教师学生用书、文学书刊以及音乐美术书籍出版方面全面开张,都取得了不俗的市场业绩,但钱君匋一直在思考如何打造自己的出版品牌,真正形成自己的出版风格。钱君匋决定在音乐出版产品线上发力,让万叶书店唱响音乐图书的"主旋律"。在钱君匋的亲自策划下,一大批音乐方面的书籍陆续面世,有理论专著也有教材,有歌曲集子也有中外乐谱,林林总总,多达200多个品种。这些音乐图书中外结合、雅俗共赏,成为民国后期音乐出版的重心。

1945年8月,钱君匋向社会公开招股集资,将万叶书店改制为股份有限公司,股东达70余人,钱君匋持有90%的股份。1946年,钱君匋又在上海四川北路四达里开办了一家印刷厂,用于解决日益增多的文字、简谱排版问题。

1953年6月,私营上海音乐出版社和教育书店并入万叶书店,在上海南昌路43弄76号成立了"新音乐出版社"。1954年10月,中国音乐家协会出版部与新音乐出版社公私合营,在北京成立了我国历史上第一个专业音乐出版机构——音乐出版社,1974年8月改名为人民音乐出版社。

钱君匋(1906—1998),原名钱锦堂,字玉棠,笔名白蕊先、程朔青等,浙江桐乡人,书籍装帧设计家、书法家、篆刻家,现代音乐出版事业的开拓者和奠基人。

钱君匋,1925年毕业于上海艺术师范学校,1927年至1934年在开明书店担任音乐、美术编辑,并负责出版物的装帧设计,同时在同济、复旦两校兼任教师。1937年抗战全面爆发后,到长沙与张天翼等人共同编辑《救亡日报》。1935年春,他到广州与巴金等创办文化生活出版社广州分社,发行《文丛》月刊和《烽火》半月刊。1938年,钱君匋创办万叶书店,出版多种进步书刊。1956年上海音乐出版社成立,钱君匋任副总编辑,从1958年起一直任上海文艺出版社编审。

最早使钱君匋成名的,是他的书籍装帧艺术,他一生设计的书籍装帧作品多达4000多种。当时,年仅20岁的钱君匋就给大作家鲁迅、茅盾、郭沫若、巴金、叶圣陶、胡愈之等人的书籍作装帧和封面。1998年8月2日钱君匋逝世,享年92岁,他为这个世界留下了20000余方印章,1800多张封面设计,几百万字的文章和几百首诗词。1987年和1996年,钱君匋曾先后两次将其一生收藏的数千件书画作品都无偿捐献给了故乡桐乡和海宁两地,而两地的君匋艺术院和钱君匋艺术研究馆成为了对他的最好纪念。

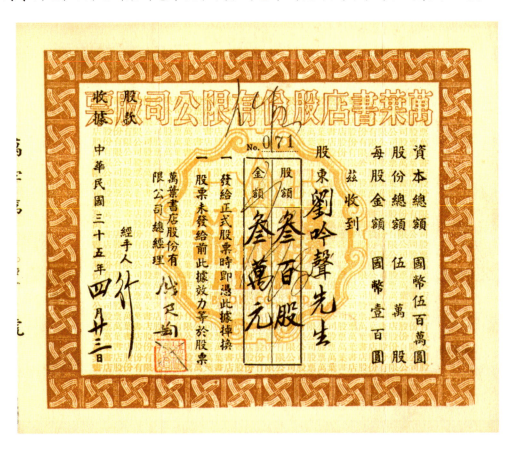

名称:万叶书店股份有限公司股票(股款收据)

股数:贰股

发行年份:民国三十五年(1946年)

尺寸:175 mm × 150 mm

注释:万叶书店股份有限公司股票上均有总经理钱君匋的签名及钤印,且承购股东大多为与钱君匋交往深厚之文人雅士,甚为难得。股票上的万叶书店商标:外沿呈尖齿轮状,内画有三片向上的叶子,正中一片叶子的两边,各写有"萬""葉"两字,图案简洁,对称感极强。这个万叶书店的标记图案,应该是由钱君匋亲自设计的。股票背面都贴有一枚面值5元的印花税票。万叶书店股票是书局类股票中颇有特色的名人纪念股票。

开明书店股份有限公司股款临时收据

开明书店是20世纪上半叶在上海成立的一家著名出版机构。1926年8月1日,章锡琛、章锡珊兄弟在上海宝山路宝山里60号(即章锡琛的家)正式成立开明书店。据绍兴鲁迅纪念馆的史料记载,书店是鲁迅取的名,店招为鲁迅的弟子、著名报人孙伏园所书。

1928年开明书店改制为股份有限公司,最初的资本仅有5000银元,邵力子是入股最早的股东之一,曾经担任开明书店的董事长。开明书店以青少年读物为主,发行的刊物有《中学生》《开明少年》等,也出版了许多新文学作品。在开明书店主持编辑工作的主要是夏丏尊、叶圣陶。随着业务发展,开明书店发行所从宝山路迁往望平街(今山东中路)165号,后又迁至福州路中华书局对面,总店先后设在宝山路、兆丰路(今高阳路)和梧州路。"八·一三"事变爆发,设在梧州路的总店和专为开明书店排印书刊的美成印刷厂全部毁于战火,开明书店损失达80%以上。1941年12月8日上海沦陷后,日军查封开明书店等公司,强令充当宣传"大东亚共荣"的工具,遭到一致拒绝,开明书店的出版工作就此停顿。1943年12月15日,章锡琛、夏丏尊被日军从寓所抓走,经多方营救,10天后获释,两位先生在狱中都展示出了中国知识分子的民族气节。

开明书店拥有夏丏尊、叶圣陶、赵景深、丰子恺、徐调孚、金仲华、周予同、郭绍虞、王统照、周振甫等著名学者、作家担任编辑工作,形成了一支强大的编辑队伍。开明书店出版物包括茅盾的《子夜》,巴金的《家》《春》《秋》,林语堂的《开明英文读本》等。开明书店先后在北京、沈阳、南京、汉口、武昌、长沙、广州、杭州、福州、台北等地设立17处分店。1950年,开明书店实行公私合营,1953年与青年出版社合并改组为中国青年出版社。

章锡琛(1889—1969),别名雪村,浙江绍兴人。1912年至1925年,章锡琛任上海商务印书馆《东方杂志》编辑、《妇女杂志》主编,编辑《时事新报》《民国日报》副刊;1926年离开商务印书馆创办《新女性》杂志。1926年8月22日,章锡琛以商务印书馆的2000元退俸金为基础,加上兄弟章锡珊的一些资金,在宝山路的家中挂起了"开明书店"的招牌。

章锡琛于1949年出任出版总署处长、专员,1954年担任古籍出版社副总编辑,1956年任中华书局副总编辑。1969年,章锡琛因病逝世,终年80岁。

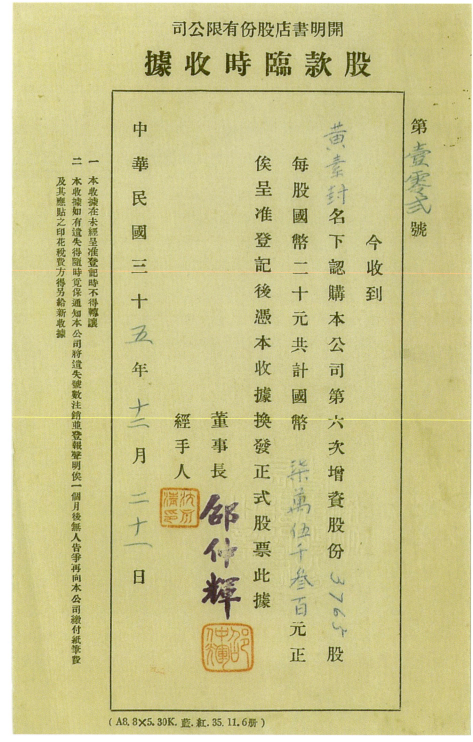

名称: 开明书店股份有限公司股款临时收据

股数: 叁仟柒佰陆拾伍股

尺寸: 127 mm × 215 mm

发行年份: 民国三十五年(1946年)

注释: 这张是开明书店的股款收据,认购人、认购股数、认购金额、认购日期、认购编号等股票的基本要素齐全,票面上董事长邵仲辉(邵力子)的大名和钤印赫然在目。到目前为止,股藏市场上还未发现开明书店的正式股票。

印刷、造纸、广告篇

　　造纸印刷业是我国的传统轻工产业，造纸业是印刷业的上游行业，而造纸印刷业又是整个现代出版业的上游行业。

　　清朝末期到民国时期，随着西方机器造纸技术的传入，我国大规模的机器造纸工厂开始出现。光绪十七年（1891年），李鸿章在上海创办的伦章造纸厂，开中国机器造纸业之先河，其技术、原料、资金、生产规模、产品种类等各个方面相比传统手工造纸业都有了质的飞跃，使得我国造纸业的生产能力得到了大幅度提高。据相关资料统计，当时仅上海一地就集中了全国一半以上的机器造纸厂，生产能力约占全国机器造纸生产能力的40%，江苏和浙江两省的生产能力合计占全国的40%。机器造纸生产能力的大幅度提高满足了印刷业的需要，这也就为我国书局、报刊、图书等近代出版业的发展创造了必要条件。

　　印刷技术的进步，也为书局、报刊、图书等近代出版业的繁荣提供了技术保证。19世纪初叶以来，西方的凸版、平版、凹版、雕版印刷术等相继传入我国，书局、报刊、图书等股份公司率先引进西方先进技术，改进排字设备和排字方法，这极大地提高了劳动生产率，从而也就为我国近代出版业的发展和繁荣创造了条件。

　　在这里必须强调的是，一批改制为股份制的造纸、印刷公司的诞生，如天章纸厂、龙章造纸厂、江南造纸厂、福建造纸厂、三一印刷公司、永祥印书馆、光华美术印刷公司等，为整个造纸、印刷行业带来了生机和活力，进而为书局、报刊、图书等近代出版业的繁荣发挥了难以估量的作用。

粤东编译兼学校用品有限公司股票

粤东编译兼学校用品有限公司创立于广州,为清末民初广东最大的一家出版印刷和学校用品机构,由东莞拔贡莫任衡(莫伯泖)集资8万两白银创办。该公司曾刊行有大量书籍存世。莫任衡,广东省著名立宪派人物,清末广东谘议局议员,清末民初《羊城日报》主编。

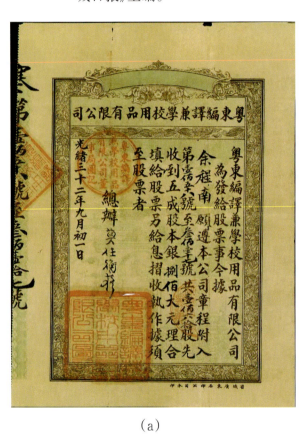

(a)

(b)

名称:粤东编译兼学校用品有限公司股票、扩充股票

股数:(a)壹佰陆拾股、(b)肆拾股

发行年份:(a)光绪三十二年(1906年)、(b)民国元年(1912年)

尺寸:不详

注释:此扩充股票图案美观,两面辛亥革命彩旗呈飞舞状,动感强烈,此种形式在老股票设计中难得一见;背景底色以翠绿与棕黄搭配,冷暖色对比强烈,更凸显旗帜的鲜艳及文字的醒目,使其印刷格调达到完美体现,令人感到赏心悦目。

光华美术印刷股份有限公司股票

章以吴(1897—1978),曾用名"吾省",浙江省三门县人。章以吴一家几代人与周恩来渊源很深。章以吴是周恩来在天津南开中学的同班同学;章以吴之子章文晋,曾担任周恩来的秘书、英语翻译,是新中国第一代外交家;章文晋之妻张颖,在抗战时期任《新华日报》记者,曾是周恩来与文化界人士往来的联络员,后任新中国外交部礼宾司副司长。新中国成立后,有一次周总理在拜访章以吴的老丈人朱启钤时,曾当着章文晋的面与章以吴开玩笑说:"你是章文晋的父亲,章梫又是你的父亲,你真是'名父之子,名子之父'啊!"

章以吴出生在一个亦官亦儒的书香大家。他的父亲章梫与当时北洋政府高官朱启钤交往甚笃,后来朱启钤把女儿朱淇筠嫁给了章梫的儿子章以吴,两家从此结为儿女亲家。章以吴少年时在上海澄衷学堂就学,16岁时考入天津南开中学,当时15岁的周恩来随伯父举家迁至天津,也考入南开中学,章以吴和周恩来便成为同窗好友。这种同窗之情一直延续了整整60年。

新中国成立后,章以吴任上海金城银行秘书处处长、业务专员,上海公私合营银行五联总处职员。20世纪50年代初期,章以吴自愿放弃上海金城银行的高级职务,到甘肃平凉人民银行当了一名普通职员。1956年因精兵简政,章以吴退职返回北京。此时章以吴之妻朱淇筠已病故,其续娶护士罗婉容。1957年深秋,周恩来听说章以吴、罗婉容结为秦晋之好,非常高兴,打趣地说:"你们一个姓章,一个姓罗,你们是'章罗同盟'啊!"几天后,周恩来、邓颖超夫妇请章以吴全家到中南海西花厅吃了一顿饭。席间,周恩来了解到章以吴返京后生活拮据,便根据章以吴在新中国成立前的资历,指示中央统战部会同有关部门解决此事,最后章以吴被安置在中央文史馆任馆员。章以吴于1978年去世,享年80岁。

名称:光华美术印刷股份有限公司股票

股数:拾股

发行年份:民国十年(1921年)

尺寸:302 mm × 255 mm

注释:这张光华美术印刷公司股票上印的常务董事就是我国著名外交家章文晋的父亲章以吴。该股票附逐年官息红利一览表及封套,保存完好。股票上的"光华"两字取自《尚书大传·虞夏传》里的《卿云歌》"日月光华,旦复旦兮",含有发扬光大中华民族优秀文化的意义。关于光华美术印刷公司,笔者无法查到相关资料,只能以实物股票存档待考;至于该公司常务董事章以吴的本人经历以及与周恩来的交往等资料,出自台州机关党建网站,引用日期为2015年6月15日。

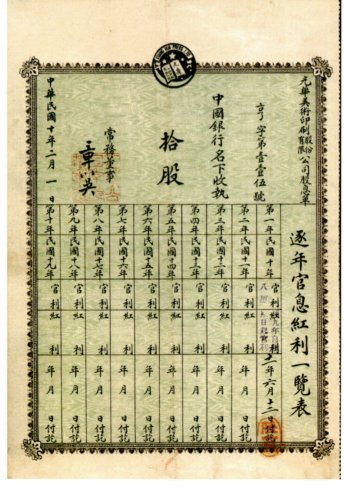

三一印刷股份有限公司股票

三一印刷股份有限公司由金有成、陈鲁衣等集股20万元创办于1927年,最初公司地址为上海虹口昆明路797号,因1936年毁于日军炮火,后迁址中正中路(今延安中路)839号。据说三一印刷厂之所以取名"三一",就是立志要做到设备第一、技术第一、客户满意第一,后来终于如愿成为当时印刷业界的"三大王"。

三一印刷公司的设备和技术在当时是比较先进的,它所瞄准的是上海的彩印市场。据《上海出版志》记载,公司开业时就有7台对开双色机、全张及对开单色胶印机等,还配置了当时最新式的照相机、晒版机等。公司业务以印制各种画片、香烟牌子、公司股票及图书杂志的封面、插页为主,印制过钱币、邮票等,还印制过风景画、仕女画。三一印刷公司曾设计过多种烟壳广告图案,包括水浒一百零八将和古今中外名画条屏等,都深受市民喜爱。当时公司还率先使用照相制版胶印月份牌、烟标和商标,印制的月份牌曾发行到东南亚一带,在南洋广大华侨中颇有影响。直到今天的收藏品市场上,我们仍可见到该公司印制的老上海月份牌等。

新中国成立后,三一印刷公司主要以印制领袖像及美术宣传画为其专长,另外还参与了上海印钞厂印制第一套人民币的工作(三一印刷公司原是国民政府中央银行特约印钞厂)。1956年公私合营时,三一印刷厂成为中心厂,代管华美、致富、大益等数家私营彩印厂,此后又先后更名为东风印刷厂、上海市印刷五厂和上海美术印刷厂,是上海人民美术出版社的前身。

金有成(1886—1988),浙江余姚人,我国民族印刷界先驱人物。1907年,金有成受聘日商市田印刷厂业务人员,其间曾五次赴日本考察印刷业务,深知中国当时的印刷技术与世界的差距,立志要做中国最好的印刷企业。1927年,其与他人合创上海三一印刷股份有限公司,1934年又在福州路432号开设三一画片公司发行所,1964年78岁时退休。1988年,金有成因病辞世,享年102岁。

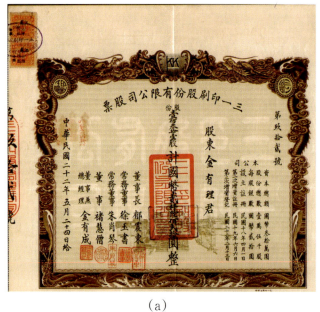
(a)
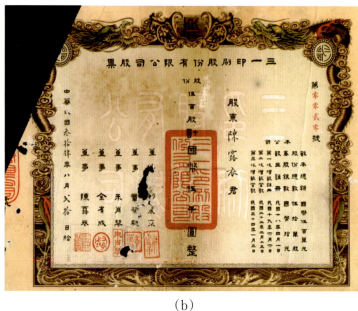
(b)

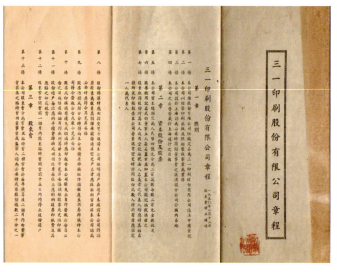
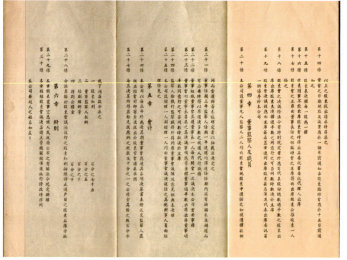

名称：三一印刷股份有限公司股票

股数：(a) 壹佰叁拾壹股、(b) 伍佰股

发行年份：(a) 民国二十二年（1933年）、(b) 民国三十四年（1945年）

尺寸：310 mm × 255 mm

注释：这张三一印刷公司股票（上左图）上由董事长郁震东（著名实业家、复旦大学校董，曾在家乡启东独资建造"全国第六大教堂"德肋撒堂）、董事兼总经理金有成等署名；有一枚面额为5角的球旗图印花税票，背面盖有付官利、红利的印章。这张股票印制精美，突出中华民族的龙文化，不是字画胜似字画。另附公司章程。

文化印刷事业股份有限公司股票

石家庄,旧称石门。1925年,经北洋政府批准设立石门市。1947年11月12日石门市解放,人民政府决定从1948年1月1日起改称石家庄市。

文化印刷事业股份有限公司于1933年2月10日呈奉实业部批准登记,在河北省石门市(今石家庄市)开设专办文化印刷事业的股份公司。该公司总店设在石门市大桥街路北门牌第十八号。该文化印刷公司的具体资料不详。

石门中学是石家庄市第一所中学,在筹办之初成立了一个董事会,由石门商会会长、烟草商周维新任董事长,周慎之任校长,刘鸣远任教务长。校长周慎之只负责筹措学校经费和对外联系事务,学校的一切行政事务则由刘鸣远全权处理。据分析,周维新、刘鸣远既是石门文化印刷事业股份有限公司的董事,又是石门中学的校长和教务长,因此石门文化印刷公司的主要业务是承担石门中学的教材印刷业务,便是顺理成章、水到渠成的事。

名称:文化印刷事业股份有限公司股票

股数:壹股

发行年份:民国二十二年(1933年)

尺寸:334 mm × 308 mm

注释:文化印刷事业股份有限公司股票总股本为2亿2000万银元,分作440股,每股50银元,官息定为年息5厘。董事周慎之、刘鸣远。

董事周慎之,石门商会会长周维新之子,毕业于北京平民大学法律系,在石家庄做律师,并任石门国剧研究社副社长。董事刘鸣远是获鹿县西里村人,毕业于北京大学地质系,曾留学日本,回国后在省立七中任教师。周维新与刘鸣远在北京求学时相识并结为好友,因仰慕南开大学张伯苓办学名声,于是在1930年创办了石门中学。

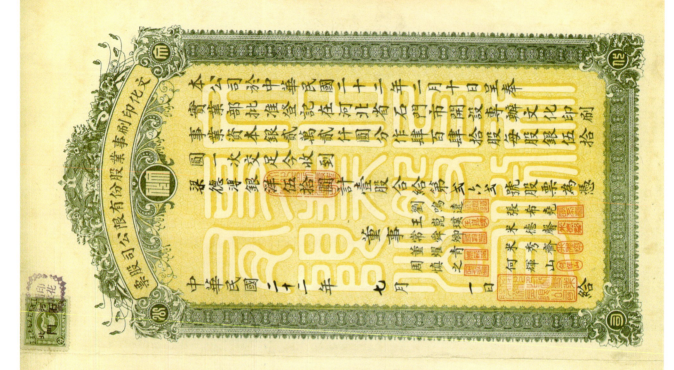

香港东方文化印书局股票

香港文化极具特色,既因2000多年来该地区人口长期以华人为主,深受中华文化影响,也因在过去百多年间成为英国殖民地,引进了不少西方文化,故酿成"中西合璧"的独特文化。从19世纪的转口港,到21世纪的国际大都会,世界各地的文化也对香港文化产生了不小的影响。关于香港东方文化印书局的资料不详。

名称:香港东方文化印书局股票
发行年份:民国二十三年·孔子二千四百八十五年(1934年)
股数:拾股
尺寸:不详
注释:香港东方文化印书局股票上印有总理邝玉葵的名字,该股票以孔子纪年,十分少见。

文华昌记印务局股票

文华昌记印务局成立于1934年,地址为南京市太平路259号。该局以专印中西文件、书籍、簿记,发售文房纸张等生意为宗旨。

据《首都文华昌记印务局章程》记载,文华昌记印务局资本总额2万通用银元,分为200股,每股100通用银元。每年结余分配以25%为公积金、20%为酬劳金、5%为发起人酬劳金,其余50%则按股分配。文华昌记印务局发起人分别为任涤民、何昌期、任翰臣、冯连南、任锡林、冼博泉、任尧鑑、容竹溪,经理任涤民。

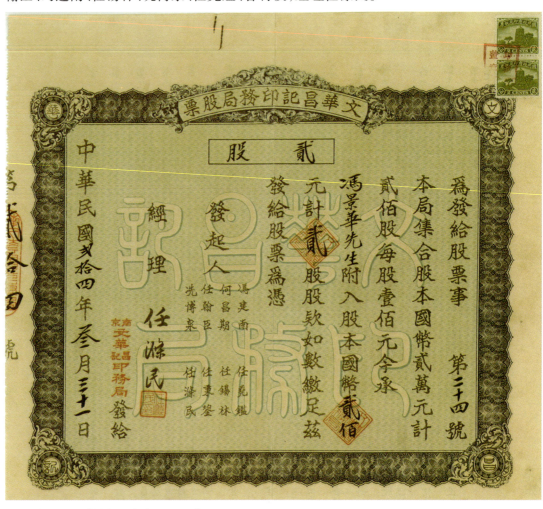

名称:文华昌记印务局股票
股数:贰股
发行年份:民国二十四年(1935年)
尺寸:285 mm × 272 mm
注释:文华昌记印务局股票上印有经理任涤民的名字。

荣业印书馆股份有限公司股票

鸦片战争爆发后，洋行随着外国势力入侵而陆续进入上海。至民国二十五年（1936年），洋商企业达675家，占上海进出口商总数的69.5%，受雇于洋商的华人员工约60000人。

1936年夏秋之际，中共党员王明扬、石志昂，受中共地下组织指派，遵照"利用公开合法，广泛发动群众"的方针，通过上海职业界救国会理事杨经才、杨延修等人，在洋行上层华人员工中开展工作，于同年10月成立具有统一战线性质的洋行华人员工联谊会（简称洋联）。荣业印书馆股份有限公司董事沈颂熙任洋行华人员工联谊会监事。

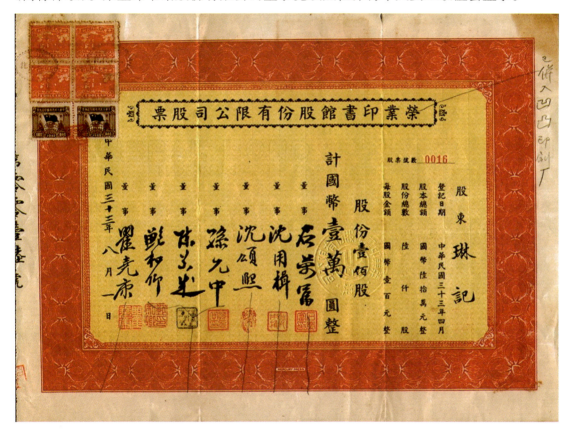

名称：荣业印书馆股份有限公司股票

股数：壹佰股

发行年份：民国三十三年（1944年）

尺寸：313 mm × 237 mm

注释：该股票号码为0016号，承购股东为琳记。

中国华一印刷股份有限公司股款收据

中国华一印刷股份有限公司，1935年由天一印刷股份有限公司与华胜橡皮印刷股份有限公司合并而成。开业时有员工300人左右，并分别在上海榆林路、惠民路两处生产。该企业当时主要设备有全张胶印机四台，对开胶印机六台，及切纸、落石（打样）、制盒等配套设备，在当时的上海印刷业中具有一定影响力。日军入侵后，主要设备被掳去南京，厂房沦为日军战地医院。抗战胜利后，有关方面发还设备、厂房后恢复生产。

上海解放初期，华一印刷公司的业务清淡，后因专事印制领袖像及宣传画而复苏并获发展。公私合营时已成为集制版、印刷、印后加工和机修等多种工艺为一体的全能胶印厂。1961年代管大业印刷厂业务，并于1966年12月与其正式合并，更名为上海市印刷二厂。榆林路308号的华一印刷股份有限公司已被政府列入上海第五批优秀历史建筑名单。

戴耕莘（1895—1956），又名戴芳达，浙江镇海人，14岁赴上海学生意，25岁时创办利昌五金号、铁昌铁号，时年25岁。

20世纪20年代前后，上海市场上销售的香烟多数是"老刀牌""红锡包""绿锡包"等老牌英美烟草公司的产品，当时中国人经营的烟厂中，规模较大的只有南洋兄弟烟草公司一家。1924年，戴耕莘和同学陈楚湘等看到全上海烟草业被外商占领，非常气愤，集资4万银元，盘下面临破产的华成烟厂。1924年正好是农历甲子年，即鼠年，而鼠为十二生肖之首，我国民间历来有"黄金鼠年"的说法，于是华成烟草公司以"金鼠"作为商标，结果"金鼠"牌香烟在市场上一炮打响。"金鼠"首战告捷后，第二年公司又推出了"美丽"牌香烟。

到1932年，"美丽"牌、"金鼠"牌香烟在上海的销售额已占各种香烟之冠。戴耕莘富裕了，但他不忘社会公益，千方百计捐资出力，各项捐款达数千万元之多。1955年，戴耕莘主动响应国家号召第一批加入公私合营。不幸的是，那年他得了癌症，于1956年10月2日病逝上海，终年61岁。

(a)

(b)

名称：中国华一印刷股份有限公司股款收据

股数：(a) 未填、(b) 柒仟伍佰股

发行年份：(a) 民国三十六年（1947年）、(b) 民国三十七年（1948年）

尺寸：(a) 267 mm × 191 mm、(b) 273 mm × 191 mm

注释：票上印的董事长戴耕莘，时称"卷烟大王"。

永祥印书馆股份有限公司股票

永祥印书馆创办于光绪二十五年(1899年),仅比商务印书馆晚两年,由陈永泰独资创建,直到1942年才改为股份有限公司,董事长为许晓初。永祥印书馆以印刷为主业,出版物所占比重不大。1931年,陈永泰去世,由他朋友的儿子陈安镇接办。1943年,永祥印书馆股票上市。为了扩大影响,永祥印书馆由单一的印刷业务发展到出版图书、创办期刊等。1956年公私合营后,永祥印书馆并入由三江、福兴、新时代等15家小厂组成的上海人民印刷十三厂,20世纪70年代末迁往市郊朱行镇,更名为上海塑料彩印厂。

许晓初(1904—1998),安徽寿县人,回族。1922年,其毕业于复旦大学经济系,曾任苏州萃英中学教务长。1927年,许晓初进入中法大药房,因办事有方,深得中法大药房董事长黄楚九的赏识,最后将他的女儿嫁给了许晓初。1931年初黄楚九去世后,许晓初继任中法药房股份有限公司董事长。许晓初还先后创办药业银行、中兴地产公司、华恒织造厂等40多个企业,成为上海六大企业集团首领之一,并被选为公共租界工部局华董、上海市商会常务理事等。1939他年还创办了上海戏剧学校。

许晓初后去台湾,在台湾工商界颇负盛名,曾任台湾新药公会主席、理事长,台湾制药公会联合会理事长,并涉足政坛,曾任"国民大会"主席团主席。1998年1月22日,许晓初在台湾病逝,享年94岁。

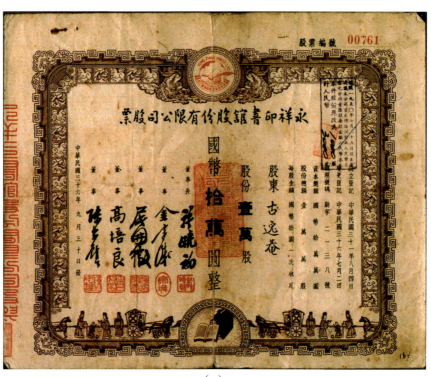

(a)

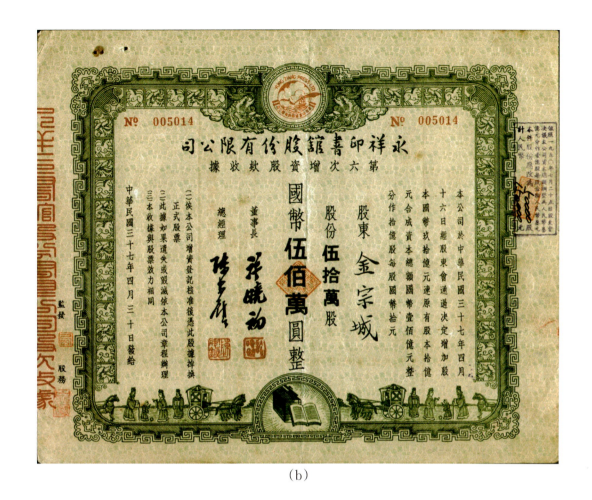

(b)

名称：永祥印书馆股份有限公司股票、股款收据

股数：(a) 壹万股、(b) 伍拾万股

发行年份：(a) 民国三十六年(1947年)、(b) 民国三十七年(1948年)

尺寸：216 mm × 182 mm

注释：这套永祥印书馆股份有限公司股票和股款收据，看上去貌不惊人，但细细品味，却很有特色：上面是永祥印书馆的商标，整个构图为圆形，上有公司的英文名，下有中文名"永祥印书馆股份有限公司"；中间有一艘航船，头顶着白云在大海中航行，海鸥展翅飞翔，一翼"飞"出圆形，图案感极强。"永翔"与"永祥"谐音，此图寓意永祥公司"永远飞翔"；下面是一个椭圆形图案，里面放着厚厚的一叠线装书和一本摊开的书，在它们的四周散发出智慧的睿光。两面边框是龙、马图案，寓意"龙腾马跃"；上面边框上是两条蛟龙的图案，呈对称状；更为叫绝的是在下面的边框上，设计成一组栩栩如生的古代人物、车马图。

从总体上来看，这套股票的设计与印书馆的文化氛围是极其吻合的。此外，这套股票还有水印暗记、底纹版等防伪设计，用放大镜看，可以发现底版上有密密麻麻的"永祥印书馆股份有限公司"字样。

这两张股票的图案和尺寸基本相同，但提供的信息有所不同：一张是永祥印书馆的正式股票，另一张是增资股款收据；一张是介绍股票最初发行时的概况，另一张是介绍第六次增资时的情况；一张有董事长和四个董事的签名和印章，另一张只有董事长和总经理的签名和印章。这种尺寸相同、图案相同，互为补充的两张套设计在老股票中并不多见。

江南制纸股份有限公司股票

近代以来,我国造纸业从手工制作跨入了机械化生产的新时代,江南造纸股份有限公司是我国第一家用机器仿制连史、毛边、海月等传统国产纸张的造纸公司。

江南制纸股份有限公司(简称"江南制纸厂")创立于1925年12月27日,由虞洽卿、吴耀庭、郑寿芝、闻兰亭、张稷臣等人发起创立,资本总额40万银元,,其中吸收日资7万元。厂址设在上海光复西路1003号,1927年正式投产,并在镇江设立制浆分厂,用当地芦苇制造苇浆,供总厂使用。此种苇浆制造技术由陈彭年首创,经国民政府批准发给专字第一号执照,核准专利10年,并豁免税厘5年。1928年,国民政府内政部通令政府各机关,江南制纸厂所产连史、毛边等纸为行文专用纸张。

1941年江南制纸厂被迫廉价售予日商,易名江南制纸株式会社第一工场。抗战胜利后由国民政府财政部接收,1948年8月被刘孟靖等购得,恢复江南制纸股份有限公司原名。1954年2月1日,江南制纸厂与益中造纸厂合并,正式转为公私合营。1966年10月21日改为国营江南造纸厂。

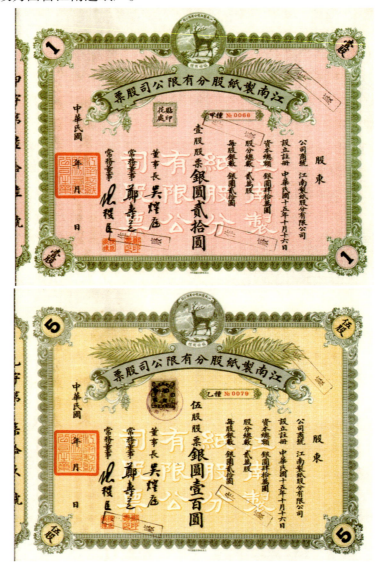

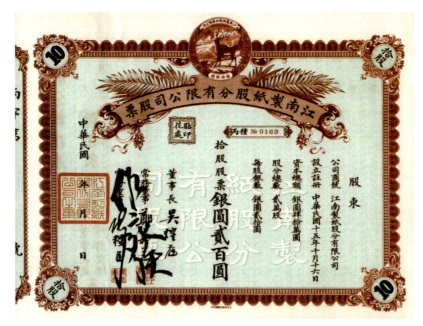

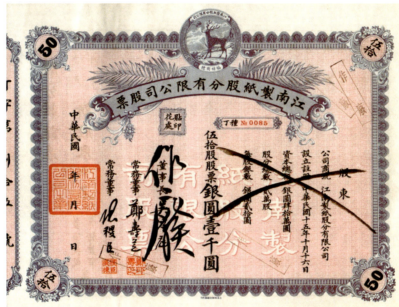

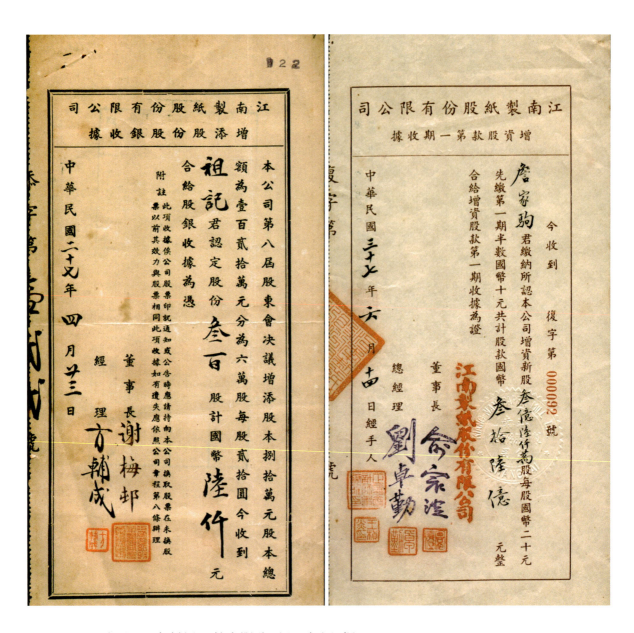

名称：江南制纸股份有限公司股票及股据

股数：壹股、伍股、拾股、伍拾股、壹佰股

发行年份：未填用

尺寸：295 mm × 250 mm

注释：江南制纸公司资本总额国币40万元，分为2万股，每股20元；股票为记名式，分1股、5股、10股、50股、100股五种。股票上印福禄商标，图案淡雅精致。

天章纸厂股份有限公司股票

天章纸厂是上海老字号企业,前身为上海机器造纸局。光绪八年(1882年),曹子揣、郑观应等筹资155700万两白银,在上海杨树浦路403号开设上海机器造纸局,光绪十年(1884年)八月建成投产,日产"洋式"纸张2吨。由于洋纸倾销,上海机器造纸局连年亏损,光绪十八年(1892年)易主,更名伦章机器造纸局,但仍无起色,宣统元年(1909年)起长期停工。1915年年底,刘柏森租赁经营伦章机器造纸局,改名宝源纸厂(后为宝源纸厂西厂,杨树浦路408号);1920年,刘柏森购入日商华章纸厂,将其改名为宝源纸厂东厂(浦东北护塘路313号)。1926年,天章纸厂注册"飞艇"商标。1928年5月31日,全国注册局发给"天章纸厂股份有限公司"营业执照。截至1936年,全国共有造纸厂39家,而上海就有11家,厂数占全国28.2%;产纸量2.7万吨,占全国27.65%。

抗战爆发后,天章纸厂东、西两厂均被日军接管。1945年9月,天章纸厂被国民政府接收,1947年被刘柏森赎回。1955年10月1日,天章纸厂转为公私合营。1966年10月21日转为国营,并改名为先锋造纸厂。1979年2月27日,恢复天章造纸厂原名。1981年,天章造纸厂和上海记录纸厂合并,1982年元旦起更名天章记录纸厂,成为中国最大的生产仪表记录纸、电子打印纸的厂家。"天字"牌商标成为全国名牌商标。

刘柏森(1869—1940),原名刘树森,字柏生,室名"愚园"(大约在1920年购进上海的愚园作为住宅),江苏武进县(今常州市)人,被誉为"纸业巨商"。

刘柏森25岁来到上海,先后在德商信义洋行、美商茂生洋行从事推销工作,1899年秋赴日本长崎、神户考察煤矿经营业务,回国后与人合资开设慎泰恒字号,经销煤炭进出口贸易。1902年涉足股市,设"刘柏森事务所",获利白银14万两。1904年与人合资创设三星香烟公司,后又与人共同出资白银100万两,购买英商怡和轮船公司股票,自营轮船码头业务。后因事业无成,损银30万两,只好将慎泰恒字号停业,忙于清偿债务。1911年刘柏森租办湖北纱、布、丝、麻四局,不料武昌起义爆发,办厂计划告吹。

1940年12月4日,刘柏森在上海寓所病逝,享年71岁。天章纸厂的事务由刘柏森的三个儿子刘季涵(天章纸厂总经理)、刘本勤(天章纸厂东厂厂长)、刘在勤(天章纸厂西厂厂长)分别打理。

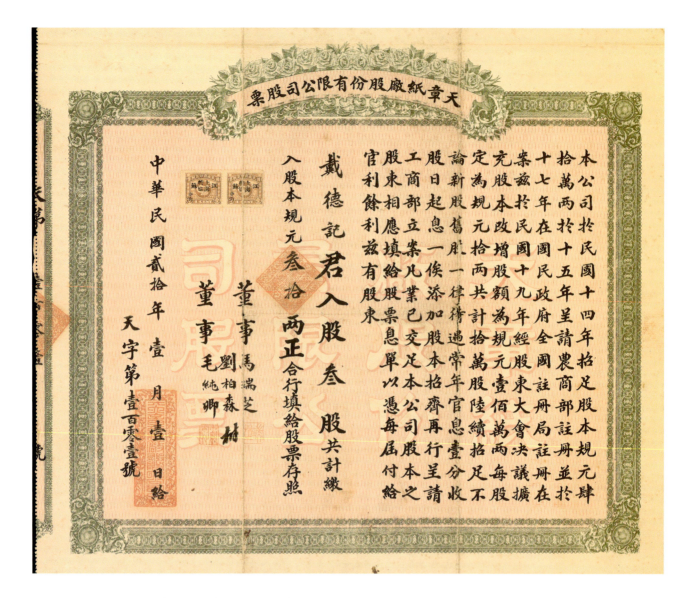

名称：天章纸厂股份有限公司股票

股数：叁股

发行年份：民国二十年（1931年）

尺寸：380 mm × 350 mm

注释：天章纸厂股份有限公司股票上写有董事长马瑞芝、总经理刘柏森，二人是连襟。上海机器造纸局是我国近代机器造纸工业的开端，而天章纸厂是上海机器造纸局的继承和延续，所以这张天章纸厂股票极具历史意义，是上海乃至中国华商造纸工业发展史的珍贵史料，存世十分稀少。

福建造纸股份公司股票

1929年1月,菲律宾侨商陈天恩父子、李清泉、林秉祥等人集资789000银元(侨资占80%)、购地百余亩,向德国、瑞士定制成套造纸设备,成立了福州造纸厂。同年10月,在厦门召开第一次股东大会,正式成立福建造纸股份有限公司,推举陈天恩为董事长,陈希庆为总经理兼厂长。1930年,国民政府工商部核准发给执照。1932年5月,造纸厂正式开工生产,所产纸张销路不断扩展,30%就地销售,70%运往外埠,所造纸张在广州和南洋等地较为畅销,成为当时福建省唯一一家大型机器造纸企业。1932年12月,呈请国民政府财政、实业两部给予老竹制浆"专制权"并免税三年。1933年公司添招新股,股金增至918000银元。

1938年,造纸厂两次遭日军飞机轰炸,部分厂房被毁,工厂停产,将机器拆卸运往南平。1944年,福州再度沦陷,造纸厂被日军占领,厂里未来得及拆卸的机器被掠夺一空。抗战胜利后,陈希庆从菲律宾回国,一边召集旧员工修复厂房,一边筹划款项。1948年,经过两年的准备终于恢复生产,但每月平均产量45吨,仅为开机能力的30%,直至1949年福州解放,这家近代福建省唯一的大型机器造纸厂也没能完成复兴计划。

陈天恩(1871—1953),名泽覃,早年旅居菲律宾,以行医为业,后回国定居厦门,开设陈天恩医药局,在旅菲侨胞和厦门士绅中享有一定声望。

陈天恩认为福建森林竹木资源丰富,有意创办造纸厂。1919年,他的三儿子陈希庆由北京清华大学保送美国留学,陈天恩要求儿子攻读造纸专业。1924年陈希庆学成回国,但当时正值军阀混战,内地办厂困难重重,于是其先后在英、德、瑞士等国的著名造纸厂实习。1927年春回国后,陈天恩叫儿子开始筹办造纸厂。

1929年,陈天恩父子偕李清泉等13名著名菲律宾侨商,正式成立福建造纸股份有限公司。1932年5月,造纸厂投产。

1949年8月福州解放,福州造纸厂同年9月复工,产销情况迅速好转。1951年造纸厂第一次向全体股东发放股息。1953年陈天恩病逝,终年82岁。

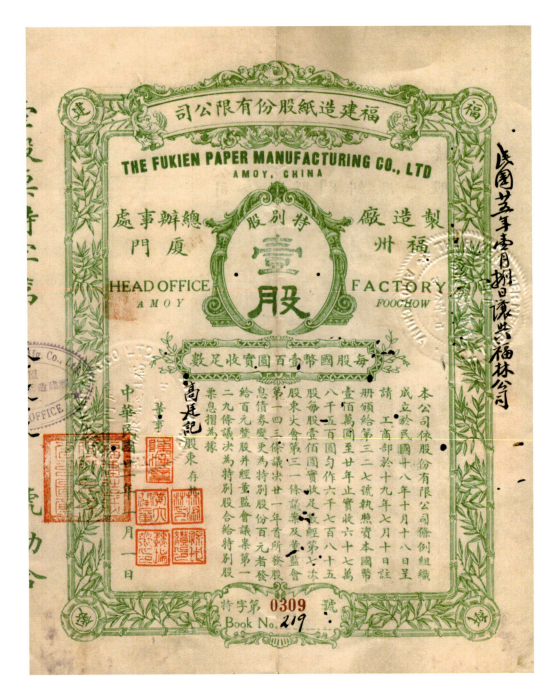

名称：福建造纸股份公司股票

股数：(特别股)壹股

发行年份：民国二十一年(1932年)

尺寸：183 mm × 236 mm

注释：福建造纸股份公司额定总股本100万元，每股100元。其制造厂设在福州，总办事处设在厦门。特别值得一提的是本股票为特别股，即由该公司所发股息债券变更为特别股份并发给特别股票，这在民国其他股票中并不多见。

上海龙章机器造纸有限公司股票

100多年来，上海作为我国经济的中心，是我国产业布局的必争之地。造纸行业作为上海最早兴起的产业，也经历了无比辉煌灿烂的时刻。

上海龙章造纸厂成立于光绪三十二年（1906年），由近代实业家庞元济等先后招集商股白银38万两和官股白银6万两发起创建，它是我国最早一家官商合办的造纸厂。1907年5月，龙章机器造纸公司在上海高昌庙日晖桥正式开工，主要生产连史纸和毛边纸，每日产量为10吨。龙章造纸厂从1931年起连续数年获利，公司股票在交易所成交价格超过票面值20%。1937年8月13日，日军进攻上海，龙章造纸厂房三次被炸，只得歇业内迁至重庆重建新厂。1941年11月由中央信托局收购，改名中央造纸厂。

庞元济，字莱臣、号虚斋，近代实业家和古画收藏家。他除了创办龙章造纸厂外，还创办了杭州世经缫丝厂、塘栖缫丝厂、杭州通益公纱厂等。他还拥有苏州、上海大量房地产，原上海牛庄路的"三星舞台"（后改名中国大戏院）和成都路的整条"世述里"都是他的产业。

徐冠南，乌镇首富，他在20世纪三四十年代的上海经营房地产、航运和进出口生意等，上海的乌镇路和乌镇路桥就是由他出资修建的。

韩芸根，上海、浙江商帮中的舟山籍人士，上海煤业银行总经理，1921年担任上海市煤商业同业公会董事长。

沈联芳，1945年在上海开设恒丰缫丝厂，闸北的恒丰路和恒丰路桥就是以恒丰缫丝厂中"恒丰"两字命名的。后来他转向房地产，先后建造了恒丰大楼和恒丰里、恒通里、恒祥里、恒康里、恒乐里等里弄住宅。

傅筱庵，曾任中国通商银行、四明银行总经理，1926年任上海总商会会长，1938出任伪上海特别市市长，最终因违背戴笠诱杀汪精卫的旨意，被戴笠买通傅家老佣人朱升源，于1940年10月11日深夜被杀身亡。

刘翰怡，南浔"四象"之首刘镛的孙子，著名嘉业堂藏书楼主人。

名称：上海龙章机器造纸有限公司股票

股数：贰拾叁股

发行年份：民国二十二年（1933年）

尺寸：300 mm × 265 mm

注释：上海龙章机器造纸有限公司股票由上海中华书局承印，纸张厚实，印刷精美。上方配以双龙戏"珠"，两条黑龙玩着烈焰熊熊的红珠，龙为东方民族的象征，喻示着民族的强盛、腾飞。在它的上面也是龙的图案，不过是两条红龙衔着用黑字书写的股票名称，上下对比强烈，左右对仗工整，这样的设计很好地体现了股票名称中"龙章"两字的深刻含义。

上海粤昌照相卡纸股份有限公司产业部股票

上海粤昌照相卡纸股份有限公司创始于1919年,以制造照相簿和贴照片用的硬质卡纸为主要产品,年生产大小卡纸约60万张,为国货卡纸厂中产量最大、卡纸尺寸最齐备的,曾风行全国及南洋各地照相界,被推为国货之上乘。所出品的照相簿种类齐全、制作精良,成为人们庆祝婚礼、诞辰的高端礼品。

粤昌照相卡纸公司总理任植云先生,少年时曾到日本研究船务工程,历时8年,回国后在上海开创万昌专营船务工程事业。鉴于我国工业落后的现状,任植云集合吕日升、李海东、关瑞生等人,创办了粤昌照相卡纸公司。公司厂址选在上海江西北路七浦路东首68号,分厂位于香港红磡宝其利街30至40号。产品名为"鹰雄独立"牌。

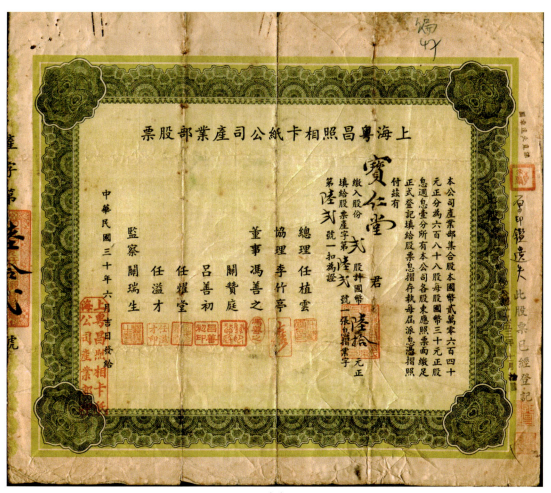

(a)

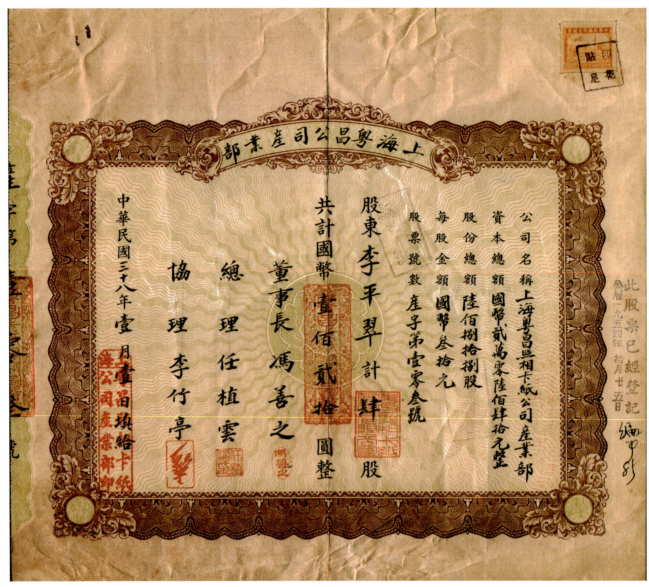

(b)

名称：上海粤昌照相卡纸公司产业部股票、上海粤昌公司产业部股票

股数：(a) 贰股、(b) 肆股

发行年份：(a) 民国三十年（1941年）、(b) 民国三十八年（1949年）

尺寸：(a) 285 mm × 255 mm、(b) 282 mm × 267 mm

注释：上海粤昌照相卡纸公司早期资本总额国币20640元，分为688股，每股30元。粤昌照相卡纸股份公司股票载明总理任植云，协理李竹亭。任植云，鹤山旅沪同乡会、上海公善堂创办人之一。公善堂地址为上海江西北路121弄178号。这张民国三十年（1941年）发行的股票是该公司早期发行的股票之一，目前收藏市场上还有1948年、1949年发行的公司股票。

华伦造纸厂股份有限公司股票

　　1941年,姚锡舟投资1500万元创建华伦造纸厂,第一厂在上海陆家路232弄15号,第二厂在赫德路545弄72号,事务所在江西路406号。1941年初,姚锡舟增资开设华伦造纸厂新厂于赫德路(今常德路)545弄72号,1942年4月建成投产,初期产品主要有牛皮纸、招贴纸、火柴纸、有光纸等,日产5吨左右,特别是出产的"金轮牌"牛皮纸风行沪市。

　　自1965年起,华伦造纸厂以生产包装纸(水泥袋纸)为主,兼产纱管纸、底层纸、牛皮卡纸。该厂生产的牛皮卡纸质量上乘,被定为出口产品。该厂生产的底层纸(装饰板配套用纸)于1985—1988年,连续四年荣获上海市轻工业局优质产品称号。

　　姚锡舟(1875—1944),名锦林,字锡舟,上海南姚人,中山陵的承建者、中国水泥工业的先驱。姚锡舟13岁独自外出谋生,充当童役、小贩、筑路工,曾受教于著名工匠杨斯盛,营造技术造诣日深。其于1900年在上海创办姚新记营造厂,1904年因承建上海电话大厦而崭露头角,此后又因建造上海外白渡桥、中央造币厂、法国总会,在南京建造南洋劝业会、中山陵、和记洋行大厦等著名建筑而闻名全国。

　　1921年,姚锡舟联合上海金融界、实业界人士吴麟书、陈光甫、聂云台等人集资银元50万两(姚氏投资20万两),在南京市郊龙潭创办中国水泥股份有限公司(今中国水泥厂),注册"泰山牌"商标,自任董事长兼总经理。数年后,中国水泥厂发展成为仅次于唐山启新洋灰公司的我国第二大水泥厂。"泰山牌"水泥远销香港和南洋,并用于建造钱塘江大桥和中山陵,成为我国名牌水泥之一。其子姚乃煌、姚乃炽、姚乃康、姚乃寿及姚清德等均继承了姚锡舟的事业,活跃在国内外建造界。

名称: 华伦造纸厂股份有限公司股票
股数: 伍佰股
发行年份: (a) 民国三十一年(1942年)、(b) 民国三十二年(1943年)
尺寸: 不详
注释: 华伦造纸厂股票资本总额国币3300万元,分作330万股,每股10元。票上载明董事姚乃炽、姚锡舟、沈驿臣,经理姚乃炽,协理姚清德,厂长姚乃煌。

(a)

(b)

中国天丰造纸厂股份有限公司股票

　　前身天丰造纸厂于民国二十八年（1939年）由华成烟草公司高级职员戴耕莘等集资22万元创办，厂址设在徐家汇塘子泾66号（今徐虹北路290号），开始以手工制造灰板纸，1940年过渡到机器抄造，置有圆网造纸机1台，有职工182人，日产灰板纸8吨。民国三十三年（1944年）1月，被日本三菱洋行侵占。次年售与胡云飞，改称为中国天丰造纸厂股份有限公司。上海解放后，经市财委地方工业处与该厂其他股东协商，于1952年10月确定为公私合营。"文化大革命"期间，曾改名为国营革命造纸厂，1972年2月21日，易名为长虹纸浆厂。

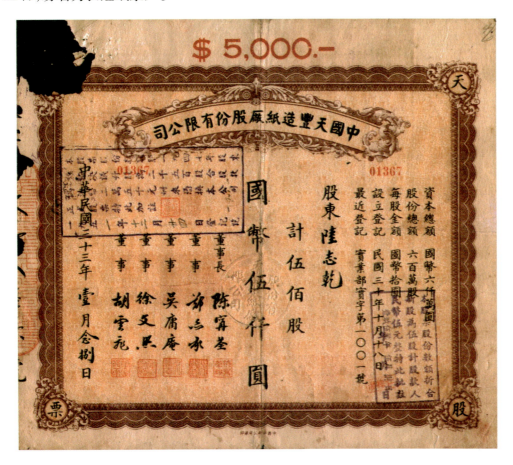

名称：中国天丰造纸厂股份有限公司股票
发行年份：民国三十三年（1944年）
股数：伍佰股
尺寸：198 mm × 177 mm
注释：该股票票面有两处印戳，分别于1951年12月24日和1956年5月8日加盖，注明1947年升股以及解放后新币改革折股事宜，股票背面记录股息发放至1965年第四季度。

中华制纸厂股份有限公司股票

中华制纸厂由陈东、何惕若等集资15万元于1938年创立,厂址为上海东京路(今昌化路)764号,置有长网造纸机一台,有职工260人,月产连史纸和土烟纸39万磅(约合177吨),纸厂连年获利颇丰,遂于1941年改为股份有限公司,资本总额扩大到232万元,并在今昌化路261号择地5.7亩开设新厂,定名为中华制纸二厂。后因受洋纸倾销影响,被迫于1947年6月宣告歇业,解散工人。

1949年底,中华制纸二厂租给李坤泉,定名为大明造纸有限公司;一厂租给吴慎裕,定名为金城制纸有限公司。1952年,原中华制纸有限公司与大明制纸有限公司合并,定名为大明造纸厂。1954年1月金城制纸有限公司被兼并,成为大明造纸厂分厂。1954年11月1日大明造纸厂转变为公私合营。1966年1月,大明分厂从大明厂分离,定名为江明造纸厂。在"文化大革命"期间,中华制纸厂曾先后更名为抗大造纸厂和江宁造纸厂,1979年恢复原名。

名称:中华制纸厂股份有限公司股票
股数:捌佰股
发行年份:民国三十三年(1944年)
尺寸:322 mm × 271 mm
注释:中华制纸厂股份有限公司资本总额国币2000万元,股额20万股,每股100元。票面载明董事长唐季珊,董事关玉庭(上海扬子饭店老板)、何惕若,张敏身等。股票背面贴前门箭楼图印花税票。

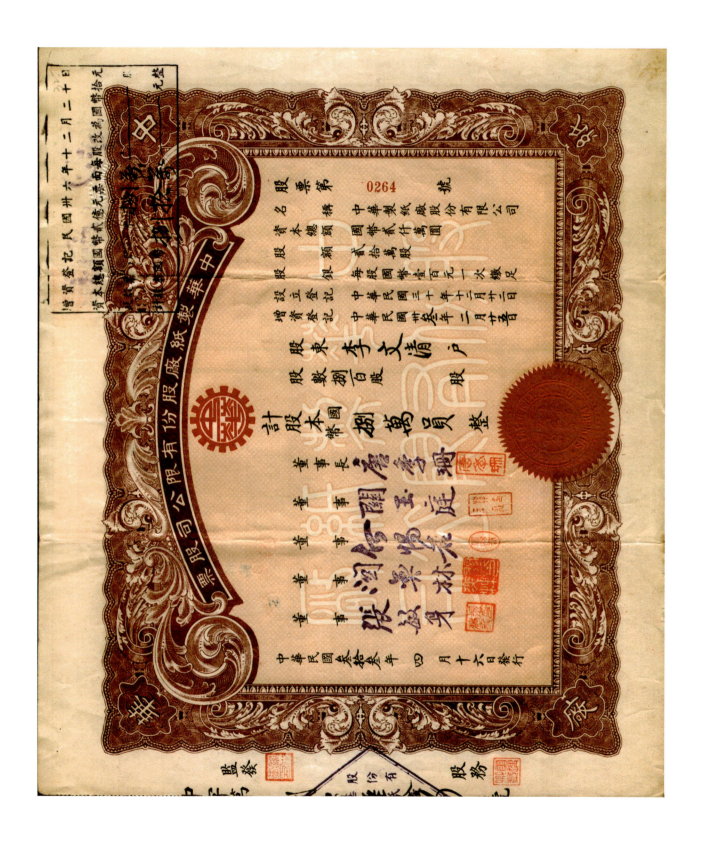

宏文机器造纸股份有限公司股票

毛泽东曾经这样评价荣氏家族:"荣家是中国民族资本家的首户,中国在世界上真正称得上是财团的,就只有他们一家。"荣氏企业(以荣宗敬、荣德生兄弟为首)是旧中国资金最雄厚、规模最大的家族企业集团,它创立的茂新、福新、申新企业体系共有21家工厂,当时在面粉业和棉纺业雄居首位,荣宗敬、荣德生兄弟被誉为"面粉大王""棉纱大王"。

1938年抗战全面爆发后,荣德生在上海、武汉等地的企业遭日军飞机轰炸,受到重创。为躲避战火,1938年下半年,荣德生派女婿李国伟来到陕西宝鸡,筹建新的申新纱厂、福新面粉厂、宏文造纸厂等。1943年春,李国伟在宝鸡十里铺筹建宏文机器造纸厂。1944年1月宝鸡宏文造纸厂落成试产,4月正式投产,日产"飞熊"牌道林纸、打字纸2吨。

抗战胜利后,由荣德生、荣毅仁、李国伟等集资,在上海创立宏文机器造纸股份有限公司,同时在龙华港口镇(后迁至江西中路421号)筹建宏文机器造纸厂。公司从美国购置先进的造纸机和发电机,1948年2月始建厂房、安装设备,后因建材等物资缺乏,工程进度十分缓慢,直到1950年9月才竣工投产,日产黄板纸10吨,部分产品销往南洋一带。

1954年7月1日,宏文机器造纸股份有限公司实行公私合营。"文化大革命"期间,宏文造纸厂曾易名国营立新造纸厂,1985年恢复宏文造纸厂原名,并从日本购进高速超成型机等关键设备和打浆配套系统,主要为各类出口商品生产专用包装箱板纸。

荣鸿元、李国伟、荣毅仁为荣氏家族的第二代优秀实业家。

荣鸿元(1906—1990),名溥仁,江苏无锡人,荣宗敬的长子,我国近代民族实业家。

荣鸿元1927年从上海交通大学毕业后,进茂新、福新、申新总公司掌管花纱营业部,先后任上海申新第二纺织厂厂长、申新纺织总公司总经理,兼任恒大纱厂、鸿丰纺织公司、鸿丰面粉厂、鸿丰铁工厂、鸿丰仓库打包厂总经理等职。1938年其父荣宗敬病逝,他即继任总公司总经理的职位,依靠在上海租界内的申新二厂、九厂、福新二厂、七厂、八厂大力增加生产,获利颇丰。抗战胜利后,在上海又新办鸿丰两个纱厂,1946年购进芜湖的裕中纱厂、上海的国光印染厂和鸿丰面粉厂,实力大增。

荣鸿元继承了父亲百折不挠、顽强创业的经营品质,领导着家族事业,成为荣氏企业后期发展的主持者。1949年前后,他在香港开设大元纱厂,后定居巴西,经营面粉业。1983年他将100万元人民币捐赠给上海交通大学建立教师活动中心(1985年建成)。1990年9月,荣鸿元病逝巴西,享年84岁。

李国伟(1892—1978),原名李忠枢,江苏无锡人,荣德生之婿,我国近代民族实业家。

李国伟1907年就读上海澄衷中学,次年考入震旦学院,1910年又考入唐山路矿学堂,1915年土木工程系毕业,次年与荣德生长女荣慕蕴成婚。1918年,荣氏兄弟创办汉口福新第五面粉厂,李国伟出任协理兼总工程师。1922年,申新第四纺织厂创立后任总工程师、副经理。

1931年,荣月泉(电报大王,茂新、申四、福五等厂经理)退休后,李国伟出任福新五厂、申新四厂经理。抗日战争期间,李国伟主持把在上海、无锡的工厂迁往重庆、宝鸡等地,并在重庆创办庆新纱厂与庆新面粉厂,在宝鸡创建宝鸡铁工厂、宏文造纸厂,在重庆创建公益面粉纺织机器厂。

新中国成立后,在人民政府的政策感召下,李国伟于1950年元旦携家眷回到北京,他旗下的一大批荣氏企业都迁回国内先后实行公私合营。他历任湖北省政协副主席、全国政协常委等职。1978年10月1日李国伟病逝于北京,终年76岁。他的家属遵照李国伟生前的遗愿,把他历年购买的公债28万元如数捐给了国家,并把发还的在"文化大革命"中被扣的30万元个人存款,捐献给民建中央和全国工商联,作为教育基金。

荣毅仁(1916—2005),江苏无锡人,荣德生次子,我国现代民族工商业者的杰出代表。

荣毅仁早年接受中西方文化的启蒙教育,1937年从上海圣约翰大学历史系毕业后,先后在无锡茂新面粉公司任助理、经理,上海合丰企业公司董事,上海三新银行董事、经理,逐渐成为荣氏20多个家族企业的代表。新中国成立前夕,荣氏家族其他成员纷纷离开大陆,而荣毅仁决定留下来。

1954年,荣毅仁带头拉开申新纺织与政府公私合营的大幕。1957年后,荣毅仁出任上海市副市长、纺织工业部副部长。在"文化大革命"中,荣毅仁身处逆境,英雄无用武之地。十一届三中全会之后,荣毅仁开始了新生。为了探索国际经济合作之道,在邓小平的支持下,1979年10月成立了中国国际信托投资公司,开创了我国第一个对外开放的窗口,荣毅仁为首任总裁。

2005年10月26日,中华人民共和国原副主席、中国国际信托投资公司原董事长荣毅仁,因病在北京逝世,享年89岁。

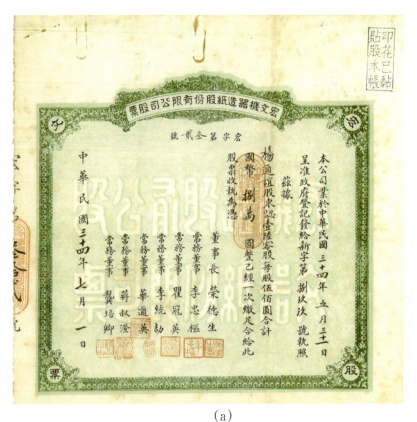

(a)

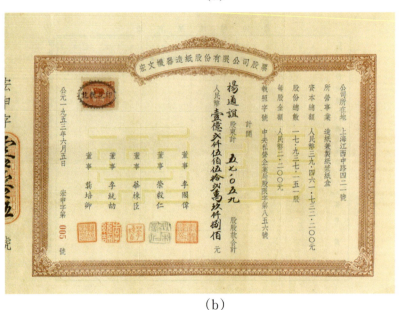

(b)

名称：宏文机器造纸股份有限公司股票

股数：(a) 壹佰陆拾股、(b) 伍万柒仟零伍拾玖股

发行年份：(a) 民国三十四年（1945年）、(b) 1953年

尺寸：(a) 250 mm × 263 mm、(b) 263 mm × 210 mm

注释：这张民国时期发行的宏文机器造纸公司股票上的董事长为荣德生，常务董事李忠枢（即李国伟）、李统劫等，股东杨通谊（杨味云之子、荣德生之婿，夫人荣漱仁）；而这张新中国发行的股票上载明的董事有李国伟、荣毅仁、李统劫等，股东也是杨通谊。值得注意的是，荣德生之子、原中华人民共和国副主席荣毅仁的名字出现在实物股票的董事栏里，十分少见。

中国标准纸品股份有限公司股票

  中国标准纸品股份有限公司于民国三十一年（1942年）九月设立，公司地址为上海北京东路580号，主要从事画片、证书、信笺、账簿等纸品的印刷制作，由沪上著名实业家许晓初任董事长。

  许晓初（1900—1998），安徽省寿县人，回族。1922年夏，毕业于复旦大学经济系，被其母校苏州萃英学校聘为教务长。后其辞职赴沪，经营工商业，先后创设药业银行、富华银行、中法油脂化工公司、中法血清菌苗厂等，成为上海六大集团企业领导人之一。1947年，许晓初当选国民大会代表，后去了台湾，在台湾工商界颇负盛名，曾任工业总会，商业总会理事，台湾新药公会主席、理事长，台湾制药公会联合会理事长等职。1998年1月22日病逝。

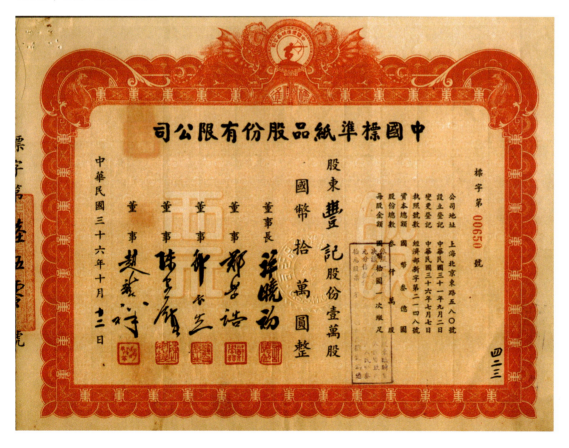

名称：中国标准纸品股份有限公司股票

股数：壹万股

发行年份：民国三十六年（1947年）

尺寸：262 mm × 211 mm

注释：该股票的图案设计极富特色，票上载有董事长许晓初及四位董事姓名。

关勒铭墨水笔有限公司、关勒铭钢笔文具厂股份有限公司股票

"关勒铭"是我国第一支国产金笔的品牌,它的创始人叫关伟林(字崇昌)。他18岁随叔父到美国谋生,起初在纽约学做裁缝,25岁时在纽约唐人街开小饭馆。当时美国流行自来水钢笔,而华侨仍习惯用毛笔。因此,为适应华侨的习惯,1926年,关伟林出让了饭馆,在华侨亲友中募集一笔资金,以其儿子"关勒铭"的名字,创建了"关勒铭自来水笔光滑墨汁股份公司",生产一种笔杆内可储墨水、以硬狼毫作笔头的自来水笔,很受当地华人欢迎。但旅美华人毕竟人数不多,不久销量便逐渐下降。1928年10月,关伟林携带家属及全套制笔设备来到上海,在康脑脱路(现康定路)497—501号设厂,聘请同乡甘翰辉做助手,雇用30多名职工,开始生产关勒铭自来水毛笔。1930年,关伟林集资12万元,创立"关勒铭墨水笔有限公司"。

1931年"九·一八"事变后,国人抵制日货,提倡国货,关勒铭厂大受其益,销路逐渐打开。抗日战争期间,由于内地人口增多,文教用品大多从上海采购,且对自来水笔的需求量很大,关勒铭厂月产钢笔3万支,成为全国数一数二的钢笔厂。1941年年底,日军加强了对上海的控制,加上抗战后期物价飞涨,关勒铭厂又陷入困境。1944年8月29日,关伟林设立"关勒铭钢笔文具厂股份有限公司",增加新的投资,改组董事会,梁冠榴仍任董事长,陈巳生、宁思宏、刘镜清(即刘晓)、甘翰辉等人为董事。抗战胜利后,关伟林因儿子关勒铭患病去世,精神上大受打击,又因年老多病,故未承担具体职务,于1946年告老还乡。

上海解放后,关勒铭厂成为上海最早实行公私合营的企业之一,后来博士笔厂并入关勒铭厂,关伟林被聘为该厂顾问,按月汇寄津贴,以后又按政策发给定息。1955年12月5日,上海制笔行业实现全行业公私合营。1961年,关伟林在家乡去世,享年80岁。

陈巳生(1893—1953),浙江海宁人,近代企业家,我国保险业重要历史人物。

1908年,15岁的陈巳生弃学到上海同兴洋货行当学徒,后改行到上海商务印书馆学习铜板刻铸,期间参加了上海基督教青年会。1924年,他被派往郑州基督教青年会任总干事时,同驻军河南的"基督将军"冯玉祥相识。1927年,陈巳生到欧美游历和留学。三年后,他手捧美国哈佛大学文凭回国,出任基督教青年会全国委员会助理总干事。

"九一八"事变后,陈巳生决心走实业救国的道路。1934年,经族亲介绍,他到上海平安轮船公司任副经理,开始进入工商界。1937年淞沪抗战爆发,大批难民进入上海租界,陈巳生同赵朴初等爱国人士积极组织社会救援,并主持难民收容所工作。1937年年末,陈巳生应友人胡咏琪邀请,到胡创办的上海宁绍人寿保险公司任副总经理。此后,他便频繁地参加社会活动,经常接触郑振铎、许广平、雷洁琼、赵朴初等进步爱国人士。1941年太平洋战争爆发后,日寇进入上海租界。就在此时,陈巳生向在公司里

工作的中共地下党员谢寿天提出了入党请求。由于党组织此前已对陈巴生进行过长期考察,所以中共江苏省委立即批准了他的入党申请。由此,陈巴生从一位基督徒和工商界人士,转变为一名无产阶级先锋战士。1944年,中共地下党组织设法用金条出资,让陈巴生在关勒铭金笔厂兼任总经理。陈巴生凭借自己的社会地位,推荐与自己同一党支部的战友、时任中共江苏省委书记的刘晓(化名刘镜清)到关勒铭厂任董事,安排省委组织部长王尧山任该厂职员,为他俩取得了社会职业的掩护。关勒铭厂从此成为中共上海地下党的一个重要据点。抗战胜利后,陈巴生与马叙伦、许广平、雷洁琼等人发起成立了中国民主促进会,并被选为常务理事。

1949年10月1日,陈巴生、陈震中父子双双应邀登上天安门城楼,观看了开国大典。抗美援朝开始,陈巴生担任华东抗美援朝分会副主席、赴朝鲜慰问团华东分团团长。1953年8月3日,陈巴生因患肠癌在上海逝世,终年60岁。追悼会上,陈毅等华东局和上海市领导前往吊唁。随着岁月的流逝,人们终于得知,原来陈巴生早在抗战初期就已作为一名忠诚的共产党员,战斗在党的秘密战线上了。

名称: 关勒铭墨水笔有限公司股票、关勒铭钢笔文具厂股份有限公司股票

股数: (a) 伍拾股、(b) 叁佰壹拾股

发行年份: (a) 民国二十年(1931年)、(b) 民国三十四年(1945年)

尺寸: (a) 370 mm × 340 mm、(b) 200 mm × 150 mm

注释: 这张早期版的关勒铭墨水笔有限公司股票上载明的董事长是关伟林、经理关勒铭(关伟林之子)。该股票设计精美,票幅很大,存世十分稀少。而这张后期版的关勒铭钢笔文具厂股份有限公司股票上所写董事长是梁冠榴(广东银行总经理),董事陈巴生、杨富臣、欧伟国、关勒铭等。这时,创始人关伟林因年老体弱多病,已不承担公司具体职务。

(a)

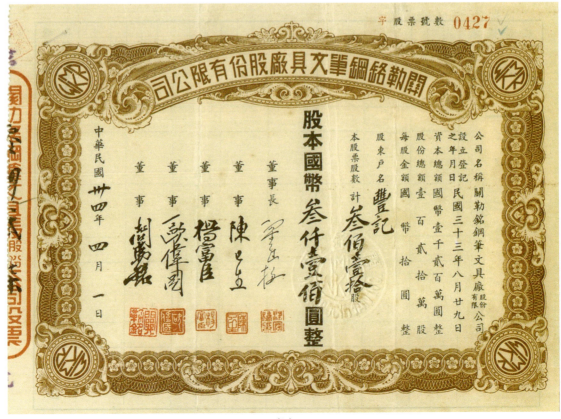

(b)

博士笔厂股份有限公司股票

1926年,同窗好友殷鲁深、卢寿笺筹资5000银元,在上海甘世东路(今嘉善路)519号创建了国益自来水笔厂,为我国最早的自来水笔制造厂。1935年国益自来水笔厂更名为博士笔厂,1942年改组为股份有限公司。该公司出品的"博士"牌金笔被称为"博士金笔""笔中博士"。

殷鲁深曾留学日本,民国初期从事教育事业,先后担任过江苏省立第四师范、江苏省立第一中学教务主任、校长等职。1926年,殷鲁深的同学卢寿笺(又名卢效彭)从日本回国,提议两人合作开办一个自来水笔厂,经商定,殷鲁深、卢寿笺各投资2500银元在上海筹办国益笔厂,厂设在虹口狄斯威路(今溧阳路)四川路底附近的黄鹤路(今黄渡路)。国益笔厂的创立,实为我国自来水笔工业的起源。

国益笔厂当时聘请日籍技师1人,所需原料和零件均从日本进口,主要从事装配,规模较小。1929年,因卢寿笺借口回家乡料理父亲丧事避而不返,殷鲁深决定独资经营,筹资15000银元,1929年10月在今西藏南路敦仁里17号重新办厂,将国益笔厂改名为大中华自来水笔厂,并注册"博士"商标,聘请日籍技师两人,共有职工8人。当时年产钢笔约1万支,行销国内及南洋一带。1930年6月7日、14日的上海《申报》先后刊登广告:"用自来水笔的学生,谁不想做博士?""要想做博士,须先用博士牌自来水笔"。博士金笔当时在北平(京)国货展览会上获得特等奖。为适应业务发展需要,大中华笔厂曾先后三次迁址,最后于1933年迁到今嘉善路519弄光裕南里,弄口挂有殷鲁深亲笔书写的招牌。

1935年,随着"博士"笔的销路日益扩展,殷鲁深干脆将厂名改为"博士笔厂",资本增至65000元,职工增加到80多人,年产金笔5万支以上。1941年12月8日,太平洋战争爆发,日军进驻上海租界,博士笔厂一下子陷入困境。为了不使博士笔厂中途夭折,殷鲁深乃托老同学将笔厂盘出,当时出盘价仅为中储券22万元。1942年12月,博士笔厂改组为"博士笔厂股份有限公司",由孙瑞璜任董事长、陆养春任董事兼经理。1954年10月1日,博士笔厂实行公私合营,1955年12月,博士笔厂并入关勒铭金笔厂。1966年4月,殷鲁深因病在上海去世,终年78岁。

孙瑞璜(1900—1980),又名孙祖铭,上海市崇明县人,著名银行家、实业家。1917年,孙瑞璜从上海沪江大学附中毕业,考取北京清华学校,1921年毕业即获公费支持赴美留学,先后在纽约大学和哥伦比亚大学攻读银行学,获硕士学位。1927年学成回国,曾在南京任国民政府建设委员会总稽核,后因看不惯官场腐败而弃职。1930年10月,新华银行总经理王志莘推荐孙瑞璜任该行副总经理。

抗战爆发后,王志莘离开上海,孙瑞璜仍留在上海主持新华银行总行工作。淞沪抗战时,孙瑞璜积极参与筹募捐款、慰问伤兵和救济难民工作。随着上海抗日救亡运动的高涨,孙瑞璜在"星二聚餐会"上结识了郑振铎、胡愈之、许广平、雷洁琼等中共地下党员和进步人士,曾资助他们出版了20卷《鲁迅全集》。1941年,孙瑞璜和张宗麟、郑振铎、王任叔等人组织"复社",编辑出版了《西行漫记》和《上海周报》。20世纪40年代,孙瑞璜还以银行家身份参与兴办实业,先后担任博士笔厂股份公司、大华绸业公司、大安保险公司、科学化工厂的董事长。

上海解放后,孙瑞璜相继担任中国人民银行上海市分行储蓄处处长、副行长等职。在"文化大革命"中,孙瑞璜备受迫害。粉碎"四人帮"后,孙瑞璜担任中国人民银行上海市分行顾问,当选为第七届上海市人民代表,1980年5月9日,孙瑞璜病逝,享年80岁。

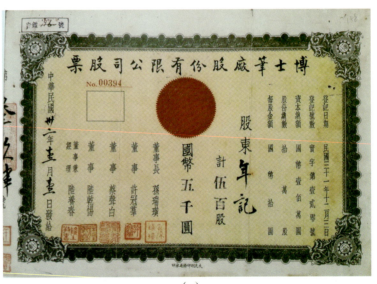

(a)

(b)

名称:博士笔厂股份有限公司股票、博士笔厂股份有限公司股款收据

股数:(a) 伍佰股、(b) 伍佰股

发行年份:(a) 民国三十二年(1943年)、(b) 民国三十二年(1943年)

尺寸:(a) 258 mm × 188 mm、(b) 215 mm × 198 mm

注释:一张是博士笔厂的正式股票,一张是博士笔厂的股款收据,董事长都是孙瑞璜,董事兼经理都是陆养春。在"董事"栏里,我们还可以看到许冠群、蔡声白等著名实业家的名字。这两张股票为同一个股东所有,反面都贴有数枚印花税票和股利、股息发放记录。虽然票面设计很普通,但它是我国第一家自来水笔厂发行的实物股票,具有很高的史料和收藏价值。

长城铅笔厂股份有限公司股票

1937年5月,张大煜、赵忠尧、施汝为、郭志明等一批科学家集资3万元,在上海创建了长城铅笔厂,厂址为今长寿路635号。

1936年,清华大学教授张大煜发现中小学生使用的铅笔,全是从德国、美国和日本进口的洋货,他感叹偌大个中国,能制造铅笔的厂家却寥寥无几。抱着"实业救国"的愿望,张大煜邀约清华大学教授、核物理学家赵忠尧,中央研究院研究员施汝为等,一共凑了2000多块大洋,克服种种困难,终于成功试制国产铅笔小样。他们原先打算在北京建一个小型铅笔厂,但考虑到当时日寇步步紧逼,华北已危在旦夕,最后决定把厂建在上海。同时三人一致同意以"长城"冠名,希望长城铅笔厂的"寿命"似长城一样绵延万里,同时还有抵御外敌入侵的含义。长城铅笔厂初期只有工人、学徒10多人,主要生产价格价低廉的"长城"牌铅笔,生产规模每月不足10万支,大部分销往上海附近地区的小学。

1937年4月,长城铅笔厂正式注册"长城"牌和"鹰"牌商标。同年6月,上海长城铅笔厂股份有限公司正式成立,张大煜任董事长。1937年抗战全面爆发,长城铅笔厂被迫停产,1938年6月才逐步复工。那时洋货来源断绝,长城铅笔厂产品供不应求,1939年铅笔年产量达到近700万支。1941年7月,长城铅笔厂隔壁房屋失火,殃及整个厂房,原材料和产品全部被焚毁,幸亏机器设备损失不大。1941年11月23日,长城铅笔厂另募10万元新股重新开张,新资金主要来自中央大学机械系毕业、任星星工业社经理的张季言。抗战胜利后,长城铅笔厂全面恢复了生产。

到了1953年,长城铅笔厂发展成为拥有资本7.2亿元、职工200人、月产铅笔430万支的全能型铅笔厂。1954年10月1日,长城铅笔厂改名公私合营中国铅笔公司三厂。1956年1月1日起,中国铅笔一厂、三厂合并,统称为中国铅笔一厂,而中国铅笔三厂的"长城"牌就此变为中国铅笔一厂的驰名商标。

张大煜(1906—1989),字任宇,江苏江阴人,著名物理化学家、我国催化科学的奠基人之一。

张大煜中学毕业后考入南开大学,后转入清华大学,1929年从清华大学化学系毕业,于1933年获德国德累斯顿大学博士学位,回国后任清华大学讲师、教授。抗日战争爆发,张大煜在西南联大任教,兼任中央研究院化学所研究员。抗日战争胜利后,张大煜从昆明来到上海,任清华大学化工系主任。

20世纪50年代初期,张大煜组织了我国水煤气合成液体燃料、页岩油加氢等研究,其中一些成果达到了当时的世界先进水平。"文化大革命"时期,张大煜遭到迫害,于1989年2月20日逝世,享年83岁。

李崇年(1907—1989),江苏淮阴人。曾任云南大学教授,并投身国民党财经界,任陕西省财政厅厅长兼省银行董事长。后到台湾,初任台湾大学教授,后经营官办企业,并在海外建印尼钢铁公司、印尼水泥公司等,为台湾颇有成就之实业人士。

施汝为(1901—1983),上海崇明人,著名物理学家,我国近代磁学奠基人之一,1954—1983年任中国科学院应用物理所所长、中国科学技术大学物理系创始人之一。

张季言(1897—1957),名玥琛,镇海北仑区人,致力于仪器仪表的研制和生产,成功研制了我国第一支国产温度计,著名藏书家,将樵斋藏书5万余卷全部捐赠宁波天一阁。

郭志明(1908—1980),江苏崇明(今属上海市)人,我国铅笔机械制造专家,曾任长城铅笔厂股份公司总经理、上海大明铁工厂经理,1961年起任虹口区第四、五届副区长。

名称:长城铅笔厂股份有限公司股票

股数:贰仟股

发行年份:民国三十五年(1946年)

尺寸:300 mm × 212 mm

注释:长城铅笔厂股份有限公司资本总额国币1200万元,分为120万股,每股国币10元。票面载明董事长张大煜,董事李崇年、施汝为、张季言、郭志明。

这张股票上贴有三枚印花税票,票上盖有罕见的波纹状"长城铅笔厂印花章",看上去又好似一幅"长城"图案,这与公司的名称十分吻合,可见当初设计者的独具匠心。

上海铅笔厂股份有限公司股票

1934年,吴羹梅与同窗郭子春,携手江苏常州人章伟士,共同出资5万元,创办了中国铅笔厂股份有限公司。1935年10月8日,位于上海斜徐路(今日晖东路)1176号的工厂正式投产,月产铅笔2万罗(每罗144支)。这是我国第一家纯国货的民族铅笔企业,粉碎了日本人"即使到吴鼎(吴羹梅学名)二世,也造不出中国自己的铅笔"的预言。

1936年,中国铅笔厂更名为"中国标准国货铅笔厂",该厂生产的低档"好学生""小朋友"铅笔、中档"航空救国"铅笔、高档"鼎牌"铅笔,在全国人民"提倡国货"运动中初步打开销路,铅笔上还印着当时上海教育局长潘公展书写的"中国人用中国铅笔"的爱国字样。当年教育部曾通令全国教育厅、教育局及各学校,一致采用该厂出产品。

1939年7月,章伟士、郭子春与吴羹梅分道扬镳。章伟士、郭子春在上海徐家汇路548号创办上海铅笔厂。当时参加投资的还有天津启新洋灰公司的李勉之、李进之、李允之三兄弟,天津中天电机厂经理王汝甄和申报馆总经理马荫良等。异军突起的上海铅笔厂称得上是当初国内设备最完善的铅笔制造企业,注册有"三星"商标。日本三菱铅笔厂对广受欢迎的"三星"牌铅笔恨之入骨,不惜采取威胁利诱手段进行要挟,均遭到上海铅笔厂拒绝。

1937年淞沪抗战爆发后,吴羹梅的中国标准国货铅笔厂内迁至重庆,成为大后方唯一的铅笔制造厂。1942年,中国标准国货铅笔厂更名为中国标准铅笔厂。抗战胜利后,吴羹梅返沪在东汉阳路296号复建中国标准铅笔厂。1950年7月,中国标准铅笔厂率先实现公私合营。1954年10月,经上海市人民政府地方工业局批准,中国标准铅笔厂为公私合营中国铅笔公司一厂;上海铅笔厂为公私合营中国铅笔公司二厂;长城铅笔厂为公私合营中国铅笔公司三厂。1956年,铅笔三厂并入铅笔一厂。1992年,由中国铅笔一厂改制的"中国第一铅笔股份有限公司"在上海证券交易所上市。

吴羹梅(1906—1990),原名吴鼎,江苏武进(今常州)人,被誉为"铅笔大王"。1922年就读于上海同济大学,是校学生会主要负责人之一,因参加"五卅"游行请愿活动被学校当局开除。1927年,吴羹梅经地下党员胡曲园等介绍,加入中国共产党。1928年,他赴日本留学,就读于横滨高等工业学校,四年后大学毕业,到日本真崎大和铅笔株式会社实习,掌握了彩色铅芯及制杆、油漆等方面的加工技术。

1935年10月8日,由吴羹梅等人创办的中国标准国货铅笔厂正式投产。1945年8月,毛泽东在重庆三次会见了吴羹梅等在渝的民主人士,对吴羹梅的思想产生了重大影响。新中国成立后,吴羹梅率先将"中国标准铅笔厂"改名为"公私合营中国铅笔一厂"。在"文化大革命"中,吴羹梅遭受了劫难。粉碎"四人帮"后,他担任了中国制笔业协会名誉会长。1990年6月1日他因病去世,享年84岁。小小的铅笔,承载着吴羹梅深深的爱国情怀。

李勉之(1898—1976),字宝时,天津人,爱国商人,先后在华新纺织厂、中天电机厂等企业任要职。天津解放后,李勉之还担任了天津市电机公司副经理。据统计,李氏兄妹先后为社会公益事业捐款逾百万元。

马荫良(1905—1995),字一民,江苏松江县(今属上海市)人,中国当代著名报刊活动家和新闻教育家。1928年8月进《申报》工作,任史量才秘书。1930年至1934年任申报馆经理。

王汰甄,1932年与实业家周仁斋在天津创办"中天电机厂",生产了中国第一部电话机。

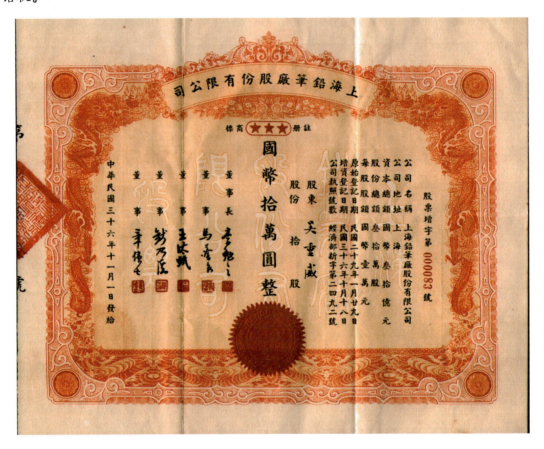

名称:上海铅笔厂股份有限公司股票

股数:拾股

发行年份:民国三十六年(1947年)

尺寸:265 mm × 248 mm

注释:上海铅笔厂股份有限公司资本总额国币30亿元,股份总额30万股,每股1万元。票面载明董事长李勉之,董事马荫良、王汰甄、钱乃澄、章伟士(总经理)。股票上印双龙图,形制美观。该公司前身即为吴羹梅、章伟士等创办的中国铅笔厂,注册"三星"商标(票面图案),它是我国第一家铅笔国货企业,1936年改名中国标准国货铅笔厂,历史意义厚重。此股票为我国民族企业老股票的罕见品。

东北大学国货消费合作社股票

在20世纪初,日本帝国主义不断将其侵略势力伸向我国东北,不仅进行了残酷的物质掠夺,同时还开办各类学校,实行奴化教育,进行文化侵略。故当时国内很多有志之士认为兴办教育、发展经济,是振兴东北的当务之急。

1922年春,时任东三省巡阅使的张作霖为振兴东北教育,特令奉天省长兼财政厅长王永江筹办东北大学,并旋即成立东北大学筹备委员会,以国立沈阳高等师范学校为基础开办理、工两科,以奉天文学专门学校(原奉天法政学堂)为基础开办文、法两科。其中文、法两科设中国文学系、英文学系、俄文学系、法律学系、政治学系;理、工两科设数学系、物理学系、化学系、土木工学系,机械学系。

1923年4月26日,东北大学宣告成立,由奉天省长王永江兼首任校长,并亲题"知行合一"为东北大学校训。该校自成立以来,广大师生便积极开展各种反帝爱国主义运动,至1931年"九·一八"事变之前,影响较大的有声援"五卅"运动、支援临江人民拒日"临江设领"斗争、抵制日货活动等。

1928年"皇姑屯事件"后,张学良接替其父张作霖主持东北军政,并兼任东北大学校长。张学良明确表示"武要保全东北军的实力,文要发展东北大学",并先后捐出其父留下的大部分遗产约180万银元,用于扩建校舍、高薪聘请著名学者、购置国外先进实验设备、资送优秀学生出国等。至1930年秋,东北大学已发展为设有6个学院24个系8个专修科,在校学生3000人,舍宇壮丽、设备先进,经费充裕、良师荟萃、学风淳穆的国内一流高等学府。

时值日本军国主义疯狂掠夺东北资源之际,为抵制日货,张学良特别指示东北大学师生们开展了一系列"提倡国货、抵制日货"的活动。当时在张学良的支持和指导下,东北大学师生在校内成立"国货消费合作社",专门出售国货,号召振兴民族经济,并利用合作社盈余的款项办起了第一个"暑假贫困儿童小学",以传播知识、宣传抗日救国思想。自东北大学国货消费合作社成立后,东大师生积极开展、延伸"提倡国货、抵制日货"以振兴民族经济的一系列爱国运动,并一直延续到1931年"九·一八"事变为止。

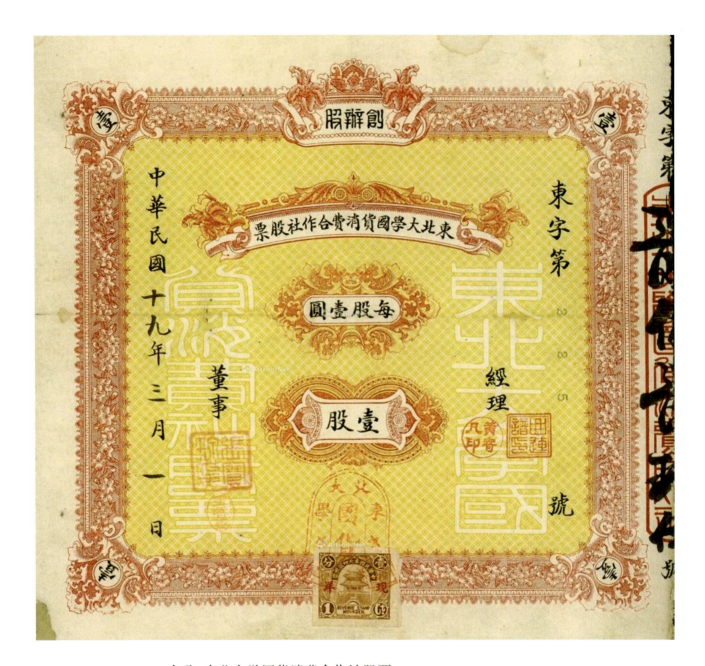

名称：东北大学国货消费合作社股票

股数：壹股

发行年份：民国十九年（1930年）

尺寸：不详

注释：此股票是属张学良任校长时期的东北大学"反帝爱国"学生运动的一大实证，其历史意义非同凡响。这张股票是中国教育类老股票的珍品，存世十分稀少。

上海法科大学合作银行股票

1929年,原上海法政大学"闹风潮"分裂出来的部分师生在上海市西江湾路574号另立新校"上海法科大学",由章太炎和董绶经任校长,并由褚辅成、沈钧儒、钱新之等人组成校董事会。到1930年6月,教学楼与学生宿舍先后落成,原上海法科大学全校迁入,秋季开学,举行了新校舍落成典礼。经第25次校董会议决,改名为"上海法学院",院长先后由褚辅成、褚凤仪担任,沈钧儒任教务长。该院以培养造就政法、财经人才为办学宗旨,先后开设法律、政治、经济、会计及银行等系。

1932年,上海"一·二八"抗战中上海法学院建筑遭到严重毁坏,图书资料损失惨重。上海解放后,上海法学院与上海商学院合并成立上海财经学院。

褚辅成(1873—1948),字慧僧,浙江嘉兴人,我国著名的社会活动家、爱国民主人士。

褚辅成从日本东洋大学高等警政科毕业后,在日本加入光复会和中国同盟会,回国后任嘉兴府商会总理。1913年8月褚辅成遭袁世凯逮捕,袁世凯死后方才获释。1916年,他参加第一次恢复之国会,国会解散后响应孙中山号召,南下护法,参加广州国会非常会议,1918年9月正式会议时当选为众议院副议长,1927年任浙江省政府委员兼民政厅长。1932年,韩国独立运动领导人金九遭日寇通缉,在褚辅成帮助下,金九从上海来到嘉兴避居生活四年,成为中韩两国人民心中的一段佳话。

抗战爆发后,褚辅成积极投身抗日救亡运动。1946年5月4日,褚辅成联合张西曼、许德珩、王卓然等人,发起创建了九三学社,明确提出反对独裁,反对内战,主张抗战胜利后的中国应"迈进于和平建设之途"。1946年5月,褚辅成回到上海,重回上海法学院担任院长。1948年3月29日,褚辅成在上海病逝,终年75岁。

应永玉(1911—1987),字慕白,浙江温岭人,上海少年儿童图书馆创始人,卢沟桥事变后国内捐款抗日第一人。

应永玉于1929年毕业于上海法科大学银行专业,后在上海四行储蓄会、联合商业银行供职。上海解放后,他在公私合营银行、人民银行黄浦区办事处工作。应永玉在学生时代,受法科大学教务长沈钧儒的爱国主义思想影响。1937年"七七事变"后,应永玉率先捐款慰劳前方抗日将士,获第一号捐款收据,7月15日《时事新报》对此做了报道。民国二十八年(1938年)春节,应永玉发起"捐献一元钱救济难民"运动,响应者数以万计。

据上海地方志记载,上海少年儿童图书馆的前身是私立上海儿童图书馆,1940年由应永玉发起创办,1941年7月12日在静安寺路大华商场13号(今南京西路南汇路口)举行上海儿童图书馆开幕仪式,并于同年11月12日在今威海路910弄20号购置双开间3层楼房1幢,作为上海儿童图书馆总馆。儿童图书馆建馆后,应永玉先后担任过图书馆的董事、常务董事、副董事长。

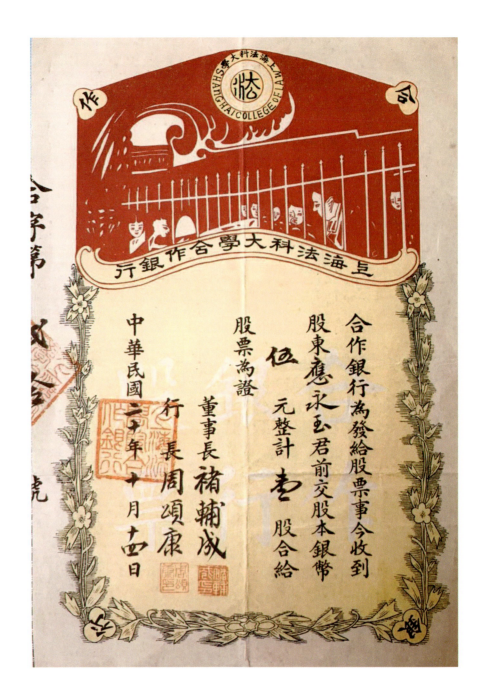

名称：上海法科大学合作银行股票

股数：壹股

发行年份：民国二十年（1931年）

尺寸：不详

注释：票面载明上海法科大学合作银行董事长褚辅成，行长周颂康，股东为应永玉。

复旦大学建筑债券

复旦大学原名复旦公学,由马相伯创建于1905年。复旦公学的前身是1902年创办的震旦学院。1912年复旦公学因吴淞校址毁于战火,遂迁入上海徐家汇的李公祠。1913年复旦公学成立董事会,第一任董事长是孙中山,李登辉为校长。1917年,在校长李登辉主持下,复旦公学改名复旦大学。关于"复旦"的校名,是马相伯采纳于右任的建议,从《卿云歌》"日月光华、旦复旦兮"中撷取了"复旦"两字,含有"复建震旦"之义,更含恢复中华之意。

该校的大礼堂原名"登辉堂",它的原址就是李登辉先生在1922年建造的复旦宿舍,由于在抗战期间被毁坏,1946年复旦拓建新校舍时,为纪念李登辉先生对复旦大学的贡献,就在这里建了大礼堂,并以"登辉"命名。

李登辉(1872—1947),字腾飞,福建同安人,我国近代著名教育家,复旦大学原校长。

李登辉于1899年毕业于美国耶鲁大学,获文学学士学位,后回南洋任教,于1905年来上海,加入基督教青年会,并积极筹组"寰球中国学生会",任会长超过十年。1906年,他出任复旦公学的教务长,兼授英、法和德文等科目。1912年,复旦公学因吴淞校址毁于战火,遂迁入上海徐家汇的李公祠。次年,校董事会成立,董事孙中山等推选李登辉为校长。1917年,复旦正式改组为大学,设文、理、商三科。1920年,复旦大学购得土地70余亩,次年开工建筑,到1922年建成教室、办公室和宿舍各一幢,于是复旦大学正式迁往江湾(今校址)。抗日战争爆发后,复旦大学西迁重庆北碚黄桷树,部分师生因困于环境不能成行,李登辉就在公共租界内开设复旦大学补习部,坚持教学。

1947年7月30日晚上,李登辉突然在华山路寓所患中风,他的好友颜惠庆、邵力子、陈望道等前来探视。他在病榻呻吟之间,还垂询"国家还能统一与和平吗?"1947年11月19日下午,李登辉因脑出血在上海与世长辞,享年75岁。

李登辉于1907年在上海与教会学校"清心女学堂"毕业的汤佩琳结婚后,所生育的三男一女先后死亡,到1931年汤佩琳也病故了,他孑然一身,晚景凄凉,但他终生未再娶。有些复旦师友劝他续娶,他说,他专心事业于复旦,把学府当作家庭,以学生为儿女。在他逝世的那一天,他的侄辈等打开他的保险箱一看,空空如也!他把每月节余下来的钱都捐给孤儿院等慈善单位了。

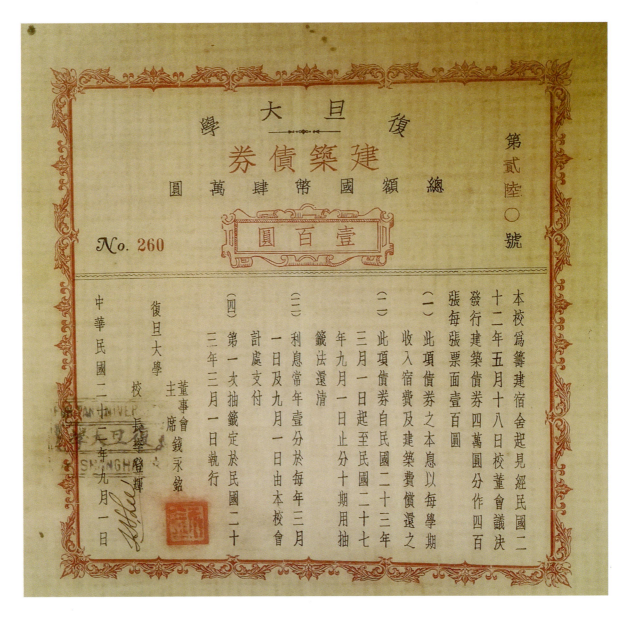

名称: 复旦大学建筑债券

债数: (金额)壹佰元

发行年份: 民国二十二年(1933年)

尺寸: 225 mm × 213 mm

注释: 票面上载有复旦大学建筑债券董事会主席钱永铭,校长李登辉。这张债券上的文字告诉我们:为了筹建宿舍,经学校董事会议决,发行建筑债券4万元,分作400张,每张票面100元。此项债券的本息以每学期收入的宿费和建筑费偿还。此项债券从1934年3月1日至1938年9月1日分10期用抽签法还清。此项债券的利息常年1分,在每年的3月1日和9月1日由该校会计处支付。这张债券在上海的教育史中具有重要的史料价值。

大夏大学建设债券

　　大夏大学是于1924年因学潮从厦门大学脱离出来的部分师生在上海发起建立的一所综合性私立大学。"大夏大学"名称意含由厦门大学演变而来和光大华夏之意。

　　1929年春,王伯群个人投资白银67000余两,于次年建成占地300余亩的大夏大学新校舍,包括教学大楼、大礼堂、理科实验室、图书馆、体育馆、教职员宿舍、男女生宿舍、饭厅、浴室等建筑群。抗战期间,大夏大学曾西迁贵州与复旦大学合并为我国历史上第一所联合大学,上海光复后迁回。

　　1951年10月,大夏大学在原址与光华大学合并成立华东师范大学,成为新中国创办的第一所师范大学。

　　王伯群(1885—1944),原名王文选,字荫泰,斋名清雪庐,贵州兴义下五屯景家屯人,辛亥革命和护国运动的直接参与者,天津七君子之一,大夏大学创始人。

　　王伯群早年留学日本,毕业于中央大学政治经济科,后加入中国同盟会。1911年回国参加辛亥革命,创办上海大共和报,后参加护国和护法运动。1912年,他与章炳麟等组织中华民国联合会(后改称统一党)。1919年南北议和时,王伯群任南方代表。1922年春,其任贵州省省长;1927年后历任中央政治会议委员、国民政府委员、交通部长以及贵州省省长、上海交通大学校长、大夏大学校长、中美航空公司董事长等职。

　　王伯群的一生为国家、为人民做了两件功垂千秋的业绩。第一件是对"护国战争"的贡献。1911年,辛亥革命爆发,推翻了清王朝的封建统治,中华民国成立,孙中山被推选为中华民国临时大总统。但是不久,袁世凯窃取了总统职位,阴谋复辟帝制。王伯群与梁启超、蔡锷等七人在天津举行秘密会议,决定在滇、黔两省起义反袁。王伯群只身冒险先到云南劝说都督唐继尧,随即入黔策动护军刘显世,终于促成两省起义。第二件是王伯群捐资在上海创办私立大夏大学。

　　1944年12月20日,王伯群因胃溃疡病逝于重庆陆军医院,终年59岁。

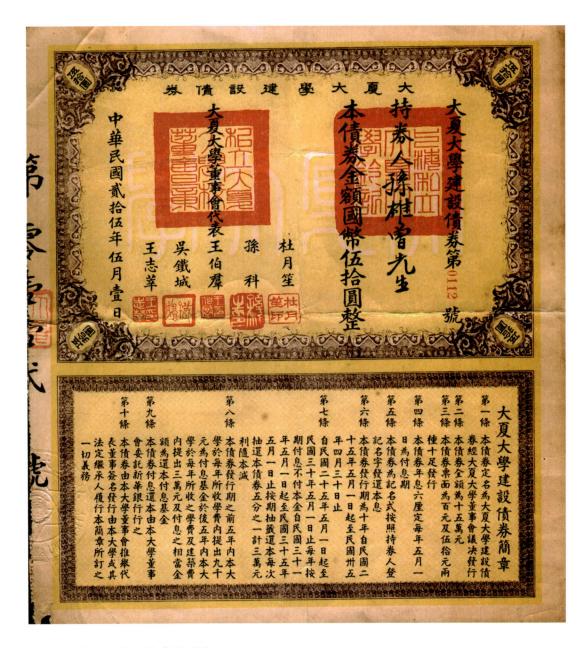

名称：大夏大学建设债券

债数：(金额)伍拾元

发行年份：民国二十五年（1936年）

尺寸：238 mm × 267 mm

注释：大夏大学建设债券总额为国币15万元，面额分为100元和50元两种，债券发行期为10年，自1936年5月1日起至1946年4月30日止。票面上载明的大夏大学董事会代表有杜月笙、孙科、王伯群、吴铁城、王志莘等各界著名人士。

美灵登广告有限公司股票

上海开埠后,以报纸杂志为代表的近代广告业开始有外商引入,并相继出现为报馆承揽广告的广告商。辛亥革命后,上海广告业蓬勃发展,广告代理商也应时而兴。一般规模较大的称广告公司,规模较小的称广告社。

20世纪20年代,上海的广告公司和广告社大约有30多家,其中最大的四家分别是1918年成立的美商克劳广告公司、1921年创立的英商美灵登广告公司、1926年成立的华商广告公司和1930年创立的联合广告公司。

美灵登公司(Millington, Ltd.),乃老上海著名英商广告公司,1921年由原工部局育才公学教员、广告专家美灵登(Francis C. Millington)创办于上海南京路,主要经营路牌、报纸、电话号簿和电车、公共汽车广告。1931年5月14日,美灵登和英国路透电讯社合办无线电播音公司,开始试播音乐。1927年,美灵登按照香港公司章程,注册为公众性有限公司,更名为美灵登广告有限公司,美灵登任常务董事,核定资本规银120万元,实收44万元。公司地址后迁至上海四川路、香港路营业,并在香港、新加坡设分号,还担任柳荫印刷公司、法兴印书馆和金星制版公司全权代理。

(a)

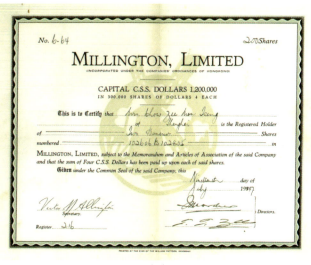

(b)

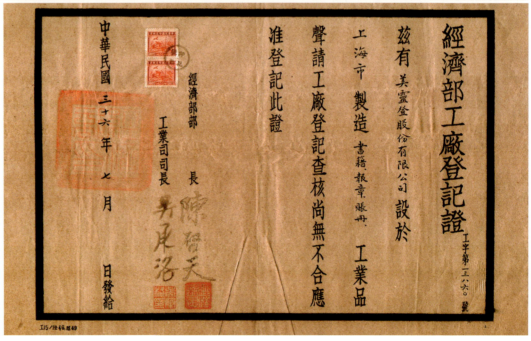

名称:（上海）美灵登广告有限公司股票

股数:（a）贰佰伍拾股、（b）贰佰股

发行年份:（a）1937年、1947年

尺寸: 325 mm × 272 mm（股票）、540 mm × 395 mm（执照），工厂登记证尺寸不详

注释:（上海）美灵登广告公司股票的承购股东为英商香港上海汇丰银行，属老上海英商企业老股票。另附1947年"经济部执照"和"经济部工厂登记证"各一张，颁给英商美灵登股份有限公司，由经济部长陈启天等签署，此种外商企业营业执照与工厂登记证存世尤为罕见，值得珍视。

戏院、影业、影院篇

19世纪末期，电影在欧洲诞生并迅速普及开来，很快传入中国。在中国电影史上，民国时期是中国电影从萌芽、起步、成型、飞速发展直至繁荣的时期，我们从中可以看到一条清晰的发展脉络。

1913年，由郑正秋与张石川执导的《难夫难妻》上映，是我国拍摄的第一部故事片。1918年，商务印书馆成立活动影戏部，开展了摄制影片的活动。据1927年初出版的《中华影业年鉴》统计，1925年前后，全国共创建了175家电影公司，仅上海一地就有141家。另据1949年5月上海军管会文艺处统计，上海共有影剧院52家，著名的有明星电影公司、联华影业公司、新华影业公司、联合电影公司、长城画片公司等。随着这批电影公司的成立，随之出现了"金嗓子"周璇、"电影皇后"胡蝶、"人言可畏"的阮玲玉、"不朽的男神"赵丹、"电影皇帝"金焰等一批影坛明星，给民国电影业抹上了一道靓丽的风景。

影院、戏院、剧场等是公共文化服务的重要设施，也是市民休闲、娱乐的场所，更是影片公司放映影片的主渠道。20世纪三四十年代，上海有着"东方百老汇"之称。据统计，自开埠以来，仅上海地区就有剧场、影剧院、电影院187家，如著名的"远东第一影院"大光明戏院，被称为"远东第一剧场"的兰心大戏院，以及美琪大戏院、南京大戏院、金都大戏院、金门大戏院等。

本篇介绍的上海兰心大戏院股票、上海金都大戏院股票、西安阿房宫大戏院股票、南京国民大戏院股票、山东大戏院股票、昆明南屏大戏院股票、长沙银宫电影院股票等，为我们开启了探视民国时期影院、戏院、剧场的一扇扇窗口。

大舞台演剧公司股票

大舞台演剧公司乃美国旧金山两大著名戏院之一,为清末保皇党(后改称宪政党)人经营。该公司股票1925年由粤籍华侨发行于美国三藩市(旧金山),其中这张溢利股亦属特别之分红股,内有水印。

 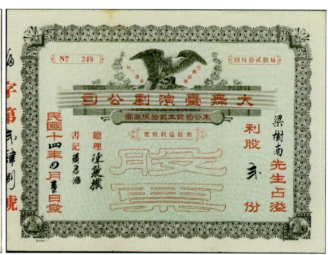

名称: 大舞台演剧公司股票

股数: 捌股、贰股(每股25元)

发行年份: 民国十四年(1925年)

尺寸: 不详

注释: 大舞台演剧公司总理陈敦朴,旅美华侨,当时为旧金山宪政党主席、旧金山中华会馆商董。

1915年8月28日,陈敦朴等人在上海和旧金山集资开设中国邮船公司,用三艘万吨级船舶航行于上海至香港地区、新加坡、美国、日本之间。陈敦朴曾任中国邮船公司总理。

位于旧金山的中华会馆成立于1854年,为美国华侨的最高机构,最初宗旨是保护和帮助侨民,主办中文学校、华侨医院及公益事业,清政府时期曾承担部分领事职能。

南京国民大戏院股份有限公司股票

1927年,国民政府定都南京,南京的电影事业得到空前提升。1929年4月25日,号称当时南京最豪华的国民大戏院落成开业。《中央日报》刊登消息称,"刚刚建成的国民大戏院,这座建筑耗费资本数十万,建筑非常华丽,规模十分宏大,即使和当时欧美的各大戏院相比也不相上下"。

国民大戏院位于太平南路杨公井25号,由新金记营造厂承建,占地面积1508平方米,楼上楼下共设座位1600多个,是南京首家专映有声电影的大戏院。这座豪华大戏院,实际上只是中山陵的"副产品"。国民大戏院的建造者——新金记营造厂,其老板叫康金宝,上海人,在承建中山陵工程的几年时间里,康金宝"顺带"建成了国民大戏院、中央大学大礼堂(现东南大学大礼堂)、白下路中南银行等公共建筑。后来宋美龄把中山陵"美龄宫"的建造任务也交给了他,而林森在中山陵里的别墅也出自康金宝之手。

1938年日军占领南京时期,国民大戏院更名为中喜电影院,专映日本电影。1945年12月,国民党将其收回,恢复原名。1953年改为人民剧场,20世纪80年代以放映电影为主,90年代末随着电影业的整体萧条而逐渐淡出。

张道藩怒扔茶杯。1936年4月的一天,国民大戏院上演由洪深执导的话剧《赛金花》。剧中揭露了清王朝的丧权辱国行为,使观众产生联想。因为话剧题材极具敏感性,吸引了时任内政部长张道藩前来观看。

当台上演到卖国官吏向洋人表白"奴才只会叩头"时,台下的观众哄堂大笑。憋了很久的张道藩,此时再也按捺不住,突然起立,大发雷霆:"怎么能这样演呢?"震怒之下,他把一只茶杯丢向了戏台。他这一闹,剧场就乱了,有人甚至把痰盂扔上台,演出被迫暂停。观众非常愤怒,痛斥扰乱者滚出去,还有人把张道藩拖往门口过道。在1936年4月的南京城,这件事成了市民茶余饭后的谈资。

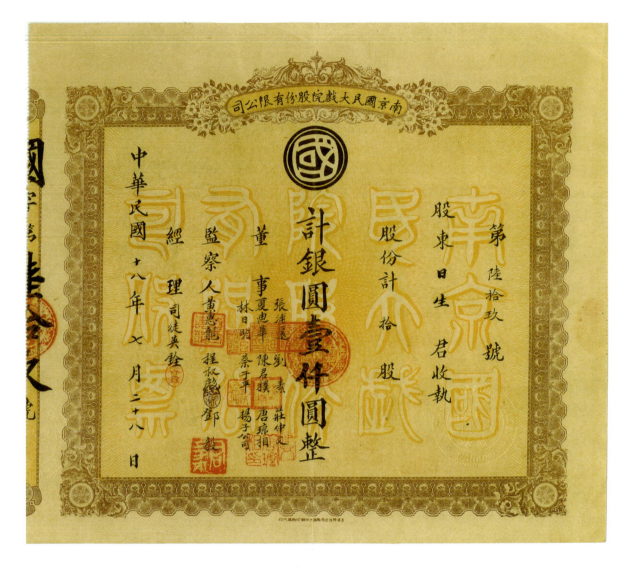

名称：南京国民大戏院股份有限公司股票

股数：拾股

发行年份：民国十八年（1929年）

尺寸：285 mm × 255 mm

注释：这张南京国民大戏院股票为早期版，额定总资本银元9万元，分作900股，每股100元，由发起人的7人认购110股，另有优先股450股。董事由张浦还、夏迪华、林日明等8人和杨子公司组成，经理司徒英铨（美籍华人、大华大戏院股份有限公司董事长）。该股票是民国早期用银元发行的股票之一，由上海大中华印刷局代印。

嘉兴新兴舞台股份公司股票

1909年沪杭铁路全线通车后,江南古城嘉兴逐渐成为商业繁荣的水陆码头。1927年,国民革命军抵达浙江,百业兴盛,上海人蒋伯英等在嘉兴鸣阳门内的国货陈列馆游艺部设立电影场,专事放映影戏,热闹一时。由于赚钱甚多,地方商界人士遂有建造电影院之设想。

1929年,嘉兴新兴大舞台落成,经国民政府工商部注册,由原缉私统领赵朗清任董事会长,地址在东城基路(原南湖电影院所在地,今文华园宾馆)。开业之初,大舞台先向上海的影片公司租片放映电影,与国货陈列馆游艺部分庭抗礼,相互竞争;直到1932年"银星大戏院"开业后,方才停映电影,专演戏剧。

名称:嘉兴新兴舞台股份有限公司股票*

股数:贰股

发行年份:民国十八年(1929年)

尺寸:不详

注释:嘉兴新兴舞台股份公司总股本银元12000元,共计240股,每股50元。票面上载有董事会长赵朗清,董事叶养吾(青沪长途汽车股份有限公司董事长)、王纯伯、崔子玉、季葆真(嘉兴新兴舞台经理)。

---

* 见阳明拍卖公司图录。

山东大戏院股份有限公司股票

青岛是一座与电影几乎同时诞生的城市,也是我国最早开始放映电影、最早有电影院的城市之一。

山东大戏院是青岛第一家由中国人创办的电影院,1931年12月由民族资本家刘鸣卿、著名电影导演张石川以及杨吉云、张立堂等人集资创立,地址在青岛中山路35号(今中山路97号),最初大戏院取名为青岛大戏院,后经董事会研究,认为应立足青岛面向山东,最后改名为"山东大戏院"。

山东大戏院是一座四层楼建筑,高20米,全楼面积1500多平方米,一、二层为观众厅,共有座位750个,三层是放映室,四层是宿舍,是当时青岛最大的电影院。1931年12月15日,山东大戏院举行开幕式,特邀电影皇后胡蝶从上海到青岛进行剪彩。一时,中山路上影迷云集,争睹胡蝶风采,交通为之阻断。开幕式后,大戏院放映了中国第一部有声故事片《歌女红牡丹》。此后国产影片《风云儿女》《渔光曲》《十字街头》《马路天使》等相继在这里放映。山东大戏院的创立打破了外国人对青岛电影市场的垄断,青岛也成为明星公司影片除上海以外的重要首映地。

青岛解放后,山东大戏院先后更名为中国影剧院、中国电影院。目前青岛早期的影剧院绝大部分已拆除,山东大戏院老楼仍矗立在中山路上,它身上承载了青岛影院剧场的历史沿革。

刘鸣卿(1881—1962),青岛绅商。刘鸣卿、刘叔衡兄弟俩早年从老家来到青岛"闯天下"。1922年9月22日,由傅炳昭、刘鸣卿等人发起创办的山左银行开业,资本总额100万银元,由傅炳昭任总经理、刘鸣卿任协理。该行是青岛最早的商业银行。1925年左右,刘鸣卿开设了利丰酱园、利丰肥皂厂。1927年,刘鸣卿和"同乡"张立堂一起投资合兴利公司,该公司主要出口食用油、豆饼和猪鬃,进口汽车和轮胎。1928年,刘鸣卿瞅准中国进口染料严重短缺的商机,开办了中国染料公司,由刘鸣卿的大女婿曲之善任厂长。

作为民国时期青岛的民族工商业绅商,刘鸣卿涉足银行(山左银行)、进出口贸易、工厂(中国颜料公司)、娱乐(山东大戏院)、手工业、日用百货等众多行业,是当时青岛商界屈指可数的经商能人。1962年4月7日,刘鸣卿在上海去世,享年81岁。

名称：山东大戏院股份有限公司股票

股数：贰拾股

发行年份：民国二十二年（1933年）

尺寸：280 mm × 260 mm

注释：山东大戏院股份有限公司股票资本总额国币3万元，共分1200股，每股25元；股东为著名的上海明星公司；董事长为刘鸣卿，董事兼经理为杨吉云，董事有张石川（著名电影导演）、张立堂、王召麟、吴积庆、卞毓英（中央大戏院经理）。票上贴有一枚印花税票，存世非常稀少。

台山联华有声影画戏院股票

台山联华有声影画戏院由台山建设局长局长陆觉生、栽华职业学校校长黄栽华等人创办,经理为黄栽华。该戏院的概貌和经营状况不详。

黄栽华,旅美华侨,毕业于美国哥伦比亚大学无线电专科。1926年,学成回国的黄栽华不仅个人出资办起了"栽华职业学校",自任校长,而且还亲自执教18年,培养了当时国内罕见的无线电收发报、汽车驾驶与修理、有线电话、测绘、会计等各类专业技术人才3000余人。

名称:台山联华有声影画戏院股票
发行年份:民国二十二年(1933年)
股数:壹股
尺寸:不详
注释:台山联华有声影画戏院股票由创办人陆觉生、梅憩南、黄栽华,经理黄栽华,司库梁世宏签署;该戏院共集资广东通用毫银1.5万元,分150股,每股100元。该股票为不记名股票,股东每年凭股票领息。该股票可在市面上随时买卖,但需由买卖双方到该院报名认可,登记方为有效。

国泰大戏院股票

　　国泰电影院原名国泰大戏院,是一家充满老上海怀旧风情的老牌电影院,始建于1930年,由鸿达洋行设计,位于今淮海中路870号(茂名南路口)。戏院1932年元旦正式对外营业,首映的是美国原版片《灵肉之门》。当天登在《申报》上的广告语是:"富丽宏壮执上海电影院之牛耳,精致舒适集现代科学化之大成。"

　　国泰大戏院这幢建筑的艺术风格属于20世纪初的装饰主义风格。主设计师匈牙利人鸿达根据地块的特点,将主立面安排在霞飞路(今淮海中路)与迈尔西爱路(茂名南路)交会处,立面正中垂直地写着英文CATHWY,即"国泰"之意。进入戏院厅堂可以看到,两尊洁白精美的维纳斯雕像伫立两旁,两道圆弧形扶梯左右而上;两座竖立在舞台旁的柱灯与穹顶上的上万盏顶灯交相辉映;四壁疏密有致的古典式浮雕与过道上软厚的织花地毯,都透发出华贵典雅的气息,使每一个观众仿佛置身于古希腊的艺术殿堂。

　　抗战期间,国泰大戏院曾一度被日军作为养马场。抗战胜利后,大戏院放映的全是美国派拉蒙、米高梅等八大公司和英国鹰狮公司的大片,所安装的设施也全是美国森泼莱斯的产品,每个座位上都配装了"译意风",将影片中的对白同步译成中文。1949年以后,国泰大戏院更名为国泰电影院,先后举办了"亚洲电影周""苏联电影周""朝鲜电影周""优秀京剧影片回顾展""法国电影展"等。"文化大革命"期间大戏院曾改名"人民电影院"。1994年,大戏院被上海市人民政府列为优秀历史建筑。

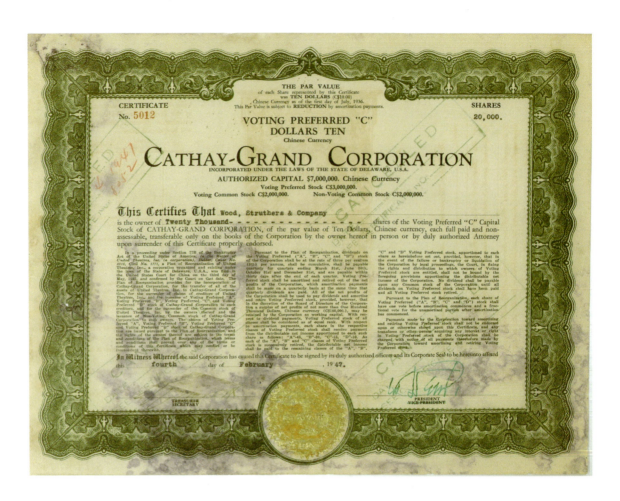

名称：国泰大戏院股票

股数：肆仟壹佰玖拾陆股（有表决权"A"类优先股）、壹仟股（无表决权普通股）、贰万股（有表决权"C"类优先股）

发行年份：1936年、1937年、1947年

尺寸：336 mm × 262 mm

注释：国泰大戏院注册资本700万元，其中有表决权优先股300万元、有表决权的普通股200万元、无表决权的普通股200万元，有表决权的优先股又分为A、B、C、D四类，不同类股东在表决权和分红派息及决定公司重组、分立等事项的权力有所区别，该分类股东的制度安排对现今的上市公司仍有重要借鉴意义。

上海友义股份有限公司股票

上海友义股份有限公司创立于1936年6月,就是位于上海黄河路上的明星大戏院。

据史料记载,袁雪芬领衔的雪声越剧团曾进入明星大戏院演出。当时明星大戏院是专门放映电影的,让一个地方戏进入演出是很不容易的。1946年,周恩来曾在明星大戏院观看过袁雪芬主演的越剧《凄凉辽宫月》。后来傅全香与范瑞娟组建的东山越艺社也进入明星大戏院演出。

明星大戏院位于上海黄河路301号,于1930年10月29日开幕。大戏院为两层钢筋混凝土结构,设座位934只,起初只映电影,20世纪40年代起改营戏剧兼映电影。由洪深编剧、张石川导演的有声电影《歌女红牡丹》1931年1月在明星大戏院首映。1945年后,先后有雪声越剧团、东山越艺社、玉兰剧团等在明星大戏院演出。上海解放后,合众越剧团,勤艺、努力沪剧团曾长期在此演出。1961年明星大戏院停业,改为交运会场,1984年改建为上海市交运工人俱乐部。

名称：上海友义股份有限公司股票（甲种、乙种）

股数：伍股、壹股

发行年份：民国二十六年（1937年）、民国二十八年（1939年）

尺寸：295 mm × 265 mm

注释：票面上载有董事张石川和周剑云。他俩是中国近代电影史上"开山鼻祖"级的人物；董事长姚予元，曾在1926年主演过电影《多情的女伶》；董事兼总经理张巨川，是张石川的大弟，曾担任过六合影片公司和中央大戏院经理。友义股份有限公司的总股本只有1000股，这在老股票电影板块中可能是最小的一家了。

友义股份公司股票是电影公司股票中比较有特色的股票之一，它的票面设计很漂亮，10颗小五角星围绕1颗大五角星，寓意电影银幕明星荟萃，又隐指明星大戏院。另外，七位董事的印章错落有致，风格迥异。票上税票处盖有"明星大戏院"戳记。友义股份有限公司前身即为著名"明星影片公司"，可谓我国近代电影业之"开山鼻祖"。

西安阿房宫大戏院股份有限公司股票

西安阿房宫大戏院始建于1932年,它曾是西北第一家大戏院,兼具唱戏和放电影的功能,在众多西安市民心中留有美好的记忆。

1931年冬,电影表演艺术家周伯勋从上海回到西安,深感西北文化闭塞落后,打算在西安开设一家大戏院。周伯勋首先同戏剧界好友武少文、封至模谈及此事,三人一拍即合。周伯勋请他父亲周凤兰出面具体操办,由封至模负责筹资。周凤兰也早有此意,于是将自家位于西安竹笆市26号的私宅作为院址,并以秦代著名宫殿"阿房宫"命名大戏院。

1932年6月19日,由爱国人士武少文和电影表演艺术家周伯勋等人创建的阿房宫大戏院开幕了。开幕式后,大戏院放映了上海联华影业公司出品的故事片《恋爱与义务》,西安全城为之轰动。1932年6月20日,《西北文化报》刊文,赞其为当时西安设备最为完善的一所娱乐场所。"西安事变"期间,杨虎城将军等知名人士也在阿房宫大戏院看过电影。

阿房宫大戏院为股份有限公司,采取招股的办法,共集资12万元,4800股,每股25元,负责人为董事长韩仲鲁,常务董事韩望尘,董事兼经理武少文,董事兼驻上海业务代表周伯勋。阿房宫大戏院有员工34人,分设剧务、片务、机务、总务四课。抗日战争爆发前,阿房宫大戏院与上海电通影片公司签订了业务协议,该公司摄制的反帝反封建影片《桃李劫》《风云儿女》《自由神》《都市月光》等都送到该院放映。抗日战争胜利后,阿房宫大戏院又与中共地下党领导下的昆仑影业公司签订供片合同,将该公司摄制的《一江春水向东流》等影片搬上了西安银幕。

1941年,阿房宫大戏院收购了濒临破产的宝鸡平安电影院,新建一座设有400多个座位的电影院,取名"新宝电影院"(即阿房宫分院)。1951年,阿房宫大戏院改为公私合营阿房宫影剧院,后又改为国营阿房宫电影院,现为阿房宫艺术电影院,是西安现存历史最悠久的影院。

周伯勋(1911—1987),陕西临潼人,著名电影表演艺术家。1930—1934年在上海艺术大学、持志大学、复旦大学学习,同时加入左翼作家联盟和左翼戏剧家联盟,从此走上革命和艺术之路。1936年他返回西安,担任"西北各界救国会"宣传部副部长。在一生近40年的电影、舞台生涯中,他共饰演了几十个经历不同、身份各异的反面人物。

在国民党白色恐怖下的上海,周伯勋表面上是个演员,真实身份却是我党派往电影、戏剧界的地下工作者。他的具体工作就是安排蒋介石等高级将领看戏,并把获取的情报通过弟弟周伯涛迅速传递给我党高层领导。新中国成立后,周伯勋依然活跃在上海电影界。

周伯勋晚年积极从事写作,在上海《文汇报》、北京《大众电影》《电影画报》、西安《电影之窗》《西安晚报》和《羊城晚报》等全国多家报刊发表了150余篇文章,给后人留下许多宝贵的历史资料。1987年8月30日,周伯勋在上海病逝,享年76岁。

韩望尘(1888—1971),名作宾,字望尘,陕西蒲城人。他于1911年秘密加入中国同盟会,1913年入日本庆应大学法科学习,1916年回国参加反袁护国运动。"九·一八"事变后,从事西安地区的抗日救亡运动。西安事变后,韩望尘任《西北文化日报》社董事长,坚持宣传抗日救国主张。抗日战争爆发后,其创办了新华砖瓦厂、郿山铅笔厂、新兴煤矿等,同时运输医药物品等资助陕甘宁边区政府。

新中国成立后,韩望尘曾担任全国工商联副主任委员、中国民主建国会中央常委和西安市副市长,还是第二、三届全国人大代表。1971年9月21日,韩望尘病逝,享年83岁。

 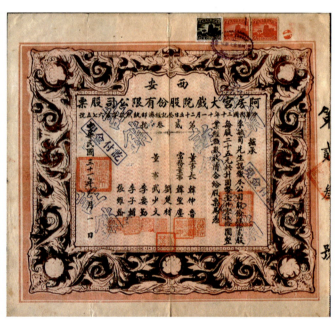

名称:西安阿房宫大戏院股份有限公司股票

股数:壹股、肆拾贰股

发行年份:民国二十六年(1937年)、民国三十一年(1942年)

尺寸:285 mm × 263 mm、273 mm × 245 mm

注释:西安阿房宫大戏院乃民国时期西安最著名的影院。很显然,大戏院第二次发行的股票比第一次发行的股票要显得大气和漂亮,董事栏里的名单虽有所调整,但董事长韩仲鲁、常务董事韩望尘、董事兼经理武少文没有变动。

汉中大戏院股份有限公司股票

汉中市位于陕西省西南部，是长江第一大支流汉江的源头，有"汉家发祥地，中华聚宝盆"的美誉。汉中人有"电影"看，最早可以追溯到1922年，当时陕南驻军总部在驻地用小型手摇放映机和电石灯作为光源，放映了第一部电影——美国纪录片《跑马厅》。

汉中大戏院始建于1937年，由王质生、谢佐民、刘次枫、赵天义等人集股创立，地点在汉台区北大街89号，戏院中有八根大柱子，座椅为连排木椅，能容纳500人左右，起初放映国产电影《渔光曲》《虞美人》等。那时候的电影全靠放映员手摇，放映时快时慢，因影片接续不上，时映时停，大戏院于1940年停办。1946年，王质生等人再次集股，购进美式35毫米电影放映机。1952年7月1日实行公私合营，改称"汉中电影院"。大戏院1969年被毁，2006年重建，那时的汉中大戏院成为汉中地区唯一一家全天候放映的专业影院。

谢佐民(1904—1958)，原名谢世庆，字天兴，汉中市人。早年先后到西安、北京等地读书，1923年入上海大学学习；1925年参加"五卅"反帝爱国运动，同年参加中国共产党；1926年，经党组织同意，加入中国国民党，并到国民党上海市党部工作。1927年蒋介石"四·一二"政变后，中共陕西省委派他回汉中建立党组织，谢佐民在汉中各县秘密成立中共党组织，宣传马列主义。1928年春，中共陕西省委被破坏，谢佐民被捕，经多方营救，三个月后获释。出狱后，谢佐民与中共组织失去联系，跟随父亲学医，经营济生诊所。

汉中解放后，谢佐民被特邀为南郑市第二、第三、第四届各界人民代表会议代表、市土改委员会副主任、市卫生局局长、市人民医院院长。1953年后，谢佐民任南郑市人民政府副市长，于1958年病逝。

名称：汉中大戏院股份有限公司股票
股数：壹股
发行年份：民国二十八年(1939年)
尺寸：275 mm × 265 mm
注释：汉中大戏院有三位董事长：王荫吾(汉中富商、南郑商会会长、开明人士)、黄正五、谢佐民；经理梁子燨、王质生。谢佐民和梁子燨都是中共地下党员，他们以汉中大戏院老板的身份为掩护，积极开展党的活动。该股票贴有两枚印花税票，上盖汉中大戏院印章，是一张具有红色基因的大戏院股票。

漢中大戲院股份有限公司股票

第 華 號

股東 葉樹焱 先生 股壹拾股
計國幣洋貳拾圓整

董事長 王薩吾
黄正民
謝佐歲
梁子生
經理 王質舫
總計 魏濟

中華民國 卅八 年 十一 月 一 日

上海沪光大戏院股款收据

　　1938年,上海进入"孤岛时期",敌伪的"魔影"时时威胁着人们的生活,但娱乐业依然出现了新的发展势头。国内不少实业家纷纷在租界投资建造影戏院,沪光大戏院就是在此期间诞生的。

　　沪光大戏院(英文名为ASTOR)由苏州大光明戏院老板陶寿荪等三人发起建造。1938年,陶老板一行来到上海与地产商王梅等人,集资注册了一家中美合资公司,与怡和洋行买办潘志衡签约,由潘出资租下爱多亚路上一块1000多平方米的地皮用来建造沪光大戏院。他们聘请著名建筑师范文照设计,委托赵桂记营造厂承建。沪光大戏院建筑面积1188平方米,三层钢筋混凝土结构,外墙东面转角为大楼式,窗户呈蜂窝式;正面以奶黄色耐火砖贴面,进门即见两根大红圆柱,天花板为宫殿式藻井图案;观众厅上下四壁有八仙嵌形图案,舞台上方为宫殿式彩檐,上挂"海上银都"大匾,穿堂吊灯采用宫灯式样。上下两层观众厅共设1200余座位,地下室有锅炉房,可为场内提供暖气。1939年2月16日,位于爱多亚路(今延安东路)725号的沪光大戏院正式开幕,首映影片是由新华影片公司摄制的国产片《木兰从军》。

　　1943年5月,沪光大戏院被迫并入伪"华影"公司。抗战胜利后,沪光大戏院归还原主。此后,沪光一直以放映昆仑、文华等影业公司出产的国产片为主,很多进步优秀影片如《一江春水向东流》《乌鸦与麻雀》等也在这里首映。上海解放后,新中国第一部国产故事片《桥》在沪光大戏院首映。1956年沪光大戏院实现公私合营,由上海市文化局接管,改名"沪光电影院"。1996年9月10日,为了支持延安路高架建设,沪光电影院在放映了最后一场电影《情满浦江》后停止营业。

名称:上海沪光大戏院股款收据
股数:贰拾股
发行年份:民国二十八年(1939年)
尺寸:162 mm × 276 mm
注释:沪光大戏院股票上的常务董事兼总理陶寿荪,乃句容古董商、苏州大光明电影院老板。董事兼经理史廷磐,乃上海电影界著名人士、著名电影导演史东山之弟,曾集资100余根金条,参照上海大光明电影院兴建了无锡"皇后大戏院"(后更名为"和平电影院")。

　　这张沪光大戏院股款收据上有罕见水印。到目前为止,未发现沪光大戏院发行的实物股票。

No. 017

中美股份有限公司
上海
滬光大戲院
股款收據

今收到 陶雯記 認繳股款國幣 弍仟 圓正

計每股國幣壹百圓正佔股份 弍拾 股俟公司成立

委託會計師公會呈部註冊核准後憑此換給正式股

票特先製給股款收據為証

董事兼經理

常務董事兼總理

會　計

中華民國二十八年七月一日

收款日起照章週息一分

二十八年九月十□日

金都大戏院股份有限公司股票

  金都大戏院(瑞金剧场的前身)坐落于上海福煦路(今延安中路)同孚路(今石门二路)转角,1938年由柳中浩、柳中亮兄弟集资建造(此前已投资金城大戏院,即后来的黄浦剧场)。戏院整体建筑为三层钢筋混凝土结构,建筑面积1200多平方米,观众席共两层,设座位1300多个。初时专映电影,日伪占领期间因电影票房不佳,改演戏剧。1943—1944年用于同茂剧社(后称国华剧社)演出话剧《家》《上海屋檐下》等。抗战胜利后,国联剧社在此上演《大明英烈传》。

  新中国成立初期改称金都剧场,因其地处瑞金路,1954年下半年起改名瑞金剧场,主要演越剧,兼映电影。尹桂芳在此主演的《浪荡子》等剧,曾轰动一时。戚雅仙、毕春芳领衔的合作越剧团(后更名静安越剧团)把瑞金剧场作为主要演出场所。1998年因新建延安路高架,瑞金剧场被拆除。

  柳中亮(1906—1963)、柳中浩(1910—1990),浙江省鄞县人,我国电影事业家。

  1926年,柳中亮、柳中浩兄弟在南京新街口创办了世界大戏院,放映电影。1934年在上海创建金城大戏院,1937年又创办金都大戏院,都以放映国产电影片为主。1938年,柳氏兄弟创建国华影片公司,在不到四年的时间里,拍了《风流冤魂》等40多部影片。1941年12月,太平洋战争爆发后,柳氏兄弟不愿意与日本军方合作,停办国华影片公司,金城和金都两家戏院也改演话剧。1946年7月,柳氏兄弟又创办国泰影业公司,由柳中亮任董事长、柳中浩任总经理。1948年,柳中浩继续经营国泰影业公司,柳中亮和儿子柳和清则另外成立大同电影企业公司。柳氏兄弟在拍摄商业片的同时,也拍摄了《无名氏》《忆江南》《梨园英烈》等严肃题材的影片。1952年1月1日,柳氏兄弟经营的国泰、大同电影公司正式加入上海联合电影制片厂。

  顺便附上一笔。柳中亮之子柳和清完成学业后便在公司帮父亲打理业务,曾任金城大戏院总经理,后任上海电影制片厂宣传发行科科长。1951年元旦,柳和清与著名电影演员王丹凤喜结秦晋之好。柳和清于2016年2月4日在上海华山医院逝世,享年90岁。

名称:金都大戏院股份有限公司股票
股数:伍股
发行年份:民国三十年(1941年)
尺寸:1705 mm × 115 mm
注释:金都大戏院股票载明总经理柳中亮、经理柳中浩,正副董事长分别是上海滩青帮头子陈世昌和杨顺铨。该公司将股票与息摺合为一体,形制类同小折子,别具一格,十分罕见。

惠記公堆

本公司息金常年六厘計算每年度支息一次每屆發息之期憑摺支取惟無盈餘時本公司不得以本作息

股東 惠記音行 股份伍股 合國幣柒零弎七號
金都大戲院股份有限公司 股單第 零三七號
股份 伍股 元整

董事長 陳世昌  副董事長 楊順全

總經理 柳中克   經理 柳中洽

中華民國三十年十二月三十一日

怡和股份有限公司股票

　　怡和股份有限公司股票由怡和集团旗下的国联大戏院发行。国联大戏院原名皇宫大戏院，位于上海西藏中路465号，原址为新世界游乐场之一部。1940年2月改为剧场，称皇宫大戏院，演出女子京剧和沪剧，后改映电影，更名为国联大戏院。观众席为长条木靠椅，共904座，入口处与毗邻米高美舞厅共用一个通道，无观众休息厅，后台狭小。1952年又作为戏曲演出场所，供中、小剧团演出。1965年沿西藏路的国泰戏院撤销，改为该剧场和西藏书场的门面和观众休息厅。1967年改名五星剧场。1979年扩建舞台，增辟服装间、演员宿舍，安装冷气设备，观众席改为软椅增至1088座，成为滑稽戏的主要演出场所。上海滑稽剧团《路灯下的宝贝》在此首演，连演连满达半年之久。1993年因筹建远东娱乐广场，国联大戏院被拆除。

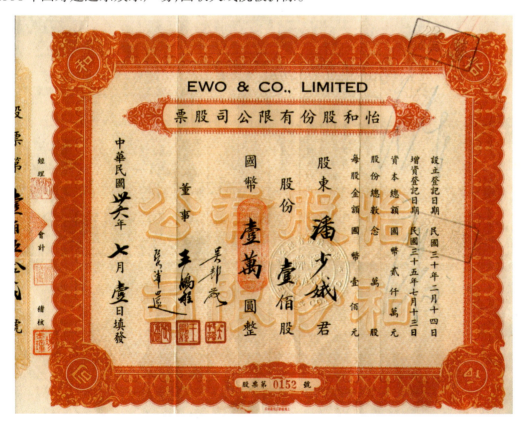

名称：怡和股份有限公司股票

股数：壹佰股

发行年份：民国三十六年（1947年）

尺寸：289 mm × 256 mm

注释：票面正中盖有"国联大戏院"钢印。

楚城大戏院股份有限公司股票

1946年，淮安籍商人李其山到上海松潘路、周家牌路91号（原是一家茶馆）开办戏院，因他来自故楚封地的两淮，故取名"楚城大戏院"。该戏院占地2000余平方米，建筑面积524平方米，以演江淮戏为主，成为当时旅沪苏北群众最重要的娱乐场所。该戏院属中型剧场，砖木结构，正门入内为穿堂，两侧均设太平门，其东侧为票房，西侧依次为经理办公室、编导室、服装间和职工宿舍；过穿堂即为剧场厅屋，长24米，宽11.6米，厅屋为平顶，上装4盏顶灯，水泥地坪，四周开有七扇气窗；场内设有音乐池，剧场前为舞台，高4.89米，深6.6米，东为化妆间，西为衣箱间，后台为演员宿舍。剧场设备简陋，仅有木板长凳座位532只。楚城大戏院于1966年停演，先后划归商业部门、区图书馆、眉州街道文化中心使用。

梅兰芳（1894—1961），名澜，字畹华，江苏泰州人，我国最杰出的京剧表演艺术家之一。

梅兰芳8岁学戏，9岁拜吴菱仙为师，11岁登台。经过长期的舞台实践，梅兰芳对京剧旦角的唱腔、念白、舞蹈、音乐、服装、化妆等各方面都有所创造发展，形成了自己的艺术风格，世称"梅派"，京剧"四大名旦"之一。

1929年12月，梅兰芳率团赴美国演出，历时半年之久，一时间京剧艺术风靡美国。美国电影界将他演的《刺虎》拍摄成有声电影新闻片，这是第一部中国戏曲的有声电影。抗日战争爆发后，梅兰芳身居沦陷区，不为敌伪的威胁利诱所屈服，毅然蓄须明志，八年不登台演出。1945年8月8日，抗战胜利的消息一传出，梅兰芳高兴得当天就剃掉了唇髭，没出两个月，就在上海美琪大戏院重登舞台了。

新中国成立后，梅兰芳历任中国京剧院院长、中国戏曲研究院院长、中国文学艺术界联合会副主席、中国戏剧家协会副主席，1959年加入中国共产党，并以65岁的高龄排演了最后一出新戏《穆桂英挂帅》。除了演戏练功外，梅兰芳的业余爱好十分广泛，特别喜欢养鸽子、养花、书法和绘画。1961年8月8日，梅兰芳在北京逝世，享年67岁。

名称：楚城大戏院股票

股数：壹股

发行年份：民国三十六年（1947年）

尺寸：295 mm × 257 mm

注释：以上两张股票的编号分别为0032号和0005号，股东分别为我国戏曲艺术大师梅兰芳和公司董事陶晋卿。

朝阳大戏院合伙股票

民国二十四年(1935年),上海杨树浦港小木桥东塊开设了一家中华新舞台,由沪上邹伯华独资经营,一度十分繁华。民国二十九年(1940年),业主将戏院卖与日商安泽洋行作煤栈使用。抗日战争胜利后,原中华新舞台经翻修后恢复营业,由陈松云等12人合股经营。因位于朝阳路(今沈阳路),故更名为朝阳大戏院。1956年,朝阳大戏院实行公私合营,由市文化局下放归区文化科管理。1960年,成立剧场、书场联合办公室,下属沪宁、东新、鞍山、楚城、朝阳五家剧场和胜利书场。另外,该股票形制特殊,为合伙股票,是股份契约与标准印刷格式股票相结合的形式,十分少见。

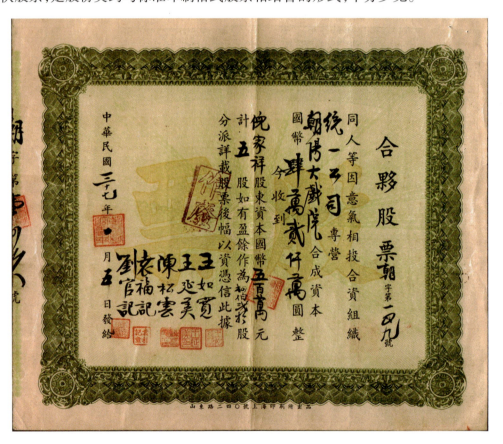

名称:朝阳大戏院合伙股票

股数:伍股

发行年份:民国三十七年(1948年)

尺寸:296 mm × 264 mm

注释:该合伙股票为朝阳大戏院于民国三十七年(1948年)统一换发的新股票。

泰山游艺股份有限公司、泰山大戏院股份有限公司股票

　　泰山大戏院的前身是金光大戏院,建造于1939年,位于上海罗浮路。1940年,在新民路115号建成新院,取名泰山大戏院,由张兆麟、季固周等集资建造。1942年1月,泰山大戏院正式开幕,该院占地926平方米,建筑面积1700平方米,有955个座位。1943年2月24日,经国民政府实业部注册,创立泰山游艺股份有限公司,并公开发行泰山游艺股份有限公司股票,张取琳、张兆麟等为发起人。

　　1956年,泰山大戏院为实行公私合营,改名为泰山电影院;"文化大革命"中一度改名韶山电影院;2000年影院改制,成为上海永乐股份有限公司全资子公司,改名为永泰电影放映有限公司。

名称:泰山游艺股份有限公司股票

股数:肆股

发行年份:民国三十二年(1943年)

尺寸:不详

注释:泰山游艺公司股份总额国币20万元,股份总数400股,每股国币500元。票面上载有董事长张取琳,董事张兆麟(经理)、朱渭清、陈敬超、季固周。

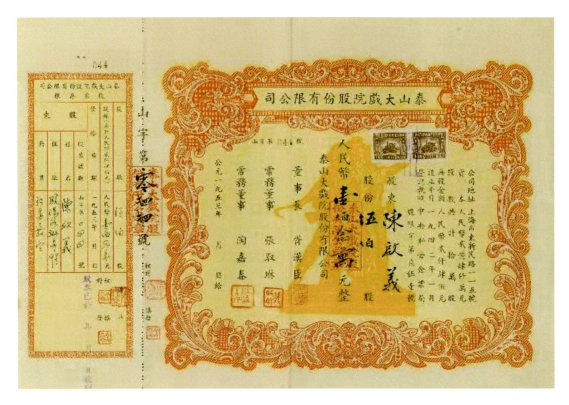

名称:泰山大戏院股份有限公司股票

股数:伍佰股

发行年份:1953年

尺寸:不详

注释:泰山大戏院股份总额2.4亿元,股份总数20万股,每股2400元。票面上载有董事长胥汉臣,常务董事张取琳、陶嘉春。泰山大戏院股票上印有工农兵雕塑,极具时代特色。

沪北大戏院股单

1906年,淮剧进入上海,逐渐成为上海的五大剧种之一。沪北大戏院是上海淮剧史上一个重要的演出剧场,始建于1946年12月,院址在新疆路268号。1958年闸北区政府将沪北大戏院划归区文化馆使用。沪北大戏院名为"大戏院",实际上只是一座仅有五六百个座位、砖木结构的小剧院。戏院虽不豪华,但拥有众多江淮戏迷的支持,是演江淮戏的理想场所。

1946年12月14日,沪北大戏院举行开幕典礼,由"江北大亨"顾竹轩等社会名人揭幕,以武家班创办人武旭东领衔的日升淮剧团参加开幕首演,演出剧目有《玉堂春》《金殿认子》《双断桥》等。1948年,著名淮剧艺术家何益山与顾艳琴、叶素娟、顾神童、筱月亭等在沪北大戏院同班演出。1949年,淮剧首席坤伶顾艳琴应邀到沪北大戏院献演,该院老板曹杰为此曾在电台大做广告。

1951年1月,淮剧"周派"创始人周筱芳与叶素娟等发起成立志成淮剧团,在沪北大戏院首场演出《东华林》。1954年,上海市精诚淮剧团由何益山、周筱芳主演的淮剧《红楼梦》,也首演于沪北大戏院。淮剧界泰斗、著名表演艺术家筱文艳等各大流派创始人均在沪北大戏院登场演出。

朱松龄(1911—1985),浙江定海人,沪北大戏院董事长,上海圣约翰大学理学硕士,历任上海宁绍、华安、保安保险公司营业部经理,圣约翰大学助教,美国台尔模电讯器材厂工程师。1948年,他在上海创设三英电业厂,任厂长。1956年实行公私合营后,朱松龄任三英电业厂私方厂长,负责技术业务,经过多年试验探索,试制出多种型号铜箔,为开创中国电解铜箔生产和发展无线电、电子工业作出了贡献。1985年,朱松龄病逝于上海,享年74岁。

名称:上海沪北大戏院股单
股数:贰拾股
发行年份:民国三十五年(1946年)
尺寸:305 mm × 265 mm
注释:上海沪北大戏院资本总额国币1.5亿元,股本总额1.5万股,每股1万元。票面上载有董事长朱松龄,常务董事徐亮、陈杰香、金群雄、曹杰(经理)、程中。由曹杰主编的《江淮戏报》,每周一期,着重介绍上海各淮剧戏班、剧团的活动情况以及演员的艺术特长等,于1948年年底停办。1946年12月,沪北大戏院又增资发新股,该股票上的常务董事人数比首发股票增加了三人。

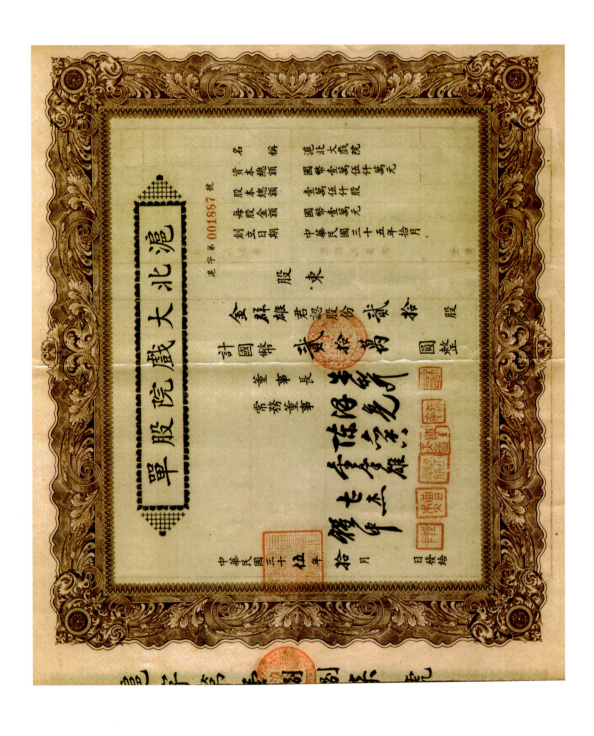

上海长城画片股份有限公司股票

　　长城画片股份有限公司(简称"长城画片公司")成立于1921年5月,由旅美华侨青年梅雪俦、刘兆明、程沛霖、李文光、李泽源等人组建于美国纽约,1924年6月迁回上海。

　　在我国电影史上,长城画片公司是一个特殊的电影制作人群体。因为这个公司的所有骨干都是美国华侨,而且该公司是先在美国纽约发起、招股、注册、成立,几年后才迁移回国并在上海发展壮大起来的。1921年5月,当时在纽约《民气报》任职的梅雪俦、刘兆明以及华侨青年学生黎锡勋、林汉生、程沛霖、李文光、李云山、雷尧昆、李泽源等人,在美国纽约布鲁克林公开招股,注册成立了长城制造画片公司。1922年,公司在小摄影场中拍摄了《中国的服装》和《中国的武术》两部短片,出售给欧盆公司。由于在纽约发展困难,所以大家决定于1924年6月公司携带电影器材返回国内,在上海法租界西门路设立"长城画片公司",在徐家汇建摄影工场,于1926年迁入该工场,并在宁波路1号设立公司营业部。

　　长城画片公司称得上是我国电影史上真正意义上的专业电影制片公司之一,其制片宗旨申明:决不"为名利而摄制诲淫诲盗的影片,贻害社会,玷辱国家"。其早期作品风格突出、特点鲜明,如拍摄过反映妇女职业问题的《弃妇》、恋爱问题的《摘星之女》、非战问题的《春闺梦里人》等,均颇受进步人士论的好评,被认为"陈义高尚而不失艺术旨趣",因而当时在上海电影界中自成一派,有"长城派"之称。

　　长城画片公司设有卡通片部。1927年,梅雪俦与万氏兄弟万籁鸣、万古蟾、万涤尘合作,拍摄了我国第一部动画片《大闹画室》,同年与万氏兄弟再度合作,制作了动画片《血溅济南》,以谴责日本制造的"济南惨案"。从1927年起,长城画片公司陷入古装片、武侠神怪片的热潮,先后拍摄了《一箭仇》《妖光侠影》等近20部影片。1930年,长城画片公司由于营业不振、公司内部分歧,最终宣告歇业。

名称：上海长城画片股份有限公司股票

股数：叁拾股

发行年份：民国十一年（1922年）

尺寸：267 mm × 267 mm

注释：上海长城画片公司总股本上海通用银元50万元，分作5000股，每股100元。这张股票的承购股东就是总董谭直平氏。总理林汉生为广东著名华侨。

上海南洋华侨影片股份有限公司股票

上海南洋华侨影片股份有限公司由南洋华侨李曼等人创立于1926年。这家影片公司的具体资料不详。

名称：上海南洋华侨影片股份有限公司股票
发行年份：民国十五年（1926年）
股数：壹股
尺寸：不详
注释：上海南洋华侨影片股份有限公司资本总额国币银10万元，分作1万股，每股银10元。该股票承购股东为许百毓氏。

上海明星影片股份有限公司股票

　　1920年前后，上海开设交易所之风盛行。1922年3月中旬，一个头脑灵活的年轻人张石川，攥着因经营"大同交易所"而亏蚀剩余的资本2000元，和旧搭档郑正秋展开合作，加上周剑云、郑鹧鸪、任矜苹等人，一共凑了万把块钱，对外号称有5万元资本，取下在贵州路2号那块大同交易所牌子，换上了"明星影片股份有限公司"的牌子，这家被称为我国资格最老的电影公司就这样草草诞生了。当时张石川任总经理和导演，任矜苹任协理，郑正秋任剧务主任，周剑云任发行主任，张巨川（张石川二弟）任会计主任。1925年，明星影片公司招股10万银元，改组为上海明星影片股份有限公司，这是我国第一家股份制影片公司，公司地址在上海杜美路（今东湖路）。

　　明星影片公司在1927年拍摄了《火烧红莲寺》，开创了我国影坛神怪武侠片之先河，1930年又推出了第一部有声电影《歌女红牡丹》。1932年，上海抗战爆发后，明星公司拍摄了《抗日血战》《十九路军血战抗日——上海战地写真》、动画片《民族之痛史》和《上海之战》等纪录片积极宣传抗战。在抗战全面爆发的1937年，具有进步倾向的明星影片公司推出了其艺术性、思想性最高的两部作品——《马路天使》和《十字街头》，堪称我国电影史上浓墨重彩的一笔。

　　1922年至1937年，明星影片公司共拍摄影片200余部，培养了包括编剧、导演、演员、摄影、美工、录音、剪辑、发行在内的一整套人才，经历了从无声片到有声片的变革，为发展我国民族电影事业作出了贡献。1922年3月，明星影片公司还成立了明星影戏学校（后改为明星演员养成所），郑正秋兼任校长，郑鹧鸪负责训练演员。明星影片公司还投资创办电影刊物，配合明星、新片和公司进行大力宣传，先后有《影戏杂志》《晨星》《明星特刊》《电影月报》《明星月报》《明星半月刊》等电影刊物问世。明星影片公司之所以在宣传方面如此强势，除了公司具有雄厚的经济基础外，很大程度上来自郑正秋、周剑云、任矜苹等宣传骨干的支撑。在创办明星影片公司之前，这三人都曾办过报刊，担任主编或主笔，因此对创办刊物都很有经验。

　　日寇"八·一三"的炮火使明星制片基地遭到严重破坏，1939年11月，总厂又被日军纵火烧毁。从此，在我国影坛称雄17年之久的明星影片公司谢幕了。张石川、郑正秋、周剑云，这三个巨头的携手合作、珠联璧合，使明星影片公司成为我国电影事业发展史上经营时间最长、摄制影片最多、具有广泛社会影响的民营影片公司。

　　张石川（1890—1953），原名张伟通，字蚀川（因"蚀"字含有"亏本"之意，后改名石川）浙江宁波人，我国电影的拓荒者、奠基人之一。他集编剧、导演、制片人、投资人于一身，是我国早期商业电影的先驱。

　　张石川15岁随舅父经润三到上海谋生，因能说上一口流利的"洋泾浜英语"，受到亚细亚影戏公司美国老板的赏识，开始了其导演、制片生涯。1913年张石川与郑正秋联合执导了我国第一部短故事片《难夫难妻》，其后又导演了我国第一部武侠片《火烧红莲寺》、第一部有声片《歌女红牡丹》等。1922年3月，张石川和郑正秋、周剑云等五人创办明星影片公司，共出品了200多部故事片。张石川一生共导演《脂粉市场》《压岁钱》《啼笑因缘》《空谷兰》等150多部（集）电影，成为大名鼎鼎的电影导演。

1931年"九·一八"事变后，张石川、郑正秋、周剑云携明星影片公司全体员工参加到全民抗日的行列中，他们摄制了《抗日血战》《十九路军血战抗日：上海战地写真》《上海之战》《国魂的复活》《战地历险记》等纪录片和影片，为这段可歌可泣的历史留下了宝贵的影像资料。

1950年张石川迁居苏州，不久又重返上海，辗转病榻三年之久，于1953年6月8日告别人世，终年63岁。

郑正秋（1889—1935），原名郑芳泽，号伯常，广东汕头人，我国电影事业的开拓者，我国最早的电影编剧和导演之一。

郑正秋于1902年肄业于上海育才公学，曾从事新剧运动，受聘为《民言报》剧评主笔，自办《图书剧报》《民权画报》；1913年涉足影坛，编剧并参与导演了我国第一部短故事片《难夫难妻》；1922年与张石川等创建明星影片公司，担任编剧、导演。其主要编导作品有《劳工之爱情》《玉梨魂》《姊妹花》等53部影片。他除任编剧、导演外，还兼任明星影戏学校校长。1923年年底，由他编剧，张石川导演的影片《孤儿救祖记》拍摄完成，此片为我国摄制的第一部长故事片，也是郑正秋编剧的第一部"社会片"。1924年郑正秋创作了第一部妇女题材的电影剧本《玉梨魂》。1932年他带病为宣传抗日、推动爱国运动，编写了《自由之花》《春水情波》等影片。

郑正秋一生共编导影片40余部，是第一代导演中的佼佼者，对同时代的电影家和后来者产生了极大的影响。除了从事电影编导，郑正秋还担任了创办于1929年上海潮州和济医院的首任院长。1935年7月16日，郑正秋病逝于上海，年仅46岁。

周剑云（1893—1969），原名亚父，字剑云，安徽合肥人，明星影片公司"三巨头"之一。

周剑云早年就读于江南制造局兵工中学，曾任上海爱俪园藏书楼主任、新民图书馆编辑。1922年，他与张石川、郑正秋等发起创办明星影片股份有限公司，任董事兼经理、文牍主任、发行主任、营业部长等职。他掌管着明星公司财政大权，明星公司在岌岌可危的重要关头，都是靠着周剑云的巧妙周旋和机智操控才转危为安。1928年，周剑云联合其他五家公司，组成六合影戏营业公司，为国产影片建成发行网，代理发行百余部影片。1932年，周剑云促成与左翼文艺工作者的合作。1940年6月，他与南洋商人合资开办金星影片公司，拍摄了《李香君》《秦淮世家》《红粉金戈》《花溅泪》等14部富有历史或时代意义的影片。1946年，周剑云赴香港先是加入大中华影业公司，后又独自创办建华影业公司。新中国成立后，周剑云息身影坛，回到上海养老，于1969年去世，终年76岁。

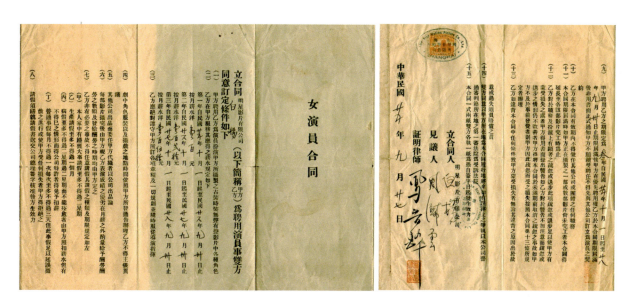

明星影片公司与著名演员白杨签订的演艺合同

名称：上海明星影片股份有限公司股票

股数：壹佰股

发行年份：民国十九年（1930年）

尺寸：295 mm × 262 mm

注释：明星影片公司股票上的董事一栏有袁履登（上海滩闻人，曾任上海总商会副会长等职）、张长福（法租界公董局常务董事、上海百代唱片公司经理）、张石川（中国第一代电影导演）的签名钤印。

现在流传于世的电影公司股票数量很少，大多被电影爱好者和股票收藏人士珍藏。这张明星影片公司股票设计新颖、印刷艳丽，四面边框用电影胶卷图案环绕，上面有一个红五角星，四周光芒四射，背景采用国画的泼墨写意手法，下面两旁的人物造型和上面两旁的鲜花和竖琴，使该股票有一种电影蒙太奇的感觉。明星影片公司股票采用胶版印刷，税票、钢印、钤印、骑缝章齐全，是一张不可多得的我国影业公司的龙头股票。

联合电影有限公司股票

联合电影有限公司的前身大光明电影院,享有"远东第一影院"的盛名,始建于1928年,由我国商人高永清与美国人亚伯特·华纳(世界著名电影公司华纳兄弟的创始人)合资成立,1931年被联合电影有限公司收购。

1928年,潮州籍商人高永清与美国商人合资,购进上海派克路原卡尔登舞厅旧址(今黄河路长江剧场南)的地产,又耗资20万元兴建大光明大戏院,并在美国特拉华州注册。由于高永清不善经营影业,大光明大戏院于1931年11月停业。大光明大戏院和卡尔登大戏院则由以英籍华人卢根为总经理的联合电影公司收买和租赁。卢根决心以大光明戏院为据点,投资110万元,请由著名的匈牙利建筑师邬达克设计,并将旧戏院以及附近建筑全部拆除重建。重建后的大光明电影院是一个附设咖啡厅、弹子房、舞厅、剧场的多功能综合性剧场,场内有近2000个座位,门面也由原派克路移到静安寺路(今南京西路)。1933年6月14日21时45分,以米高梅影片公司的新片《热血雄心》为首映式,由京剧大师梅兰芳亲自为大光明电影院的开张剪彩。当时的大光明电影院主要播放美国八大电影制片公司的影片。

当时大光明电影院凭借自身豪华的设施成为远东第一影院、亚洲第一座宽银幕电影院,是当时远东地区影院中的翘楚。1989年,大光明电影院被评为上海重点保护文物。2008年,大光明电影院斥资1.2亿元对电影院进行修复。

大光明电影院几易其主。1931年,由英籍华人卢根任总经理的联合电影公司收购了大光明大戏院的产业。原联合电影公司的注册资本为300万两,而实收资本仅191.7万两白银,差额108.3万两白银,被美国国际抵押公司经理格兰马克全部购入,其成为联合电影公司的董事长。由于卢根已将部分资本用于兴建和购买电影院的不动产,所以经营以流动资金不足而遭遇困难。同年9月,原土地业主以大光明大戏院拖欠四个月的地租合计3万余两白银,要求卢根根据合同归还土地。同时,董事长格兰马克也以卢根做事不尽职,以致公司债务无法履行,向美国驻上海按察使署控诉,要求按察使署派员接管,并清理联合电影公司产业。不久,大光明大戏院由美国按察使署派人接收管理,以营业款支付欠债。1941年,联合电影公司与联怡电影公司合并为亚洲电影公司,大光明大戏院又归亚洲电影公司所有。1942年,大光明大戏院被日伪强占,之后转租给中华电影公司。1948年,中华电影公司解散,大光明大戏院又归国光电影公司所有。1953年由上海市文化局接管,改名大光明电影院,今由上海大光明院线有限公司管理。

名称:(上海)联合电影有限公司股票

股数:贰万股(每股白银5两)

发行年份:1932年

尺寸:402 mm × 215 mm

注释:这张(上海)联合电影有限公司股票是在美国注册、在国内发行的。此类实用票较为少见。

联华影业制片印刷有限公司股票

在20世纪20年代至40年代，上海的电影公司总共约200家，但大多数公司都只是昙花一现。民国三大电影公司分别是明星、天一和联华。联华影业公司于1930年成立、1937年停业，是当时我国重要的影业公司。

联华影业公司由罗明佑的华北电影公司、黎民伟的民新影片公司、吴性栽的大中华百合影片公司和但杜宇的上海影戏公司合并而成，1930年10月25日在香港正式注册成立，总管理处设在香港，次年3月又在上海设立了分管理处，管理上海的联华一厂、二厂和三厂。原来的民新影片公司成为联华一厂，黎民伟兼任一厂厂长。公司董事会于1930年12月成立，何东为董事长，罗明佑为总经理兼监制，黎民伟为副总经理兼总厂长。联华影业公司下属六个电影制片厂，一个在香港，一个在北平，其余四个厂均在上海，其中位于漕溪北路595号的制片厂就是后来的上海电影制片厂。

随着一代影星阮玲玉的陨落，联华影业公司开始走下坡路。1937年，风光了仅仅七年的影业帝国——联华影业公司，轰然倒下了！

提到联华影业公司，就必然要谈到公司总经理罗明佑。罗明佑凭借家族的深厚背景，借鉴西方的管理模式，在最短的时间内使联华影业公司后来居上，与明星、天一公司鼎足而立。

罗明佑（1900—1967），祖籍广东番禺，父亲罗雪甫是香港鲁麟洋行买办。1918年罗明佑进入北京大学法学院读书，1919年开始在课余经营真光影戏院，毕业后将北平、天津两地外商经营的三家大戏院合并，于1927年建立了华北电影公司，任总经理。直至1929年，罗明佑在太原、济南、石家庄、哈尔滨、沈阳等地拥有的戏院达20余家，几乎控制了北方五省的电影放映和发行事业。1930年8月，以华北电影公司为基础，先后与民新影片公司、大中华百合影片公司等合并，组成联华影业制片印刷有限公司，很快就吸引了一批高水准的电影人才，如导演中的孙瑜、蔡楚生、史东山，编剧里的田汉、夏衍，再加上阮玲玉、金焰、王人美、黎莉莉、郑君里、殷明珠等一批著名影星，组成了我国20世纪30年代电影无可复制的黄金阵容。联华影业公司成立后，拍摄了不少经典电影作品，如《渔光曲》《三个摩登女性》《大路》《迷途的羔羊》等。

"九·一八"事变后，罗明佑在东北的影院丢失殆尽，接着联华一厂又毁于"一·二八"炮火之中，1936年他退出联华，离开了电影界。1967年，罗明佑在香港病逝，终年67岁。

名称：联华影业制片印刷有限公司股票

股数：贰拾股

发行年份：1933年

尺寸：310 mm × 255 mm

注释：联华影业公司总股本100万元，每股10元。公司董事会于1930年12月成立，选出何东、罗明佑、黎民伟、罗雪甫（罗明佑之父）、吴性栽、卢根、胡文虎、罗文干、于凤至（张学良夫人）、戴士嘉（美国人）、冯香泉、黄漪磋、黎北海（黎民伟之兄）等14人为董事。该股票设计为西洋式，中英文字对照。票面上载有总理罗明佑，董事罗雪甫（罗明佑之父）。

南京中山陵的正门上刻着"天下为公"四个大字，但很少有人知道，当初孙中山亲笔题写的这四个字只为褒奖一个人，此人就是联华影业公司的创始人之一——黎民伟。大革命时期，黎民伟跟随孙中山拍摄了大量反映北伐战争和国民革命的纪录片，如《淞沪抗战纪实》《勋业千秋》等，被称为"中国纪录片之父"。

大观声片有限公司股票

　　大观声片有限公司是我国第一家有声电影公司,创造了香港第一个立体声、彩色、宽银幕电影公司的历史。

　　香港著名电影导演关文清是香港电影界第一个从海外学成归来的电影专业人士。受联华影业公司总经理罗明佑的委托,1932年年底,关文清携带该公司拍摄的纪录片《十九路军抗敌光荣史》前往美国、加拿大进行公映,同时考察录音设备和有声电影拍摄情况,并在海外招股,募集资金。关文清抵达旧金山下榻大观旅馆时,便有一青年慕名前来求见,这青年是旧金山中华会馆董事赵俊尧的儿子赵树燊,他恳请关文清协助他筹建一家电影公司。最后关文清答应了他的合作提议,并建议电影公司宜用"大观声片有限公司"的名字,理由是他俩是在旧金山的大观旅馆筹划的,而且该旅馆老板刘棣华听说要成立电影公司,决定赞助一间客房作为电影公司的办事处,以"大观"命名亦是对刘棣华的一种回报。1933年,赵树燊和关文清等在美国注册创办了大观声片有限公司。关文清还向赵树燊提出,成立公司资本暂定1万美元,分作100股,每股100美元,公司采取劳资合作办法,让所有重要职员和主角都将薪酬转为股份,待拍了第一部片子,如有利润,再扩大为有限公司。于是,大观声片公司的第一部粤语有声影片《歌侣情潮》在关文清的苦心经营下诞生了。

　　大观声片公司的第一部影片打响后,关文清即向联华影业公司的老板罗明佑和赵树燊建议,由联华影业公司出资,将大观声片公司迁至中国香港,建立一个类似好莱坞式的电影城,大规模制作粤语片,这个设想得到了罗、赵两人的同意。罗明佑还建议以"海外联华"的名义向美国华侨招股,用于购买电影设备。随后,关文清、赵俊尧和刘棣华等人在美国为"海外联华"募集到3万多美元的股本。1935年,赵树燊把在美国的大观影片公司总部移师中国香港,改组为香港大观声片有限公司。抗战期间,大观声片有限公司陆续推出了《抵抗》《边防血泪》《公敌》抗战三部曲,并参与了经典抗日爱国影片《最后关头》的拍摄,成为香港抗战爱国电影的主创力量。

　　20世纪三四十年代,大观声片有限公司是香港重要的制片公司之一,该公司主要导演为关文清和赵树燊,影响最大的作品当属关文清于1935年执导的抗日题材电影《生命线》。

　　赵树燊(1904—1990),广东中山人,著名电影导演、编剧、事业家,香港彩色电影、立体声电影、宽银幕电影的创始人。

　　赵树燊从小在美国接受教育,曾在好莱坞学习摄影、布景等专业技术。1933年其和关文清等在美国创办大观影片公司。1934年,赵树燊来到香港,编导了影片《难兄》和《浪花村》;1935年创办香港大观声片有限公司,出品了《昨日夜歌》《大傻出城》《傻侦探》《芦花泪》《荒村怪影》等近90部电影;1937年与苏怡等执导全港电影工作者义演的抗日爱国影片《最后关头》;1951年创办专拍国语片的丽儿彩色影片公司。1955年,由赵树燊执导的古装剧电影《孟丽君》在中国香港上映。1990年,赵树燊逝世,享年86岁。

关文清(1894—1995),字子廉,广东开平县人,香港电影的先驱。他一生共执导了56部影片,其中20多部由他编剧。他还协助黎民伟、黎北海、罗明佑、赵树燊等香港早期电影事业家创立多个电影公司。1956年,关文清与香港电影界、文化界著名人士飞赴北京参加国庆观礼,并在怀仁堂受到周恩来总理的接见。1960年,关文清定居美国旧金山市,期间为香港的电影公司拍摄了三部影片,并于1976年出版了《中国银坛外史》。1995年6月17日,关文清去世,享年101岁。

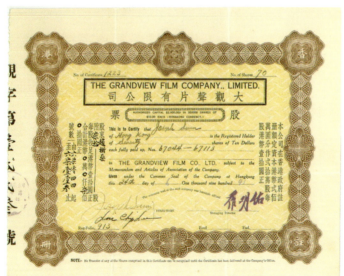

名称: 大观声片有限公司股票

股数: 拾股、柒拾股

发行年份: 1938年、1941年

尺寸: 303 mm × 248 mm、310 mm × 252 mm

注释: 大观声片有限公司在香港注册,额定资本港币200万元,分作20万股,每股港币10元,票上有我国著名电影事业家罗明佑等人的签名。值得重视的是其中一张股票的承购股东为著名导演赵树燊。

中华电影联合股份有限公司股票

中华电影联合股份有限公司（简称"新华影业公司"）成立于1943年5月12日，为上海沦陷后日军和汪伪政府成立的电影业垄断公司，由上海滩电影大亨张善琨出任副总经理。公司设在上海江西路170号汉弥尔登大厦内。

1934年，张善琨组建了新华影业公司。当时，明星和联华两大电影公司垄断了上海的电影业，初来乍到的新华影业公司显得无足轻重，但不到三年，张善琨利用他的人际关系和宣传手腕，就令电影界对新华影业公司刮目相看。特别是新华影业公司拍摄的"开山之作"《夜半歌声》（马徐维邦执导、金山出演宋丹萍），1937年2月20日在上海金城大戏院首映，市场反响十分热烈，令新兴的新华影业公司一炮打响，出尽风头。1938年，新华影业公司先后摄制了《貂蝉》《武则天》《岳飞精忠报国》等18部影片，这些都是讲述民族大义的爱国影片。1941年上海"孤岛时期"，新华影业公司还出品了我国电影史上第一部动画长片《铁扇公主》，由万籁鸣、万古蟾、万超尘三兄弟担任导演和动画设计。1942年4月10日，中华联合制片股份有限公司成立，新华影业公司等11家电影公司并入。

1943年5月12日，侵华日军为了加强对上海电影业的垄断，指使汪精卫政府颁布《电影事业统筹办法》，把中华联合制片股份有限公司、中华电影股份有限公司和上海影院公司合并，成立了华影公司。在两年零三个月里，华影公司拍摄了近80部故事片，成为日军操纵下，与日伪合作的最大的电影托拉斯。

抗日战争胜利后，国民党的"中电"接管了华影公司大部分产业。上海解放后，东北电影公司派出钟敬之等会同留在上海的电影工作者徐韬等，接管了在上海的国民党电影机构，并立即进行上海电影制片厂的筹建。上海原各私营电影制片厂组建为公私合营上海联合电影制片厂，于1953年并入上海电影制片厂。

在我国百年电影史中，有一个极富传奇性、又极具争议性的人物，他就是新华影业公司总经理、大世界娱乐场总经理，被誉为"上海滩电影大王"的张善琨。

张善琨（1905—1957），浙江吴兴人。他从南洋大学毕业后，先替烟草公司做广告宣传，后主持上海的大世界游乐场和共舞台；1934年办起了新华影业公司，拍摄了《新桃花扇》《长恨歌》《壮志凌云》《狂欢之夜》《夜半歌声》《青年进行曲》等进步影片。1943年5月，汪伪政府成立华影公司，张善琨出任副总经理兼制片部主任。1946年2月，张善琨被舆论界指控为汉奸，避走香港，以远东影业公司名义摄制影片。同年9月，张善琨赴英、法、美诸国考察电影业。1947年3月重返香港，他与李祖永合作创办永华影业公司。1948年12月，由永华影业公司摄制的影片《清宫秘史》正式公演。1951年，张善琨在香港创办长城影业公司，拍摄了《结婚二十四小时》《雨夜歌声》《白蛇传》等影片。次年又恢复新华影业公司，摄制了香港第一部彩色故事片《海棠红》及《月儿弯弯照九州岛》《桃花江》《秋瑾》等影片。1957年1月7日，张善琨赴日本拍摄外景时，因突发心脏病去世,终年52岁。张善琨去世后,他的夫人童月娟负责管理新华影业公司,直至1984年新华影业公司正式停业。

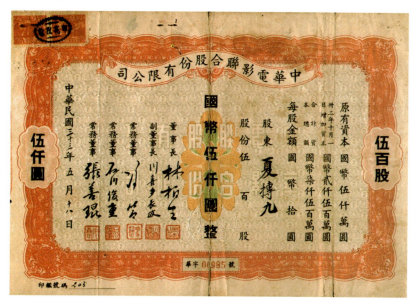

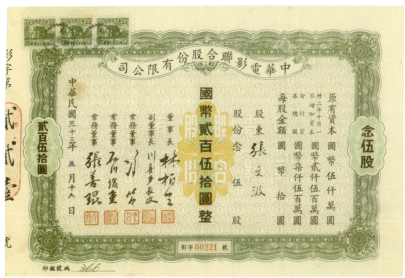

名称:中华电影联合股份有限公司股票

股数:伍佰股、贰拾伍股

发行年份:民国三十三年(1944年)

尺寸:275 mm × 190 mm

注释:华影公司由陈公博(南京汪伪国民政府立法院长)、周佛海(南京汪伪国民政府财政部长兼警政部长)、褚民谊(南京汪伪国民政府外交部长)任名誉董事长,林柏生(南京汪伪政府宣传部长)任董事长,川喜多长政(日方)任副董事长,冯节(南京汪伪政府宣传部驻沪办事处处长)任总经理,张善琨、石川俊重(日方)任副总经理。

华影公司在股票设计上主要突出"华影"两字,除四周边框上用"华影"组成的图案外,底版网纹上也布满了防伪的"华影"和"中华电影联合股份有限公司"字样。整个票面给人的视觉感觉具有电影胶卷状的流动感。这两张"华影"股票成为研究日本侵华期间文化控制方面的珍贵史料。

南京首都电影院股份有限公司股票

曾在我国电影史上写下辉煌篇章的南京首都大戏院,给南京人留下了无法抹去的记忆,其建筑时间之早、规模之大,当时在全国都是数一数二的。因大戏院建在南京,而南京当时又是国民党政府所在地,故名首都大戏院。它与大华大戏院、世界大戏院、新都大戏院并称民国时期南京"四大影院"。

南京首都大戏院1927年开始筹建,1931年2月18日建成开业,地址为南京夫子庙贡院街84号,与夫子庙著名的饭店大三元酒菜庄相邻。南京首都电影院由中国著名设计师黄檀甫设计,建筑风格为当时国际流行的现代主义风格。首都大戏院坐北朝南,左右对称,面积2270平方米,三层钢筋混凝土框架结构,分前厅、剧场、表演台三部分。剧场设在建筑物的中央,楼上楼下共设有1357个观众席,全是沙发靠背椅,且配有空调设备。入口处门厅外有巨大的雨篷,伸展到人行道上,雨篷上横书"首都大戏院"五个繁体大字。首都大戏院开业时,曾在当时的《中央日报》上刊发广告,上面写着"首都最堂皇的剧场、东方最富丽的天国"的广告语。虽名字为戏院,但主要功能还是用来放映电影,这里经常放映国产大片和进口新片,吸引了上至国民政府军政要员、社会名流,下至平民百姓各阶层人士频频光顾。《一江春水向东流》《夜半歌声》都曾在这里上映。

1937年年底南京沦陷后,首都大戏院归属日本人组建的"中华电影公司",改名中华戏院。1945年,首都大戏院恢复原名。1950年4月,首都大戏院更名为解放电影院。

黄檀甫(1898—1969),广东台山人。黄檀甫与吕彦直共同创立了真裕公司并被任命为总经理。他除了全程参与南京中山陵和广州中山纪念堂工程外,还以十分强烈的文档意识,请上海最著名的王开照相馆摄影师,把南京中山陵和广州中山纪念堂、纪念碑的建筑过程全部拍照记录下来,并且千辛万苦地把这批珍贵资料保存下来。

为了确保这批照片、图纸资料的安全,黄檀甫在上海虹桥疗养院附近买下一块土地兴建了一座大宅院,黄檀甫辟出一个大房间,专门存放中山陵、中山纪念堂、中山纪念碑的建筑设计图纸、照片和吕彦直的图书资料。为了保险起见,在1945年夏,黄檀甫雇人在虹桥大宅的假山旁边挖了一个防空洞,把这批图纸资料藏进防空洞里。

1950年初,黄檀甫突然接到上海市军管会征用虹桥路1590号黄檀甫大宅的通知:限黄家在72小时内搬出。当时黄檀甫在香港,接电报后即嘱其妻子,必须将中山陵、纪念堂、纪念碑等建筑图纸、照片等资料全部搬出。1950年夏,虹桥路住宅被无偿征用后,装有中山陵、纪念堂、纪念碑等建筑图纸、照片资料的大木箱几经搬迁,最后搬到了永福路72弄1号。

1951年2月,黄檀甫因"隐匿敌产"的罪名,被关进了上海市提篮桥监狱。原先被军管会"征用"的那座房产也被"没收"了。1953年年底,黄檀甫刑满出狱。1956年孙中山诞辰90年之际,黄檀甫把这批南京中山陵的设计图纸、文件、中山陵模型等,无偿地捐献给了政府。1969年1月21日,黄檀甫在上海永福路居所去世,终年71岁。1986年,孙中山诞辰120周年之际,黄檀甫的后人向南京博物院捐赠了165件中山陵文物档案,每一件都弥足珍贵。

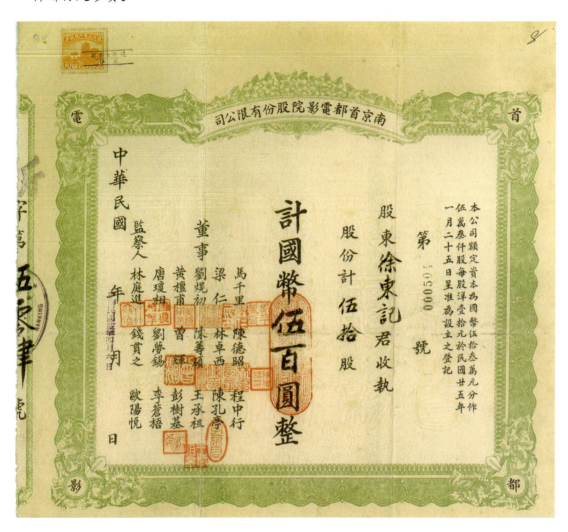

名称:南京首都电影院股票

股数:伍拾股

发行年份:民国二十五年(1936年)

尺寸:287 mm × 267 mm

注释:南京首都电影院股票总股本53万元,分作5.3万股,每股10元,1936年1月25日设立登记。票上贴有3枚印花税票。在股票董事栏里,我们可以找到黄檀甫的名字和印章。

长沙银宫电影院股票

位于长沙中山路上的银宫电影院建于20世纪二三十年代,当时百合电影院老板魏乔年与湖南省建设厅职员刘天职、蓝肇祺等集股2000银元,租用中山路国货陈列馆大礼堂创办了银宫电影院。1935年3月2日,银宫电影院正式开业,有1034个观众席,是当时湖南省内放映设备最好的电影院,长沙第一个播放有声电影、第一个播放彩色电影的电影院。银宫电影院以上映国产有声电影为主,如上海联华公司拍摄的《大路》《渔光曲》《新的女性》等进步影片。

1939年春,银宫电影院修整后又重新开业,以租场演戏为主,田汉曾带领李雅琴剧团在这里演出京剧,电影明星胡蝶曾在这里演唱歌曲,八路军驻长沙办事处徐特立等曾在银宫电影院讲演毛泽东的《抗日救国十大纲领》。1947年3月,136个股东集资632股,重新装修银宫电影院,使其成为了当时长沙最高档的电影院。

1949年8月,湖南省文教厅工作组接管银宫电影院,没收了官僚买办的股份,保留私股,改为公私合营电影院。1951年5月,赎买私有股份,更名为国营"新华电影院"。1988年,恢复原名,改造成全省第一家70毫米立体声电影院。

蓝肇祺(1905—1998),原名蓝英鸿,畲族,长沙酃县(今炎陵县)人,著名民主进步人士。

1926年,蓝英鸿考取湘江中学,后转入毛泽东创办的湖南农民运动讲习所,其间加入中国共产主义青年团。1927年,长沙马日事变之夜,讲习所被许克祥部搜查,蓝英鸿设法破窗逃出潜回长沙,改名蓝肇祺考入湖南乐群会计专业学校。1928年年底,蓝肇祺毕业后到湖南省国货陈列馆任会计,1943年4月调任经济部燃料管理处总务室主任。抗战胜利后,蓝肇祺重新下海,办报、经商、开电影院,成了著名民主进步人士,曾任《晚晚报》《大众晚报》社长,湖南私营华湘企业股份公司、湖南省寰宇进出口贸易公司总经理,长沙银宫电影院董事长等。

1948年5月,蓝肇祺加入中国民主同盟。1950年2月,蓝肇祺受命前往香港,动员旅港的长沙工商界知名人士回湖南参加祖国建设。1957年9月,蓝肇祺被错划为右派,次年11月被判处有期徒刑5年。1979年6月,撤销原判决,蓝肇祺恢复名誉。蓝肇祺曾被选为长沙市第一、二、七届人民代表,长沙市政协副主席,湖南省第六届人民代表。1998年6月22日,蓝肇祺病逝,享年93岁。

和中国民主同盟一样,湖南民主同盟也是由一群先进的知识分子建立起来的。湖南民主同盟的创始人和早期成员基本上都是新闻工作者、报人、作家,形成了湖南民盟早期历史上一个独特的报人群体。

湖南民主同盟早期报人群体,发端于抗日战争时期,形成于解放战争时期。后来,正是这个报人群体,以办报为依托,团结进步人士,宣传民主思想,创建了湖南民主同盟组织。其主要活动和贡献有四个方面:一、宣传抗日救国,成为抗日救亡文化运动的中流砥柱;二、宣传民主自由,揭露鞭挞国民党当局的独裁和腐败;三、团结进步人士,宣传民盟主张,推动湖南民主同盟组建和发展;四、宣传民主同盟主张和中共政策,迎接湖南和平解放。

名称:长沙银宫电影院股票

股数:伍股

发行年份:民国三十七年(1948年)

尺寸:265 mm × 216 mm

注释:票面上载有长沙银宫电影院董事长蓝肇祺,常务董事王健夫、肖扬武等人名。

芜湖大华电影股份有限公司股票

芜湖是一座古老而又充满魅力的滨江城市,被孙中山称为"长江巨埠、皖之中坚"。

芜湖最早的专业电影院是1930年落成的"芜湖大华电影院"(后改名"光明电影院"),系广肇米商和南洋烟草公司经理合资经营。据说建造之初,参考了上海一些知名电影院的模式,成为芜湖当时最"洋气"的电影院。1937年芜湖沦陷后,光明电影院的所有器材均落入日寇之手。

1945年抗战胜利后,光明电影院先后改名芜湖电影放映站、国安电影院,1949年4月芜湖解放后,光明电影院被市军事管制委员会接管,更名为人民电影院。人民电影院在随后近50年的岁月里不断发展,终成为一座建筑面积2500多平方米、放映大厅能容纳1000多名观众的综合影院。当年第一部国产立体声电影《魔术师的奇遇》在人民电影院上映时曾轰动全城。2004年,人民电影院在旧城改造中被拆除。

名称:芜湖大华电影股份有限公司股票

股数:伍股

发行年份:1949年

尺寸:312 mm × 270 mm

注释:芜湖大华电影公司股本总额人民币8812500元,以37500元为一股,合计235股。按照当时物价计算,此股票每股折合白米七担五斗。公司从纯收益中提10%为公积金,股东红利按三个月发给一次,股息按月息2分支付。股票上贴皖南区税务局税票4枚,背印条例总则。

古玩场、运动场、游艺场篇

　　古玩场、运动场、游艺场是广大市民休闲生活的重要组成部分。上海和北京作为民国时期我国两个较发达的城市，成为了南北两大文物集散中心。民国时期的上海作为当时国内最大的工商业城市，华洋杂处，古玩市场空前活跃。19世纪末，上海因国内外资本投入和人口激增而日趋繁荣，被称为"冒险家的乐园"。至20世纪20年代初，上海五马路（今广东路）、江西路一带有古玩店18家、古玩摊100余个，成为全市最热闹的古玩集市。本篇刊出的上海古玩书画金石珠玉市场股票和上海中国古物商场股份公司股票详细地展现了民国时期上海古玩市场的概况，很有史料价值。

　　民国时期的上海已经是一个消费性的国际大都市，休闲娱乐生活较之其他城市更为丰富多彩，成为远东国际大都市的一道亮丽风景线，如由黄楚九公司投资兴建的上海大世界游乐场，曾被誉为"东方迪斯尼"。赛马、跑狗、回力球等活动最初完全是西方人的休闲方式，也在近代传入上海的租界，后来逐渐为上海人所接受。到了民国时期，这类活动已成为上海中产阶级寻求生活刺激的休闲活动之一。

　　令人可喜的是，游艺场、赛马场、跑狗场、回力球场等相关公司，很多都实行股份制，发行过股票，目前有大量实物股票存世，如上海共发公司股票、汉口新市场公司股票、上海万国体育会股票、逸园跑狗场股票等，使我们有幸从这些珍贵的、罕见的纸质股票上，感受当时上海、汉口等大城市的繁荣景象。

上海振豫股份有限公司股票

老上海人都知道老上海有"新世界""大世界",其实在城隍庙附近还有一个"小世界"。小世界游乐场起初被称为"劝业场",在设置上是仿照当时大世界游乐场建造的,只是规模小了一些,所以后来人们称它为"小世界",与公共租界的新世界、法租界的大世界鼎足而立。

1916年6月,张逸槎、孙鋆卿等发起招股创立上海振豫股份公司,决定在上海福佑路豫园后花园西侧、原豫园钱粮厅旧址建造劝业场,并于7月9日至11日连续三天在报纸上刊登《振豫有限公司商办劝业场创办简章》。但在临开工时,遭到豫园得意楼等84家商行的竭力反对,这些商家担心劝业场的营业会使他们的生意受到影响。9月初,经工巡局批示,振豫公司做出部分让步后开始动工建造,到年底工程竣工。1917年1月18日劝业场举行落成典礼,五天后(阴历正月初一)正式开幕。

劝业场楼高七层,大门临福佑路,有电梯和盘梯,屋顶建屋,楼外有楼。在屋顶上可以俯瞰城隍庙全景。劝业场建筑主体为四层,底层用于髦儿戏、影戏轮换演出;二层主要是商场,也设菜馆;三层以演女子新剧为主,也放无声电影,演出古彩戏法、评弹说书等;四层是百戏杂陈,时有越剧、沪剧、苏滩和昆曲等演出;五层设西式凉亭,还仿"新世界""大世界"加建了两层塔形钟楼顶。据史料记载,后来跟随杜月笙去香港的京剧名角孟小冬,10岁那年就在"小世界"登台唱戏了,这也是她初试雏凤清声地方。当时"小世界"的门票价格为小洋贰角,从中午进场一直可以玩到深夜11时。据当时报载,劝业场生意兴旺、游客如云,开幕那天多达4万多人,平时也有成千上万人。1922年11月13日上午,爱因斯坦应邀乘船赴日本,途中在上海短暂停留,下午特地游览了城隍庙并在"小世界"观看了一场昆剧。

抗战爆发后,侵华日军飞机对闸北和南市的非军事目标狂轰滥炸,劝业场成了瓦砾场。1937年11月,劝业场曾收容难民约1200名。抗战胜利后,劝业场底层成了一家电影院;二楼成了杂货交易市场,专售美军剩余物资,如克宁奶粉、军用水壶、军用毯子、望远镜等。1956年,劝业场改作邑庙区文化馆。1960年,该馆与蓬莱区文化馆合并,原址改为文化电影院及市百货公司小商品批发部。

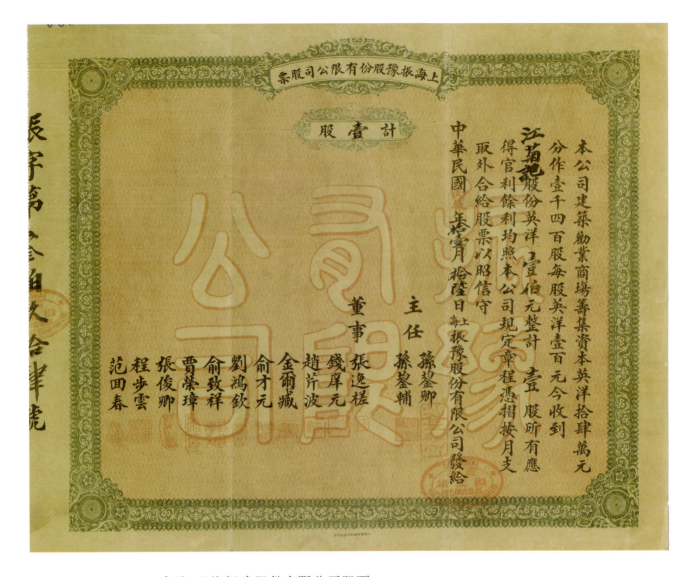

名称：上海振豫股份有限公司股票

股数：壹股

发行年份：民国五年（1916年）

尺寸：345 mm × 308 mm

注释：上海振豫公司建筑劝业商场筹集资本英洋14万元，分作1400股，每股100元。票面印有主任孙銎卿、孙銎辅，董事张逸槎、钱庠元、赵芹波、金尔臧、俞才元、刘鸿钦、俞致祥、贾荣璋、张俊卿、程步云、范回春11人。

汉口新市场有限公司股票

新中国成立前,汉口新市场与天津劝业场、上海大世界并称为三大娱乐场,是一个娱乐、商业兼备的综合性游乐场所。它地处汉口中山大道贤乐巷口,于1917年开始筹建,1919年5月29日正式开张营业。初创时期的新市场实行公司董事会领导下的经理负责制,由周星棠(汉口总商会会长)首任董事长,陈云裳(华商总会)首任总经理。

汉口新市场是一座集游览、观光、娱乐和购物于一体的大型娱乐场所。最初由汉口稽查处处长刘有才(又名刘贵苟)发起,在湖北督军王占元、汉口镇守使杜锡均等人支持下,从军商界募集股金40余万元,组成汉口新市场协利股份有限公司和协兴房产公司,1917年开工兴建,1919年5月1日竣工营业。它占地12187平方米,主楼部分为文艺复兴式建筑,中部的七层塔楼,层层缩小向上,上覆穹顶。两侧四层,柱式—拱窗结构,里面设置有三个剧场、两个书场、中西餐厅、商场、溜冰场等。

1926年,北伐军攻克武汉,武汉国民政府将新市场作为"逆产"没收,改名为中央人民俱乐部,由血花剧社负责人李龙之任主任,故又名"血花世界",成为重要的群众集会场所。刘少奇、周恩来、李立三、瞿秋白、董必武、向忠发、宋庆龄、邓演达、何香凝、郭沫若等都曾在此活动。1946年,全园有各种剧座4500席,为武汉最大的文化娱乐场所。新中国成立后,园内建筑多次维修。1981年,原大舞台和新舞台拆建成现代建筑,分别为江夏剧院、群众剧院。

周星棠(1876—1942)字以灿,原籍绍兴,生于汉口。他幼年家贫,弃学经商,曾在汉口先后经营晋安、阜通钱庄、公兴存转运公司、盈丰玉米厂等。他曾任汉口第一纺织公司董事长、汉口商业银行总经理、中央财政部顾问、汉口总商会会长等,声名显赫。

名称:汉口新市场有限公司股票
股数:伍股
发行年份:民国八年(1919年)
尺寸:230 mm × 327 mm
注释:汉口新市场,曾改称血花世界、人民俱乐部、民众乐园、新记与明记新市场等。抗日战争胜利后,定为武汉民众乐园。该股票为无记名股票,票面上方印有该市场建筑图片,气势恢宏、豪华壮观。该公司章程明确规定公司股票之转让或抵押以中国人为限,非中国人持有公司股票不能享受利益。此款股票属我国老股票之罕见品。

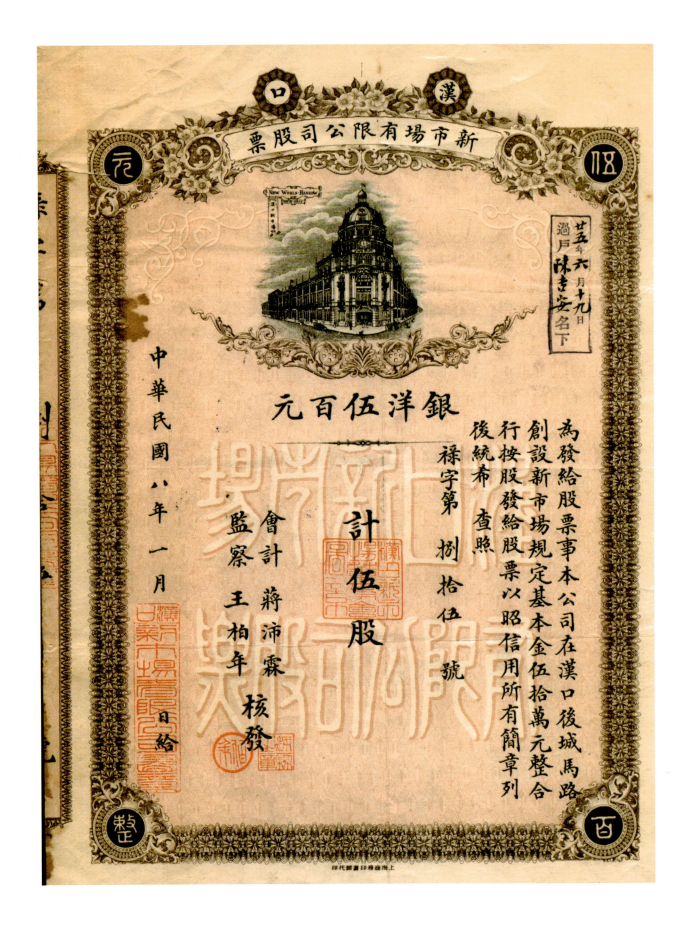

法商赛跑会股份有限公司股票

大多数现代上海人熟悉的文化广场的前身是逸园跑狗场，场址在亚尔培路（今陕西南路）227号。逸园跑狗场所在地原先是英国商人马立斯的私人花园，上海人称它为"马立斯花园"。1928年10月，一个名叫邵禄的法国商人，出资150万元买下了马立斯花园，将其改建成富丽堂皇的逸园跑狗场，号称"远东第一大赌场"。1929年，赌场改组为"法商赛跑会股份有限公司"，由司比门任董事长兼总经理。

旧上海曾经有过三家跑狗场，即逸园、申园和明园。最早一家跑狗场是明园，于1928年5月26日开张，设在虹口华德路（今长阳路），占地35亩，董事长是英商麦边洋行的经理麦边。随后诞生的是上海赛狗总会的申园跑狗场，于1928年7月31日开张，场址在胶州路上，占地约40亩，经营者是英国人伊文思。最晚的则是法商赛狗会的逸园了，它是上海规模最大、存在时间最长的跑狗场。

逸园跑狗场的设施相当齐全，除跑狗场外，还设有为赌客服务的旅馆、舞厅、露天电影院，另有足球场（当年上海的重要足球赛几乎都在逸园举办）、拳击场、摔跤场、弹子房、乒乓房等。逸园跑狗场筑有围墙，场中央为绿绒般的草地，内铺专供电兔前行的圆形轨道，场南装有操纵电兔的控制台，旁边有赛狗洗澡的露天浴池和狗舍。逸园跑狗场的门票按照座位层次，分别收取银币6角、4角、2角，后来因为跑狗场生意越来越好，票价涨至银币1元。

赛狗正式开始时，几条狗一起出场，身穿红、白狗衣，背披布号牌，先绕场空兜一圈。过一会儿，工作人员在控制台上按动电钮，霎时红色信号灯闪动，电兔即循轨迅"逃"，身细腿长的英国赛狗便尾随其后紧追不舍。若有狗率先到达，电兔控制台的电铃就会响起，押赌此狗者即中彩。当时的赌资少则三五元，数十元，多则成百上千元，更为惊人的是，有些阔佬竟以整个厂子、整个店家押赌。逸园跑狗场的英文名称是Cunidone，它的中文谐音是"看你穷"。的确，众多的赌客进入跑狗场基本上是十赌九穷，因参与跑狗赌博而输得倾家荡产的大有人在。而对跑狗场老板而言则是稳赚不赔，仅在1938年，逸园跑狗场的账面利润就达到360万银元之巨。

名称:法商赛跑会股份有限公司股票及代价券

股数:壹佰股

发行年份:1940年

尺寸:335 mm × 256 mm

注释:这张逸园跑狗场股票的四角有中文"法商逸园"字样。逸园跑狗场股票的设计风格简洁明快,画面中有三条狂奔的赛狗,形象地再现了跑狗场的热闹场景。

当时上海的明园、申园和逸园三家跑狗场都发行了股票,明园发行了50万元,分为发起人股和普通股,每股10元;申园发行了60万元,都是普通股,每股也是10元;而逸园股票发行了200万元,每股100元。随着跑狗场生意的日益兴旺,他们的股票价格也一路飞涨。明园10元一股的发起人股,一度涨至110元,普通股涨至30元;申园的10元股票涨至25元;逸园的100元股票也涨至270元。到目前为止,仅发现了逸园跑狗场实物股票。另附两张逸园跑狗场门票。

广东福利赛马股份有限公司股票

有资料显示,广州的现代赛马活动始于1921年广州建市这一年。1921年,广州自建市后就开始筹建赛马场。当时拟定的赛马宗旨为:发展社会体育事业和提倡尚武精神,办好社会慈善事业;以赛马作为集资渠道,弥补地方财政的匮乏。当时拟开辟大沙头为赛马场地址,但最后因为日本人暗中插手而中途停了下来。1928年11月,市政府通过媒介向社会招承赛马场,颁布招承简章11条,对土地购置、租用、道路建设、马场用途、收益分成等都做了详尽规定。1929年5月15日14时,在市财政局进行公开招标承建赛马场,结果由协成公司和同利公司中标承建,工程造价为50万元。

1930年5月,经广州第18次行政会议决议,最后确定承办赛马场简章15条,包括马场承办商每年向市政府缴纳地租6000元;每次赛马投注总额的80%用于派彩,10%缴纳市政府,10%留归承办商;承办公司不得吸收外国人入股;承办期为20年等。1931年4月5日,呈椭圆形的赛马场在石牌大坳头竣工。该赛马场建筑面积1885.7平方米,周长1.61千米,建有围栏、跑马道、停车场、售票房、马棚、看台等,看台可容纳4000人。赛马场于当日举行了广州有史以来最正规的赛马活动,共有30多匹马参加比赛,有数万人在场内外观看,每赛完一场都有乐队奏乐,广东省政府主席陈铭枢、军界陈济棠等及外国驻粤领事等到场观看了比赛。1933年至1934年又相继举行过三次赛马,后由于政局动荡而停办。

名称:广东福利赛马股份有限公司股票
股数:拾股
发行年份:民国十一年(1922年)
尺寸:368 mm × 225 mm
注释:本张股票所印广东福利赛马股份有限公司理事长为陈曾奇。股票附带完整息票和2枚印花税票,有水印。

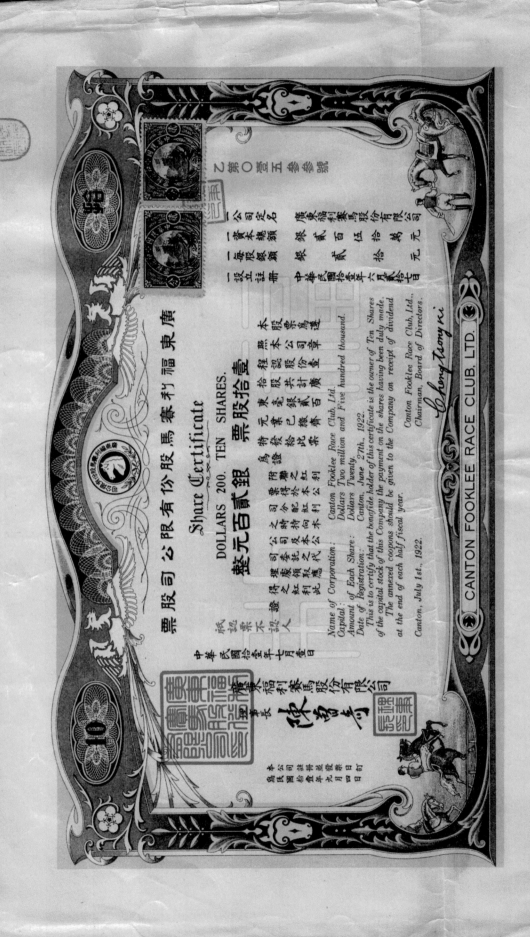

国民游艺股份有限公司股票

游艺会是最早出现在晚清时期的上海,并逐渐在全国得到发展的一种娱乐形式。由于上海是我国第一批通商口岸,再加上其特殊的地理位置,所以游艺公司最早在上海立足且得到迅速的发展。这种娱乐形式不仅具有娱乐性还兼具慈善公益性。游艺公司具有社会性、大众化的特点,随着商业的快速发展,人们对娱乐休闲活动有了更多需求。

国民游艺股份有限公司的前身为五福游艺有限公司,创始人是吴茂葆,创办日期和公司具体资料不详。吴茂葆除担任国民游艺股份有限公司董事兼经理外,还是金门大戏院(儿童艺术剧场前身)、东海大戏院(东海电影院)的发起创办人和首任经理。下面介绍一下国民游艺股份有限公司董事程树仁。

程树仁,(1895—1974),福建福州人,民国影坛第一代"专业海归"。其妻陈定秀乃"五四"运动的"四公子"之一。

1919年,程树仁从清华大学毕业,同年赴美留学,是我国最早留洋攻读电影专业的留学生之一。他从哥伦比亚大学电影科毕业后,入纽约电影专科学校深造,获得电影摄影师执照。1923年,跟随周自齐回国创办孔雀电影公司,担任译制工作,并负责出版电影刊物《孔雀特刊》。1922—1926年,陈寿荫、程树仁、潘毅华、顾肯夫四人共翻译了28部影片,其中程树仁一人就单独翻译了21部。1927年孔雀电影公司出品了两部由程树仁导演的影片《孔雀东南飞》《红楼梦》,1928年2月17日《红楼梦》在上海公映,这是我国电影史上第一次把曹雪芹的这部古典名著搬上银幕。

20世纪20年代末,程树仁、吴茂保等人发起创立国民游艺股份有限公司,该公司建造的东海大戏院于1929年2月1日开幕,首映卓别林主演的影片《马戏》,院址在今海门路144号,上海解放后改名为东海电影院。1921年,程树仁在新闸路701号创办西海大戏院,设有座位1687席,1956年公私合营后改名西海电影院。2010年初,为配合地铁13号线站台建设,这个屹立于新闸路、慈溪路口整整78年的电影院永远地消失了。

1923—1935年,程树仁活跃于上海影坛,相较于他的一生,他的电影生涯相对短暂,但是他从影的领域涉及译片、制片、编导、影院经营等多个方面且影响深远,在我国电影史上占有一席之地。

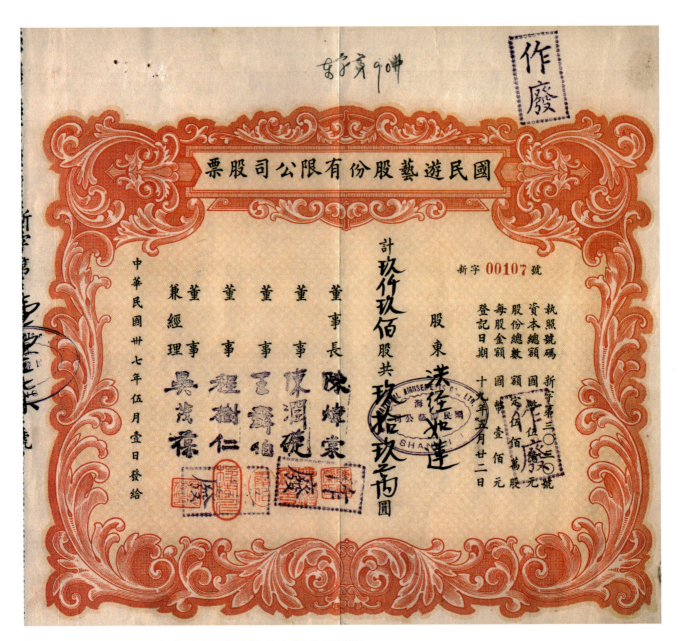

名称：国民游艺股份有限公司股票

股数：玖仟玖佰股

发行年份：民国三十七年（1948年）

尺寸：258 mm × 252 mm

注释：国民游艺股份有限公司资本总额国币5亿元，股份总数500万股，每股国币100元。本张股票票面印有董事长陈炜棠、董事程树仁、董事兼经理吴茂葆。该股票属老上海特色游艺类股票。

上海共发公司股票

近100年前,一个声名显赫的大型游乐场——"大世界",在上海十里洋场横空出世。长期以来,"大世界"一直是我国游乐界的巨擘,游览"大世界"被视为一种享受和时尚。"不到大世界,枉来大上海",曾经是许多外地人的一句口头禅。

黄楚九在开办"大世界"之前,已经在新新舞台顶上建了一个屋顶花园,取名"楼外楼"。1915年他又在南京西路、西藏中路转角处建了一个更大的游乐场,名字叫"新世界"。后来"新世界"大股东经润三病故后,黄楚九撤走了自己的股份,退出"新世界",决意要办一个更大的游乐场——"大世界"。正巧在这时,法租界的领事韦礼德来找黄楚九,希望黄楚九能把"大世界"建在法租界,而且还承诺在税收等方面给予优惠,于是黄楚九和韦礼德一拍即合。1917年7月17日,在今延安东路、西藏中路口建成的当时亚洲最大的娱乐中心"大世界"正式对外营业。它以"大""全""新奇"制胜,加上票价不贵,上海市民趋之若鹜,场内每天人山人海。"大世界"一度成为上海乃至全国最有特色的游乐场。

到了1927年,"大世界"开业已经10年,黄楚九开始对"大世界"进行改造重建。重建后的"大世界"占地14700平方米,呈L型,由三幢四层平顶楼房联成扇形分布,中央12根圆柱支撑敞开式塔楼,高55.3米。正门入口为六角形大厅,中央广场由周围建筑环绕构成露天剧场,天桥蜿蜒连接形似空中走廊。重建后的"大世界"演出内容更丰富多彩,有各类戏剧、曲艺、杂技等60余个项目。

正当黄楚九踌躇满志之时,一场全球性的经济危机袭来,上海百业萧条,黄楚九的产业也未能幸免。青帮大亨黄金荣对"大世界"觊觎已久,唆使门徒四处散布谣言,使黄楚九的日夜银行遭到挤兑。又适逢黄楚九长子黄钟甫猝死,黄楚九心力交瘁,先天性心脏病发作,于1931年1月19日撒手人寰。黄楚九去世后不久,"大世界"被黄金荣占有,改名为"上海荣记大世界"。1954年7月2日,上海市政府文化局接管了上海荣记大世界,改名为"上海市工人文化宫",1987年恢复"大世界"原名。

黄楚九(1872—1931),名承乾,号磋玖,浙江余姚人。上海实业界著名人物,我国西药业、娱乐业先驱。

黄楚九一生创业横跨诸多领域,时人称他为"百家经理"。黄楚九于1912年创办新新舞台,1913年创建"楼外楼"屋顶花园。同时又合资成立新业公司,租地建造"新世界"游乐场(今南京西路、西藏中路口)。"新世界"拆股后,又于1917年集资创办当时我国最大的"大世界"游乐场,1918年独资创办中华电影公司,1919年开办日夜银行,1920年合伙开办上海日夜物券交易所等。此外,黄楚九还投资过三星地产公司、福昌烟公司、九星烟公司、温泉浴室、浴德池、萝春阁茶馆、黄隆泰茶叶店、九福堂笺扇庄、九福南货店、麦司凯糖果店等大小工商企业100多家,建立了拥有中法大药房、中西大药房、中华制药公司、罗威公司、九福制药公司、九芝堂国药店等21个医药企业的医药帝国"黄氏医药托拉斯",涉足领域之广,几乎无人能与之匹敌。

黄楚九功成名就之后,一直热心社会公益事业。1919年河南发大水,黄楚九就曾派专人携款前往赈灾。他又把自己居住的龙门路旧宅捐献出来,在下层开设眼科医院,免费为劳苦大众看病施药,上层则作为新药业公会的办公用地。

1931年1月19日下午4时10分,这位上海著名实业家,民族西药业、现代娱乐业先驱黄楚九撒手人寰,终年59岁。他的一生正像一幅挽联所写的:"楚楚大志,十年雄心争天下;九九归原,一双空手赴黄泉。"

名称: 上海共发公司股票*

股数: 拾贰股

发行年份: 民国十六年(1927年)

尺寸: 275 mm × 208 mm

注释: 上海共发公司股票是在合并了日夜银行、大世界游乐场、福昌烟公司、温泉浴室和中西大药房这五家公司后换发的新股票。公司由黄楚九(号磋玖)任董事长兼总理,袁履登(上海宁绍轮船公司总经理)任董事。

这张股票四周以枝繁叶茂的缠枝为图案,朵朵花儿竞相开放,象征着公司的事业兴旺发达;股票上部椭圆形内的红色变体"共发"两字,表达了黄楚九一生期盼发达、发财的强烈愿望;股票为多色印刷,精美漂亮,给人以强烈的视觉冲击力。这张股票是研究黄楚九创办大世界游乐场等娱乐业的珍贵史料之一。

---

* 吴非先生收藏。

崇明观海楼俱乐部股份有限公司息折

东滩湿地公园,位于崇明岛的最东端,紧靠长江入海口。观海楼是崇明东滩湿地公园景区里的一个制高点。在20世纪40年代的崇明报刊上,曾提及崇明观海楼俱乐部董事会呈文行政院赔偿委员会,请求赔偿日寇损坏的观海楼,价值68357银元,折合金圆券136714元。

杜少如(1886—1944),又名杜廷珍,上海崇明南堡镇人,爱国实业家。他曾先后与上海营造商姚锡舟合作,集资64万银元,并于1919年创建大通纱厂,杜少如任协理。1922年,杜少如与施丹甫等人筹资近20万元创办永裕轮船公司。1924年他与施丹甫筹建东明电气股份有限公司。1930年,杜少如在堡镇合资创办当地第一个新型的金融机构——大同商业银行。1932年,其与地方名绅王清穆合作集资50万银元创建富安纱厂。杜少如一生创业甚多,还先后在沪、崇创办大中棉织厂、沙市纱厂、黎明印织厂、大东薄荷厂等。他热心地方公益事业,曾积极支持施丹甫等筹资创办私立民本中学及第三医院;与王清穆、施丹甫、龚允文等筹款创立堡市保圩会,还集资装电话,捐银修筑南北堡镇公路桥梁。崇明沦陷后,杜少如拒绝与日本侵略者合作,迁居上海。1944年5月,杜少如去世。

名称:崇明观海楼俱乐部股份有限公司息折
股数:壹股
发行年份:民国十年(1921年)
尺寸:276 mm × 205 mm
注释:崇明观海楼俱乐部股份有限公司股票尚未被发现。

崇明觀海樓俱樂部股份有限公司憑摺

崇明觀海樓俱樂部股份有限公司 為給息摺事今據

趙少卿 君附到平壹玖玖號止 計壹股本洋貳拾元結帳

凡憑摺經照數收訖後填給股票外合給息摺一扇每年終

應得信利餘利准於 月初一日憑摺照付須至息摺者

息摺第壹貳貳號 股份總號自第壹玖玖號止給

中華民國十年十二月三十日給 總理施鈞峯

第壹屆	利息		利餘		穀息	年 月
第貳屆	利息		利餘			
第叁屆	利息		利餘			
第肆屆	利息		利餘			
第伍屆	利息		利餘			
第陸屆	利息		利餘			

上海远东公共运动场股份有限公司股票

上海是我国赛马的发源地。赛马场,上海话又称"跑马场""跑马厅"。说起老上海的跑马场,如今老一辈的人还略知一二,但年轻人都没有印象了,更不清楚上海有几个跑马场了。从繁荣到萧条再到消失,跑马场早已成为人们心中的烙印,伴随着太多的心酸和无奈。

早在1850年(清道光三十年),在华英资洋行的大班霍格、吉勃、兰雷、派金、韦勃五人在上海成立了"跑马总会"。19世纪五六十年代,跑马总会在上海先后建成了三个跑马场:1850年建成第一跑马场(俗称"老公园"),占地81亩,在今南京东路、河南中路交界处;1854年建成第二跑马场(俗称"新公园"),占地170亩,位于今西藏中路、浙江中路、湖北路构成的圆弧中;1861年建成号称"远东第一"的第三跑马场,就在今天人民广场、人民公园的范围内,占地430亩。跑马总会的收入除门票以外,主要靠赛马时的博彩抽成。1909年以后,跑马总会为了追求更大的利润,采用了赛马之前发行彩票的方式。

20世纪初,华人也分别在华界建过两个跑马场。由江南富贾叶贻铨投资建造的第四跑马场,即"江湾跑马场"又称"万国体育会",在今武东路、武川路一带,占地1200亩。第五跑马场,也就是"远东跑马场"(又称"引翔跑马场"),是由号称"钻石大王"的范回春筹资建造的,占地约800亩,在今佳木斯路、翔殷路一带。

远东公共运动场(即远东跑马场)于1926年1月31日落成,由嘉定银行总经理范回春集股100万元发起筹建。该运动场的发起人虽是范回春,但实际上的具体策划人是流氓头子张啸林。当时张啸林以"实业救国"为名,联络范回春、黄楚九等人创立"远东公共运动场股份公司",经营远东跑马场的赛马博彩业务,那架势似乎想与位于租界内的跑马厅分庭抗礼,分得一杯羹。

在旧上海,赛马与博彩是息息相关的。早在1872年的《申报》创刊号上,就有赛马博彩的消息。到了1875年,赛马彩票开始正式发售。跑马厅一张10元的香槟票,头奖最高可达224000元。1925年至1939年间的15年,跑马厅门票收入达到了80余万元,马票收入更是惊人。1920年至1939年间收入总额达到了1.4亿元。1943年8月,远东公共运动场股份有限公司改组为"远东产业股份有限公司"。

张啸林(1877—1940),浙江慈溪人,原名张小林,旧上海青帮头目,与黄金荣、杜月笙并称"上海三大亨"。

张啸林早年游手好闲,打架斗殴,与流氓为伍,为杭州地痞。后结识上海的季云卿,随季云卿来到上海,拜上海青帮大字辈樊瑾丞为"老头子"。1920年,与黄金荣、杜月笙合股开设三鑫公司,贩卖鸦片,横行霸道,无恶不作,人称"三色大亨"。1927年"四·一二"反革命政变时,指使流氓打手冒充工人,袭击工人纠察队,大肆屠杀共产党人和革命群众。

1937年,日军发动"八·一三"事变,攻陷上海,张啸林公开投敌,沦为汉奸,大肆镇压抗日救亡活动,为侵华日军收购粮食、棉花、煤炭、药品等战略物资,趁机大发国难财,并筹建伪浙江省政府,拟出任伪省长。蒋介石指示军统局长戴笠对张啸林执行制裁。1940年8月14日,张啸林被贴身保镖林怀部击毙于上海华格臬路(今宁海西路)张公馆。

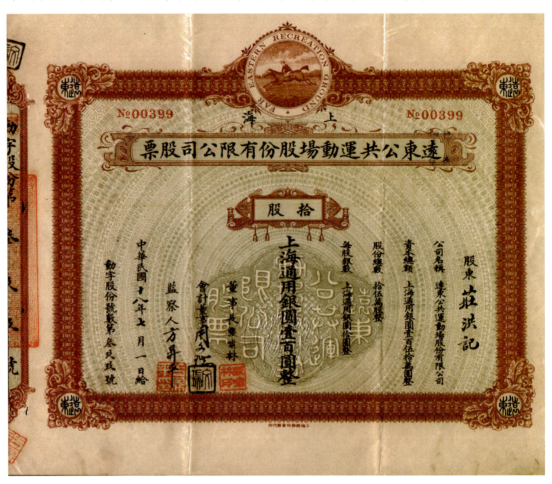

名称:上海远东公共运动场股份有限公司股票

股数:拾股

发行年份:民国十八年(1929年)

尺寸:295 mm × 265 mm

注释:这张股票上所印的董事长就是张啸林。据笔者所知,印有董事长张啸林名字的老股票,这还是首次发现。

这张股票的票面设计很有特色:票面底部中心像是一个体育场,里面印有"远东公共运动场股份有限公司股票"的篆体大字,以这个场地中心为圆点,形如水波状不断向四周扩散延伸,且每圈波纹由密密麻麻的"远东公共运动场"小字排列组成,这既是巧妙的防伪设计,又使人产生无尽的联想。票面上方的票头是一个圆形图案,圆内是一位骑士跃马扬鞭驰骋赛场的画面,票面的四角都以"远东"篆体字镶嵌,为这张珍罕的跑马场股票锦上添花。

科学仪器馆股份公司股款收据

　　1901年,由宁波镇海人虞辉祖、钟观光、虞和钦等人发起创办的科学仪器馆在上海五马路(今广东路)宝善街开张营业,这是第一家中国人自办的科学仪器馆。该科学仪器馆的设立,对当时科学仪器的介绍、应用和制作起到了开拓作用,对我国近代科技事业和教育事业的发展作出了重要贡献。

　　科学仪器馆初期主要销售从日本进口的科学仪器和药品。1901年9月14日,清政府下兴学诏,决定废科举办学校,各地书院都要改设大学堂、中学堂和小学堂,不少学堂均要开设理科,需要采购大批量的科学仪器和标本模型。因此科学仪器馆设立了标本和模型两个制作所,自制理化、绘画仪器、动植物标本和实验教学模具,主要提供给北京、天津、上海、南京、沈阳、汉口等地一些高等学府做教学、实验用。1903年3月29日,科学仪器馆创办《科学世界》杂志,由虞和钦主编,它是我国最早的综合性自然科学刊物之一。科学仪器馆还设有书籍部,主要发售该馆自己编译的理科教学参考图籍。1906年、1907年,科学仪器馆分别在沈阳和桂林设立理科讲习所,传播普及自然科学知识;又在沈阳、汉口设立分馆,有力地推动了各地新式学校与近代科学的发展。

　　科学仪器馆停办后,虞辉祖、钟观光、虞和钦各奔东西,经历了不同的人生历程,但都没忘记"科学救国""教育救国"的人生目标。虞辉祖于1913年回镇海任县议会议员,后遍历各地名胜,寄情于名山大川,还与族人等创办虞氏小学堂,晚年曾应邀担任总统府咨议官。钟观光则长期从事植物学研究,成为中国近代植物学开拓者,并享誉国际植物学界。虞和钦的经历最富传奇色彩,因最早向国人介绍化学元素周期被认为是近代化学史上值得纪念的学者之一。他曾留学日本东京帝国大学,回国后先后担任民国政府教育部编审员、山西省教育厅长、热河教育厅长、绥远实业厅长、京兆教育厅长等职。晚年,虞和钦在上海创办开成造酸公司、开明电灯泡厂和葡萄糖厂。

　　周荆庭(1900—1966),原名井亭,浙江奉化人,著名文具商,被誉为"钢笔大王"。

　　1916年,16岁的周荆庭到上海邬文记文具店当学徒,并协助泰生洋行推销糖精。次年自设"志成"字号,推销文具和糖精。当时用钢笔(自来水笔)代替毛笔写字的人日益增多,而自来水笔市场均被美、日等国垄断,周荆庭便决心建立我国自己的自来水笔厂。为掌握制造制笔技术与购置器材设备,周荆庭赴日本考察后,于1927年在上海与沈百年、竺芝珊(蒋介石妹夫)等创设中国合群自来水笔公司,任经理。1931年10月,又出资15000元,与人合股创办华孚金笔厂(英雄金笔厂前身),厂址为上海华德路宏源里38号(现长阳路640弄38号),周荆庭任经理,主要生产"新民""华孚"两种牌子金笔。在1933年、1935年提倡国货抵制洋货运动中,华孚金笔获特等产品奖。此后周荆庭又兼任起上海科学仪器馆总经理。1937年1月,周荆庭将华孚金笔厂改组为股份有限公司,资本增至20万元,仍任总经理。到20世纪30年代末,华孚金笔跻身上海四大名笔行列(其余三大名笔为金星、博士、关勒铭)。

抗战爆发后，华孚金笔厂部分厂房被毁，华孚金笔厂利用抢救出来的机器、原材料，租赁了科学仪器馆三楼恢复生产。抗日战争胜利后，华孚金笔厂标购敌产三乐自来水笔厂，并引进了美国整套先进设备，使华孚厂的金笔产量达到历史最高。

1952年1月1日，公私合营华孚金笔厂股份有限公司正式挂牌，周荆庭任技术副厂长。抗美援朝期间，周荆庭积极捐献和购买公债。1966年8月25日，周荆庭在上海去世，终年66岁。同年10月，华孚金笔厂易名英雄金笔厂。

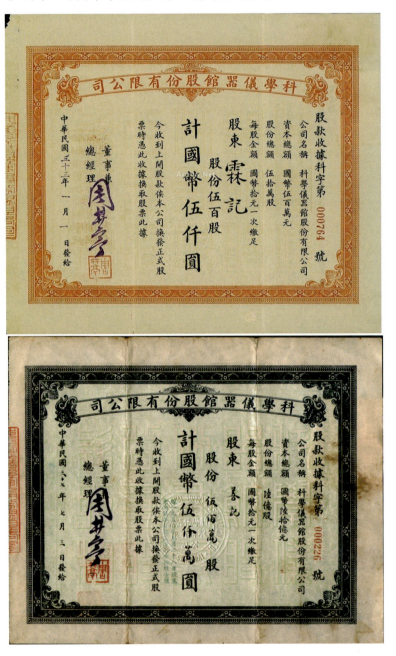

名称：科学仪器馆股份有限公司股款收据

股数：伍佰万、伍佰万股

发行年份：民国三十三年（1944年）、民国三十七年（1948年）

尺寸：218 mm × 179 mm

注释：这两张股款收据上的董事兼总经理都是周井亭。

上海万国体育会股票

万国体育会是我国近代史上早期在上海成立的民间体育组织之一，亦称上海运动事业基金会，于1860年由四位在华外侨——安妥巴士、摩尔、希尔德和邓脱发起成立。

清朝末期，上海巨富叶澄衷之子叶贻铨不甘心在上海跑马厅看赛马时受到洋人的奚落，于是在1908年招集华股创办了上海江湾跑马场，与洋人一争高低。1910年，上海万国体育会入股江湾跑马场并成为该跑马场最大股东，从此江湾跑马场便对外号称"万国体育场"。

在20世纪二三十年代，万国体育会以经营江湾跑马场为主要收入来源。1936年，万国体育会的债务担保人上海跑马总会，收购了万国体育会5/8的股票，成为万国体育会最大股东。坐落在南京西路325号的上海跑马总会，于1850年由外国侨民霍格等五人在上海建立。

1937年抗战全面爆发，江湾跑马场遭到日军破坏，由于无法举行赛马活动，万国体育会唯一的财源被切断，于是将江湾跑马场以76万美元卖给了日本株式会社。1938年5月，万国体育会召开股东大会，决定将所有财产全部转让给上海跑马总会。至此，我国近代史上较早成立的民间体育基金组织——上海万国体育会，就这样悄无声息地退出了历史舞台。

名称：万国体育会股票(两张)及彩票

股数：伍拾股、伍股

发行年份：民国十九年(1930年)、民国十七年(1928年)

尺寸：357 mm × 273 mm

注释：这两张万国体育会股票的股东都是唐宝书(邮政储金汇业局局长、民国首任内阁总理唐绍仪之侄)。董事胡筠籁为日本三菱银行、比利时华比银行买办，胡氏四兄弟都长期从事外国金融资本在华业务。胡筠籁公馆位于上海极司斐尔路(今万航渡路)686—694号，由五座并列的独立式住宅组成，内有大花园、露天游泳池、网球场等。

万国体育会股票纸张厚实，设计十分精美漂亮，有多种面值，票头为万国体育场图案，实为体育运动场股票之珍罕品。附上海万国体育会万国大香宾及彩票。

汉口万国体育会股票

　　1924年,出于对英国人的抗议和对华商的支援,武汉商界王植夫、吴春生、孙惠卿等人联络中西商界,发起创立万国体育运动会,通称万国跑马场,此乃汉口建立的最后一个跑马场。跑马场设在邬家墩湖淌(今唐家墩、姑嫂树一带),其规模及范围较之"西商""华商"都小。

　　因万国跑马场由中外绅商合资兴建,故对欲加入会员的人的国籍无严格限制,有别于西商跑马场对华人的歧视以及华商跑马场只对华人开放的限制。该跑马场建成后,三个马场同时开赛。这个时期成为了赛马最疯狂的时期,也是汉口跑马业的黄金时期。尽管华商、万国跑马场在其宗旨里都标榜,自身发展赛马是为了强身健体、振奋精神,然而跑马却已经逐渐偏离了最初建立时娱乐的轨道,而与赌博相挂钩。

　　汉口沦陷期间,由于战乱,西商跑马场和华商跑马场均无赛事,只有万国跑马场还举行赛马,赛事为中日合办,马场为日本人所利用,当时日本人委任汉口市教育局局长高伯勋为万国跑马场的会长。抗战结束后,跑马场也随之解体,结束了始于1905年西商跑马场的长达40多年的赛马赌博历史。

名称:汉口万国体育会股票
股数:拾伍股
发行年份:民国二十年(1931年)
尺寸:297 mm × 297 mm
注释:汉口万国体育会股票,即汉口万国跑马场股票,普通基金15股(每股银洋25元),票上所印董事长毕格亚乃汉口法国领事、法租界工部局董事。此股票为第9号,属珍罕品。

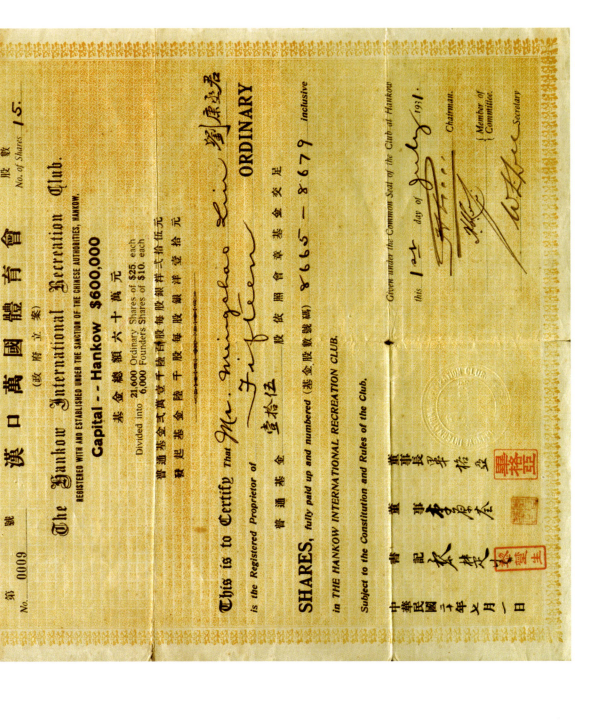

天津意商运动场股票

天津意商运动场,即回力球场,坐落于天津意租界马可波罗路(今河北区民族路47号),兴建于1933年至1934年间,曾是天津最大的赌场。1931年,意大利驻华公使齐亚诺(此人系墨索里尼的女婿,曾担任意大利外交部长)来到天津,他借鉴回力球在上海推广的成功经验,在意租界意国花园划出4000平方米土地,筹集股本100万元,开设了回力球场,以增加租界当局的经济收入。1933年,天津回力球场建成后,正式定名为"天津意商运动场",以股份有限公司的形式在驻上海意大利领事馆进行登记,注册期限为10年。

回力球场大楼为钢混结构,包括主楼和塔楼两部分。主楼为四层,外延上方有姿态各异的回力球运动员浮雕,窗台下是球赛运动题材的浮雕;正门被设计成三组两开大型玻璃门,铜质拉手闪闪发光;门外的玄关和门内大厅天花板上,许多方格镜灯组成了灯群;塔楼高36米,四角有四组欧式造型雕塑。作为建筑功能主体的回力球赛场,大厅宽15.6米、长53.9米,一侧是观众看台,二、三层设有包厢,另外三面是击球墙壁,与看台之间有铜网相隔,观众隔着铜网观看比赛。除了回力球场,楼里还有意式西餐厅、酒吧、舞厅、健身房,四层楼顶上有屋顶花园。这座球场落成后,立即成为了当时天津租界最热闹的交际娱乐会所。

1942年,瑞士籍犹太商人李亚溥接管回力球场,改名为"海莱运动场",仍然是做设赌抽头的生意,抗日战争胜利后停业。天津解放后,回力球场收归国有,原回力球场的设施拆除后被改建成文化宫大剧场,成为全国第一家工人文化宫。目前,整修后取名"马可波罗国际俱乐部",以崭新的姿态迎接来自各地的朋友。

名称: 天津意商运动场股票
股数: 拾股、伍股
发行年份: 1934年、1936年
尺寸: 300 mm × 235 mm
注释: 回力球,原本是西班牙北部山区的一种游戏,西班牙语意为"快乐的节日",后来传到美洲和东南亚,逐渐演化成一项兼有竞猜性质的比赛。

中华运动场股份有限公司股款收据

原来的上海卢湾区体育馆,早年是回力球场,但并不是体育运动的场所,实际上是旧上海一个大赌窟,它的正式名称为"中央运动场",英文名为Auditorium,但上海人一般称它"回力球场"。1929年,由步维贤、逊百克、陆锡侯、朱博泉等人共同发起创设,地点在亚尔培路、霞飞路(今陕西南路、淮海中路)东南,于1930年2月7日开幕。

回力球是一种以直径5.08厘米的橡胶作球心、外面包有羊皮的硬球。此项运动起源于西班牙,1930年传入我国。回力球场东、南、北三面是墙,西面为看台。为了防止回力球飞出伤及观众,看台边缘装有铁丝网。据统计,场地宽约18米、长约90米,球员20余名,均从海外聘来,大多是西班牙、墨西哥和古巴的职业球员。比赛分为单打、双打和红蓝大赛。赌博的名称有独赢、位置、双独赢、赢连位、香槟票(摇彩票)等种类。赌客赌注下在不同球员的输赢上。一盘比赛结束后,赌客可立刻知道结果。赌券在每盘开赛前几十分钟内发售,分2元、10元两种。场方抽头11%,香槟票抽20%。其中30%付给上海法租界福利事业基金会,40%归中央运动场,30%作为球场开支。场方可获得极大收益,每日佣金至少四五千元。因此,陆续增设华丽的餐厅、精致的酒吧间,并在场内加装冷、热风设施。

回力球场除进行赌博外,1937年起还举办拳击赛,为上海最早的拳击赛场。1934年建成新房子,其中球场看台可以容纳观众2500人,看台座位全部是弹簧皮面的靠背椅。"八·一三"事变后,回力球场曾一度停业,进行内部和门面改装后又复业。1944年起,改名为"中华运动场",后为汪伪政府唐海安霸占,成立中华运动场股份有限公司。1946年3月,由国民党政府体育督学王复旦、王微君和武逸民接管,改名为"上海市立体育馆"。上海解放后,由人民政府接管,将其改名为"上海市体育馆"。1975年,改为"上海市卢湾体育馆"。为配合地铁1号线工程和淮海中路商业布局改造,1992年2月被拆迁。

名称： 中华运动场股份有限公司股款收据

股数： 伍佰股

发行年份： 民国三十三年（1944年）

尺寸： 147 mm × 273 mm

注释： 该票为股款收据，目前尚未发现正式股票。本张股票上印的中华运动场股份有限公司的董事长为唐肇凯、总经理陆锡侯（曾任中国兴业银行董事长）。

上海古玩书画金石珠玉市场股票

上海文物商店始建于清末光绪年间,原名"中国古物商场",是一家历史悠久、专营文物艺术珍品的百年老店,堪称远东第一古玩商场。

中国古物商场的前身是一家怡园茶社(广东路299弄3号)。1921年,因怡园茶社楼房不敷应用,由上海清真董事会会长马长生、王汉良等人发起,募集资金建两层楼的中国古物商场,地址在江西中路67号,总面积达500余平方米,俗称"老市场"。市场内有门店和地摊两种形式,其中店铺有70家左右,规模比较大的有钟永林、沈铭卿、刘锡祥、马纪鸿开办的店铺,另有锦瑞记(王汉良)、艾少记、鲍新记、锦祥记、屠张记等。这是上海第一家室内古玩交易市场。

中国古物商场是以认购股份、发行股票的形式募集资金的。据1923年《上海古玩书画金石珠玉市场征信录》记载:市场刚开办时有381户入股,每股小洋3角,共集资17020股,合计大洋5106元。1922年8月,中国古物商场正式开张营业,总经理为王汉良,经营者中回族业主占50%以上。1930年发行"上海古玩书画金石珠玉市场股份有限公司股票"。为保障同业人的权益,由王汉良等人发起,于1923年成立"上海市古玩业公会",经英、法租界当局注册备案,1930年更名"上海特别市古玩同业公会",会员多达数百人,为上海古玩行业发展的鼎盛时期。

1958年4月,上海古玩系统完成全行业公私合营,专营与兼营古玩业务的单位紧缩为古玩市场、国营旧货商店、荣宝斋、古籍书店等九家。由前上海古物商场和中国古玩市场为主体的上海市古玩市场是其中规模最大的一家。"文化大革命"期间停业,直至1978年10月恢复对外营业,改名"上海文物商店"。

王汉良(?—1952),"锦瑞记"经纪人,著名古玩商,国民党上海特别党部执行委员兼商人部长。

王汉良乃孙中山同盟会会员王汉强之弟,当过江湾育青中学校长。在担任上海古玩市场总经理期间,适逢爆发"四·一二"政变,因王汉良倾向中共方面,虽身为国民党党员,但仍遭淞沪警备司令李宝章逮捕,后来中共人士设法将他营救出狱。

王汉良是上海古玩行业唯一的一名国民党员,在上海解放后没有受到影响。1950年,他依然被聘为上海市古玩同业公会筹备委员会主任,直到1952年9月去世为止。

董健吾与"松柏斋"古玩店

1931年6月之前,负责中共中央政治保卫工作的陈赓指派中共的中央特科成员董健吾,在上海建立一处秘密联络站,以开设古玩店为掩护,从事党的地下工作。

董健吾的公开身份是基督教圣彼得堂主持牧师。1931年6月,董健吾辞去牧师职务,以新婚经商为名,正式经营"松柏斋"古玩店。"松柏斋"古玩店底楼为古玩店面,店堂摆设的各种古玩都由潘汉年提供。账房先生由董健吾的圣约翰大学同学、地下党员浦化人的胞弟浦立人担任。

董健吾是"艾少记"古玩店店主艾少卿之子艾建平的外文老师,他名义上的业务关系主要是经营艾少记古玩店,所以通过"艾少记"古玩店,周旋于各个古玩商之间,以此为掩护开展地下活动。

名称:上海古玩书画金石珠玉市场股票

股数:壹股、叁股

发行年份:民国十九年(1930年)、民国二十年(1931年)

尺寸:350 mm × 330 mm

注释:上海古玩市场股票资本总额国币5万元,分作1万股,每股5元。本款股票印有常务董事徐耀先、马少芝、王季生、马长生、罗子嘉,总经理王汉良、副经理戴有山、艾少卿。该股票票幅很大,上印孙中山像和青天白日旗图,票面右上角贴有两枚"国民政府印花税票",上钤古物商场印章。该款股票属旧中国古玩行业之珍罕老股票。

上海中国古物商场股份有限公司股票

  1932年,中国古物商场因摊位拥挤房屋年久失修,为拓展业务,经部分古玩同业倡议,在广东路218号-226号增设上海古玩市场,俗称"新市场",而原来的中国古物商场则称"老市场"。"新市场"与"老市场"同时并存,当时两处共汇集了100多家商号,约占全市商号总数的2/3。到20世纪30年代中期,广东路古玩店铺达210家左右,古玩同业工会会员达数百人。至此,广东路东段成为旧上海乃至旧中国最负盛名的古玩一条街,与北京的琉璃厂形成一南一北两大古玩市场。

  1942年,艾少卿、屠祥瑞、张仲英、达永龄、哈恭仁等为募集资金,决定发行"新市场"股票,股票名称为"上海中国古物商场股份有限公司股票",集合资本国币5万元,分作1000股,每股50元,董事为艾少卿、屠祥瑞、张宝生、哈恭仁等11人,总经理为达永龄,副经理为孙立均、哈恭仁。

名称:上海中国古物商场股份有限公司股票
股数:拾股
发行年份:民国三十一年(1942年)
尺寸:390 mm × 372 mm
注释:这张股票上面的董事名单较之先前发行的股票已有较大调整,总经理由王汉良变更为达永龄。本张股票的票幅也特别大,票面中间有一尊硕大的宝鼎,寓意古物商场。这张后期发行的股票与10年前发行的上海古玩市场股票,堪称股票百花园中的"并蒂莲"。从总体上看,这两张股票的设计各有千秋,但本张股票的总发行量是老股票的十分之一,故这张印有宝鼎图案的新版股票在收藏市场上更难觅踪影。

香港域多利溜冰场股份票

域多利溜冰场位于香港港岛域多利道。域多利城，又叫香港城，早期指香港市区。域多利道是香港主要道路之一。

王棠，广东中山人，孙中山秘书，曾任广东财政厅厅长。其子王颂明，20世纪50年代中期知名的太空科学家，参与火箭推力系统、重返地球大气层等科学研究。1969年，王颂明被尼克松总统委任为美国政府海水研究所主任，后为美国国家能源部副部长、部长等，是历史上在美国国会任职较高的华裔之一。

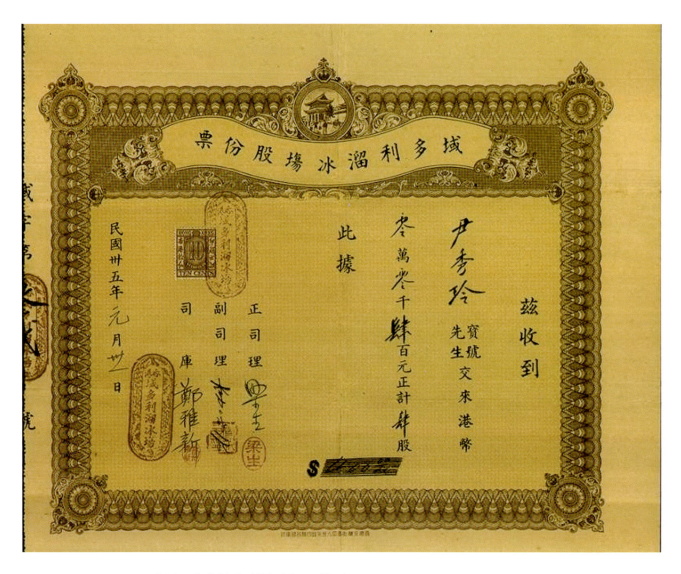

名称：香港域多利溜冰场股份票

发行年份：民国三十五年（1946年）

股数：壹拾股、肆股

尺寸：不详

注释：这两张香港域多利溜冰场股份票是同年同月发行的，但它们的票面设计和管理层的人选和名称都截然不同：一张由委员蒋云松、杨巽行，司理王棠（同盟会元老）亲笔签名；另一张由正司理梁生，司库郑雅新等签名。至于为何有这样不同的股票，有待日后进一步查证。

附　录

附录一 清朝末期文化类股票

上海兰心大戏院股票

由英侨集资创建于1867年的兰心大戏院是我国最早的欧式剧场。我国的第一部话剧《黑奴吁天录》就在兰心大戏院进行了首次公演。

同治六年(1867年)3月,英侨集资在上海诺门路(今香港路)圆明园路口创建兰心戏院,英文名Lyceum Theatre,由英侨爱美剧社(简称A.D.C)在此演出话剧。同治十年(1871年)3月毁于火灾,同治十三年(1874年)重建于今虎丘路。1930年迁至茂名南路57号扩建,1931年2月开幕,改称"兰心大戏院"。兰心大戏院具有典雅欧式建筑风格,设两层观众厅,有宽敞皮椅749座。1934年起,工部局乐队定期在此举行音乐会。1942年7月,戏院被日军关闭,后归伪中华电影公司管理。1945年抗战胜利后,梅兰芳辍演八年后首次复出,就选择在此演出了昆曲《刺虎》等剧目。

1949年10月,英侨剧社将兰心大戏院转售给上海市剧影工作者协会。1952年划归上海市文化局,更名为"上海艺术剧场"。1953年划归上海人民艺术剧院。1959年5月复归上海市文化局。1985年划归上海市演出公司管理。1989年划归兰馨艺术经营公司。1991年恢复"兰心大戏院"名称。

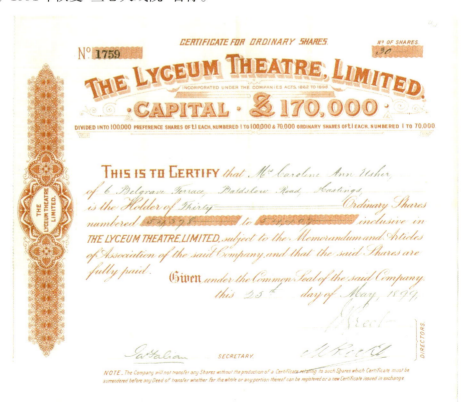

名称：兰心大戏院股票、兰心大戏院债券

股数：叁拾股（每股1镑）、壹佰英镑（债券）

发行年份：光绪二十五年（1899年）、光绪二十九年（1903年）（债券）

尺寸：268 mm × 237 mm、300 mm × 240 mm（债券）

注释：兰心大戏院自老上海开埠至今已历时150多年，昔年曾是各国驻沪领事、各界名流的聚会场所，解放后亦以演出精品剧场而享誉全国。这张兰心大戏院股票存世十分稀少；兰心大戏院债券属1903年公司改组原大股东易手后发行的，附带完整息票。

上海英国乡村俱乐部债券

旅沪英国侨民总会,俗称"斜桥总会",又称"英国乡村俱乐部",1879年由英国侨民福布斯、格罗姆、凯尔发起成立,会员都是英国籍人士。太平洋战争爆发后,斜桥总会被日军侵占,成为日军情报处。抗战结束后,斜桥总会被美军占用,改称"美国斜桥俱乐部",解放后曾作为上海体工队用地,1973年10月成为上海电视台所在地。

19世纪中期上海开辟租界以来,欧美各国侨民带来了西方的文化和生活方式,各种娱乐和体育设施相继出现,其中尤以供侨民们吃喝玩乐的"总会"居多。当时大家熟知的便有上海总会(今外滩东风饭店)、花旗总会(今江西中路交通银行)、法国总会(今茂名南路花园饭店)、意大利总会(今延安西路文艺会堂)等。

当时,斜桥总会因为处在市区西郊,所以又称"乡村俱乐部",而老上海人则习惯称它为"斜桥总会"。曾经被称为"美食一条街"的吴江路,解放前叫斜桥路。为什么叫斜桥路呢?这是因为当年吴淞江(今苏州河)有一条支流叫东芦浦,河西有一座由无锡人张叔和开的花园,河东有英国乡村俱乐部,河的两边架起了一座桥,而与桥相通的那条路又是不规则的,于是这座桥称"斜桥",与桥相通的那条路就称"斜桥路"。

"斜桥总会"占地43333平方米,四周以树木围成篱笆,里面绿草如茵、花卉点缀,北部主体建筑为两层砖木结构楼房,以后又陆续建了侧屋,并且增设了舞厅、台球房、阅览室、餐厅、酒吧、棋牌室等。树丛中的草地上建了12个网球场,还有小型高尔夫球场,这里成为了上海英国侨民进行社交和休闲的主要场所。

老上海人可能还记得从前斜桥地区有三家"超级大户":一户是盛宣怀家,一户是李鸿章的五弟李凤章家,另一户就是上海道台邵友濂家。这三户人家都有豪华、气派的花园式宅院,又都毗邻斜桥总会,因此也就有了"斜桥盛府""斜桥李府""斜桥邵府"的称号。"斜桥邵府"位于静安寺路(今南京西路)400号,府中最出名的子弟是邵友濂的孙子邵洵美。

名称: 上海英国乡村俱乐部债券(5年期)
股数: 壹佰两(上海银锭)
发行年份: 光绪二十七年(1901年)
尺寸: 310 mm × 277 mm
注释: 英国乡村俱乐部债券的年利息为6%,到1906年12月31日期满即收回本金。此债券背面有一次转让记录。

No. 113

Country Club, Bubbling Well Road, Shanghai.

That Tls. 100.

DEBENTURE ISSUE OF 1901.

(NOT EXCEEDING TLS. 145,000).

Authorized to be raised by the Shareholders of the Country Club at the Extraordinary General Meeting held on the 23rd day of July 1901.

DEBENTURE CERTIFICATE.

Received from CHARLES H. WELLS, Esquire, One Hundred Taels Shanghai Sycee, being the amount subscribed to the Country Club, repayable at the time and place, and under the conditions enumerated on the back.

Registered _R. Rees Lueice_ Secretary.

M. Taylor
_A.P.L._
Members of Committee.

上海广智书局有限公司股票

成立于20世纪初的广智书局是一家以发行翻译著作为主的出版机构。虽然它名义上由香港商人冯镜如在上海开办，但其实际负责人是横滨保皇会的梁启超。广智书局是保皇会下属的出版机构。

1898年，戊戌维新失败，"六君子"被杀，康有为、梁启超遭到清政府通缉。同年9月，两人逃离中国，流亡异域，开始了四海为家的流亡生涯，主要辗转活动在东南亚及港澳等地。在这样的背景下，1901年年底，康有为、梁启超以"保皇会"名义，向港澳华人、北美和大洋洲华侨发售股票，首期募集股资10万银元后，以香港人冯镜如的名义，在上海创办了广智书局有限公司（取"广开民智"之意），局址设在上海棋盘街中市（今河南路499号）。梁启超以提供文稿作为"干股"，占有三分之一股份。冯镜如为总发行人，何澄一任总编，梁荫南在上海主持经营，黄慧之在横滨总管财务。实际上，书局业务由梁启超在横滨遥控指挥。

作为一家出版机构，广智书局翻译出版了大量介绍西方新学术、新思想的著作，是康有为、梁启超流亡海外后，向国内传播自己声音的主要阵地。广智书局还是我国最早出版介绍马克思主义经济学著作的出版社。1903年广智书局出版的《近世社会主义》一书中，介绍了马克思的《资本论》《政治经济学批判》《哲学的贫困》中的部分内容。

广智书局初创时期经营尚可，仅1902—1903年，梁启超就从中分得红利上万银元。在后来的数年中，因诸多原因，梁启超主持下的广智书局因经营不佳出现亏损，又这样惨淡经营了几年，勉勉强强维持到1915年歇业，大约10年之后转让给了广益、世界两书局。

冯镜如（？—1913），名岳超，号镜如，广东省南海县（今佛山市南海区）人，清末资产阶级民主革命者冯自由之父。冯镜如早年远走日本，在横滨经营印刷业务。冯镜如于1895年在日本参与组建兴中会，是兴中会横滨分会首任会长，经常资助孙中山在日本的革命活动。后来接受康有为、梁启超邀请担任广智书局总发行人。1903年，其因发起张园国民议政会被清政府通缉。晚年回广东闲居，1913年冬病逝。

何澄一，名天柱，字擎一、澄一，广东香山（今中山）人，康有为、梁启超入门弟子，曾任故宫图书馆主任。何澄一最大的成就是将梁启超1896—1902年在《时务报》《清议报》《新民丛报》上发表的文章，采用编年体形式，编成约60万字的《饮冰室文集》。该文集于1903年由上海广智书局出版。

名称: 上海广智书局有限公司股票

股数: 壹股

发行时间: 清光绪二十七年(1902年)

尺寸: 265 mm × 204 mm

注释: 广智书局股票的设计没有采用清朝股票传统的大龙或碑式图案为主的形式,而是采用"中西合璧"、中英文对照的风格。它是目前发现的年份最早的一张书局类股票,可称得上是书局类股票中的龙头股票,也是目前上海地区发现的最早清代股票,是见证和研究上海乃至我国文化出版史和股票发展史的珍贵实物史料。

国事日报有限公司股票

《国事报》是清朝末期以康有为为首的保皇党开设在广州十八甫的宣传报纸，创刊于光绪三十二年（1906年）。国事日报有限公司主要从事《国事报》的出版发行、中西文件印务，兼办书籍纸墨、文房四宝、电版图画及代理各项生意等，主办人为保皇会副会长徐勤。

徐勤（1873—1945），字君勉，号雪庵，广东三水县人，庠生出身，是康有为十大弟子之一，清末保皇党骨干，被誉为"康氏之子路"。1890年初师从康有为，其为人慷慨爽直且治学勤奋，深得康有为器重。1895年，上海强学会成立，其奉师命在沪创办《强学报》，仅出三期即遭查禁。1896年，其在《时务报》连载发表《中国除害议》文，抨击科举制度，受到张之洞等干涉，文未登完而中辍，1897年与康广仁等在澳门创办《知新报》，出任撰述，文笔激进但富有见地。同年，徐勤被康有为派遣至日本，任横滨大同学校总教习，时年仅24岁。1898年，戊戌变法失败后，徐勤追随康有为流亡海外，曾任保皇会副会长。1900年，徐勤只身前往南洋，联络华侨志士，筹集经费和筹划起义，冀图对抗后党、重立光绪，4月一度潜回广东，召集勤王之士，数月后勤王运动终告失败。1904年，徐勤在香港创办《商报》，继而在新加坡创办《南洋总汇报》，后又在广州创立《国事报》等，全身全力投入保皇活动。

中华民国成立后，徐勤被海外华侨推选为国会议员，归国后曾任进步党广东支部长、华侨宣慰使等职。1916年，其曾募兵反对袁世凯称帝，后在"海珠事变"中负伤，逃至香港，从此退出政治，晚年居于天津。

名称：国事日报有限公司股票
发行年份：光绪三十二年（1906年）
股数：壹股
尺寸：不详
注释：国事日报有限公司实备资本银2万元，分为2000股，每股10元。公司总理人为徐勤。

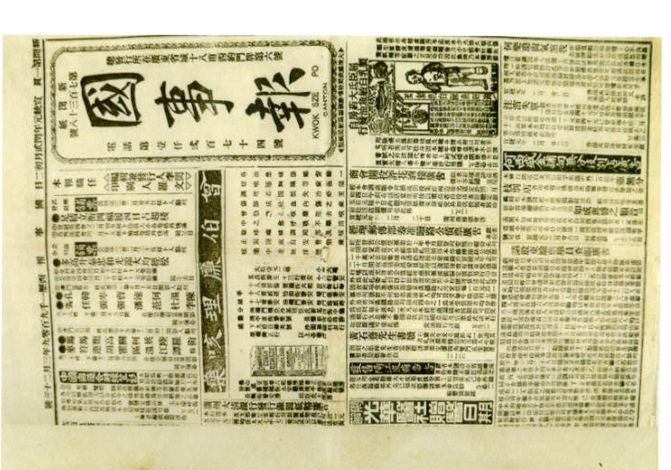

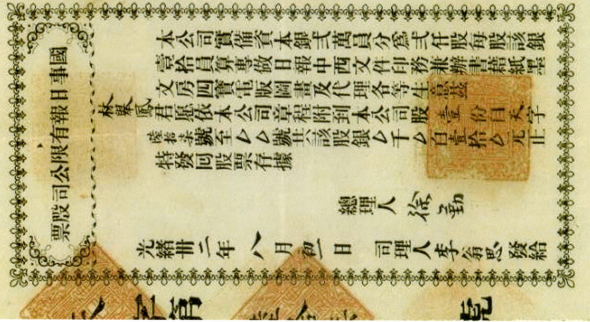

安徽宿州图书有限公司股票

宿州位于安徽省北部,与苏、鲁、豫三省接壤。宿州历史悠久,早在七八千年前的新石器时期,这里就有了人类文明的篝火。唐元和四年(809年)建置宿州。宿州文化底蕴深厚,人文资源丰富。在这块土地上,相继走出了闵子骞、嵇康、刘伶、刘裕、朱温、马皇后等历史名人,现当代涌现了刘开渠、朱德群、王子云、萧龙士、梅雪峰、李百忍、孙叔平、邓伟志、杨在葆、刘世龙、李炳淑等名人志士;这里还留下了刘邦、项羽、李白、白居易、苏轼、赛珍珠等人的历史遗迹。宿州,是著名的"中国酥梨之乡""中国书画艺术之乡""中国书法艺术之乡""中国马戏之乡""中国民间艺术(钟馗画)之乡""中国观赏石之乡""泗州戏之乡"。

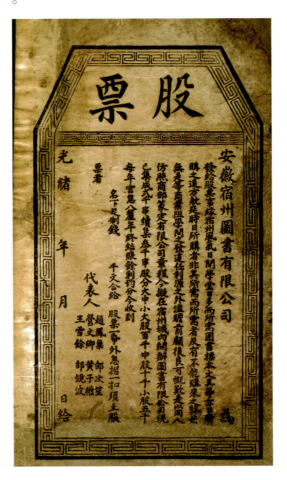

名称:安徽宿州图书有限公司股票(有修补)

股数:未填

发行年份:不详

尺寸:191 mm × 354 mm

注释:该公司设于宿州城内,总股本为制钱5000串,并分大、中、小股三种,每年官息8厘,主要经营图书、标本、文具等学习用品。

汕头葱陇公园股票

葱陇这个地名,最先是指汕头伯特利一带的地方,那里原来是一个浮陇,有几个泉眼,水源足,长期栽种青葱,故名"葱陇"。在汕头的城中村中,葱陇是唯一一个保存得比较完整的自然村落,那些蜿蜒曲折的小巷和高低错落的老屋,使葱陇这个古老村落显得更有古韵。

在潮汕,有关公园的规划建设,最早可查到的记载是宣统元年(1909)正月二十三日汕头《岭东日报》的报道:"府宪陈澍甘太守,近日发起,拟创设公园于郡之西关车站附近,以资是邦人士之游兴,而卫生观念亦寓乎其中,并拟附设娼寮酒肆于公园内……"

汕头葱陇公园股票上的文字亦写得很明确:"此项股票与贸易图利集股者宗旨不同""诸君热心公益名誉攸关认股以后一诺千金自无诿延情事"。可知此股票是当年为兴建汕头葱陇公园而集资的公益性股票。

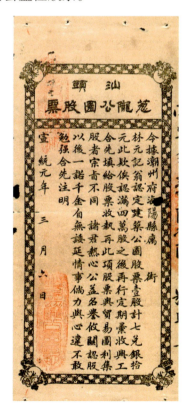

名称:汕头葱陇公园股票

发行年份:宣统元年(1909年)

股数:壹股

尺寸:116 mm × 277 mm

注释:这张汕头葱陇公园股票实为存根联,右边自上而下打有齿孔,齿孔已经被撕开,骑缝处有墨写字迹并加盖骑缝章,股票左边盖有红色的"汕头葱陇公园"印章。

镇江商业印刷公司股票

该公司的相关历史沿革待考。

名称：镇江商业印刷公司股票
发行年份：宣统元年（1909年）
股数：每股龙洋伍圆
注释：龙洋，清末货币，正面印"光绪元宝"，背面印蟠龙图纹，俗称"龙洋"。

附录二 新中国成立初期文化类股票

沪宁大戏院股票

1950年，黄文亮等人在长阳路1261弄20号高郎桥塊合伙兴建了沪宁大戏院。大戏院建筑面积721平方米，座位674只，是上海第一家里弄剧场，主要演江淮戏，著名淮剧演员筱文艳多次率剧团在该戏院演出。1956年，全市剧场实施公私合营，由原来市文化局统一管理下放到区文化科管理。1960年，改由杨浦区剧场书场联合办公室管理。1968年改放电影。1976年12月实施翻修。1992年由于城市拆建改造，这个解放初建成、曾是附近居民的"文化中心"不复存在，现在原址已改建商住楼。

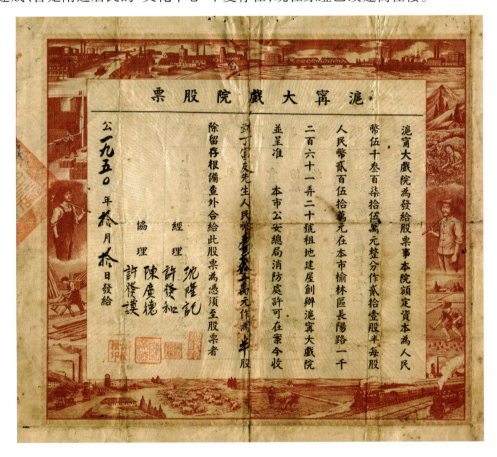

名称：沪宁大戏院股票

发行年份：1950年

股数：半股

尺寸：290 mm × 264 mm

注释：该股票四周印有轮船、铁路、桥梁、厂矿图案以及工人、农民工作时的场景，颇具时代特色。

生生美术印制厂股份有限公司股款收据

生生美术印刷厂股份有限公司(以下简称"生生美术公司")创办于1917年,经营项目包括工商广告贴画设计、商标设计、供报刊发表的工商广告设计等。1928年,生生美术公司采用新制版工艺印刷《良友画报》,十分精美,很有声誉。抗战前,在上海漕溪北路置地自建新厂房,引进半自动胶印机;1948年又引进哈立斯自动胶印机;1959年因市政建设动迁,该厂并入中华印刷厂。

孙雪泥(1889—1965),字翠章,号枕流,别署枕流居士,上海松江人,现代画家、诗人。他6岁起学画,诗、书、画皆善,曾刊有《雪泥诗集》。

1912年,孙雪泥创办生生美术公司。该公司取名"生生",正是蕴含着"谋求生活出路,生财有道"之意。1918年8月,他创刊《世界画报》,自任主编,以商养文,颇负声誉。孙雪泥还与贺天健、钱瘦铁、郑午昌等创办中国画会,1928年任上海中国画会常务理事,积极为中国画会筹募基金等。也曾有一说,冠生园的"生"字牌商标就是由孙雪泥设计的。1931年,孙雪泥赴日本考察,回国后创办图画书局,出版儿童读物,同时首创绢扇面彩色胶印工艺,为印制国画团扇,在松江设有团扇制造厂。

1953—1958年孙雪泥任上海画片出版社编辑部主任,1956年被聘为上海中国画院画师,一生专研绘事,工山水、花卉,尤擅鳞介、蔬果、梅花等。1965年7月4日,孙雪泥在上海逝世。

名称:生生美术印制厂股份有限公司股款收据
股数:贰拾壹万股
发行年份:1950年
尺寸:256 mm × 163 mm
注释:票上所印董事长兼总经理为上海著名美术家孙雪泥。

新 No. 00010

生生美術印製廠股份有限公司
股款收據

本公司資本總額定為人民幣壹億伍仟萬元分為壹仟伍佰萬股每股拾元一次收足

茲收到

許冠林 股東認購本公司股份 弐拾柒萬 股

計人民幣 弐佰拾柒萬 元正合給股款收據為憑此據

生生美術印製廠股份有限公司
董事長兼總經理 孫雪泥

公元一九五〇年八月一日

監發
股務

印鑑號數 1620

华东美术印刷厂股份有限公司股票

华东美术印刷厂股份有限公司创立于1950年5月，前身是华东美术印刷公司，由柳溥庆于1946年创办。

柳溥庆（1900—1974），又名圃青、步青、柳霖，江苏靖江人，印刷泰斗、新中国印钞事业奠基人之一。柳溥庆被公认为是我国印刷界德技双馨的知名专家。他从事印刷工作60年，在与印刷相关的各个领域都有很深的造诣。他于1933年发起、组建了我国第一个印刷学会中国印刷学会；创办了我国第一份印刷杂志《中国印刷》；1935年创造发明了世界上第一台汉字照相排字机，被当时的上海《申报》称为"划时代的创新"。

柳溥庆13岁进上海图书公司印刷所当学徒，14岁转入上海商务印书馆印刷所影印部任副部长。1924年3月，柳溥庆赴法国勤工俭学，就读于里昂美术学校、巴黎美术学校和巴黎印刷学院，主攻美术和印刷技术，并加入旅法共产主义青年团。1924年7月，柳溥庆在里昂地区与邓小平（当时叫邓希贤）共同编印旅欧中国共产主义青年团机关刊物《赤光》，在工作中建立了深厚的友谊。柳溥庆于1926年加入中国共产党；1927年奉命去莫斯科中山大学学习，并在莫斯科召开的中国共产党第六次代表大会秘书处工作；1929年，在苏联消息报印刷厂和莫斯科中央美术制版厂任技师；1931年秋回到上海。

1934年，柳溥庆在上海三一印刷公司任工务部主任，国民党中央军部委托该公司密印两张"围剿"江西中央苏区和湖北、安徽革命根据地的大地图。他将地图悄悄复制后，由夫人周砥秘密交给上海地下党转送党中央。中共早期领导人瞿秋白被敌人杀害后，柳溥庆从瞿秋白的胞弟瞿秋云那里得到瞿秋白就义的照片后，立即翻印照片并转交党组织，为党留下珍贵史料。1940年，柳溥庆为苏北解放区秘密印制四达银行、江淮银行钞票，并为新四军秘密购置、运送印钞器材。1942年、1948年柳溥庆两次遭到日军和国民党当局的逮捕，坚不吐实。1948年出狱后，柳溥庆奉命赴香港任永发印刷公司总工程师，1949年5月奉命回上海迎接解放。新中国成立后，柳溥庆赴北京任中国人民银行印刷厂总工程师兼印刷技术研究所所长。1974年10月24日，柳溥庆在北京逝世，终年74岁。

柳溥庆曾拍摄邓小平青年肖像照。头戴鸭舌帽，身穿中大衣，手插在裤兜里，圆圆的脸庞尚未脱尽少年的稚气——邓小平1921年3月在法国勤工俭学时的模样。这张照片是邓小平现存的、年纪最小的照片，当时他还不满17岁。这张早已为国人所熟悉的青年邓小平的原版照片，于2004年7月22日入藏国家博物馆。

这张照片正是中国杰出的印刷、印制专家柳溥庆先生拍摄、保存的。1925年5月，邓小平赴莫斯科中山大学学习之前，把自己珍藏多年的这张四寸单人全身肖像照，赠给了留法期间一起投身革命的柳溥庆。照片背面有当年邓小平的亲笔题字："圃青兄惠

存　希贤赠。"圃青即柳溥庆，希贤即邓小平。

柳溥庆夫妇生前把这张照片视若珍宝，新中国成立前一直把它秘密珍藏在家中的阁楼夹层内。在邓小平百年诞辰之际，柳伦（柳溥庆女儿）夫妇将这张珍贵的原版照片和一张1924年中国社会主义青年团旅欧总支部代表大会31位代表在巴黎的原版合影照，一起捐给了国家博物馆。

名称：华东美术印刷厂股份有限公司股票

股数：叁拾贰股

发行年份：1953年

尺寸：290 mm × 264 mm

注释：这张华东美术印刷厂股份有限公司股票发行时，柳溥庆已被调到中国人民银行总行印制管理局任总工程师，所以在这张股票的"董事"栏里，我们没有看到柳溥庆的名字。但他的夫人周砥和他的大弟柳培庆的名字在"董事"栏里。这是一张值得收藏的具有历史纪念意义的"红色"股票。

立信会计图书用品社股份有限公司股票

北京是旧中国会计师的诞生地，上海则是新中国会计师的摇篮。立信会计出版社原名"立信会计图书用品社"，是一家出版会计、财经类图书，印制会计用品的专业出版社。1941年6月1日，由我国著名会计专家、教育家潘序伦与出版家邹韬奋集资创办于重庆，1945年迁至上海河南中路339号。至上海解放前夕，立信会计图书用品社共出版会计、簿计、审计、成本会计等方面的编译书籍160余种，畅销国内及海外华人区。此外，立信会计图书用品社还经营会计用品（如标准的账簿、凭证、报表等），为业务客户提供了方便。

潘序伦（1893—1985），上海立信会计学院创始人，被国内外会计界誉为"中国会计之父"。

潘序伦出身书香门第，12岁读私塾，后入蜀山小学，毕业后考进上海浦东中学，颇得校长黄炎培的赏识，被破格录入上海圣约翰大学。1921年毕业后，学校保送潘序伦进入美国哈佛大学商业管理学院，他先后获得哈佛大学企业管理硕士和哥伦比亚大学经济学博士学位，这奠定了潘序伦一生从事会计学研究的基础。

1924年，潘序伦学成回国，先后被聘为上海商科大学教务主任兼会计系主任和暨南大学教授等职；1927年在上海创办"潘序伦会计师事务所"；1928年，取《论语》中"民无信不立"之意，将事务所更名为"立信会计师事务所"。潘序伦深感我国会计人才之匮乏和推广新式会计之紧迫，从1928年开始，他先后开办了立信会计补习学校、函授学校、立信会计学校等，向社会输送了数以万计的会计人才。抗战胜利后，潘序伦于1946年6月至1947年5月，任经济部常务次长。为了培养高级会计人才，潘序伦鼓励和支持"立信"同仁和校友在桂林、北京、天津、南京、广州、衡阳和香港等地创办各类立信会计学。到1953年止，他们培养的学生已逾10万人，遍布全国各地，远达美、德、日等20多个国家和地区。

新中国成立后，潘序伦在全国率先成立上海会计学会和上海会计师事务所，重建了立信会计编译所，编译出版了《新编立信会计丛书》《立信财经丛书》等30多种。1985年11月8日，潘序伦在上海病逝，享年92岁。

1987年11月18日，立信会计学院在新落成的校园内竖起一座潘序伦青铜塑像，供后人缅怀。

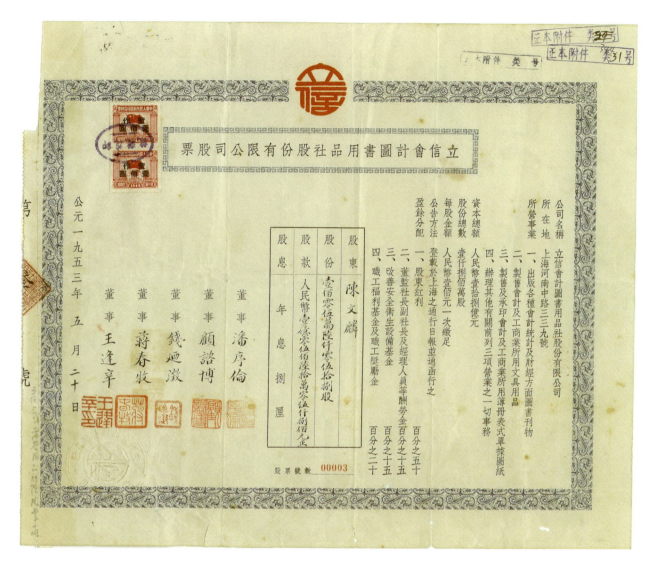

名称：立信会计图书用品社股份有限公司股票

股数：壹佰零伍万陆仟零伍拾捌股

发行年份：1953年

尺寸：300 mm × 257 mm

注释：立信会计图书用品社资本总额人民币18亿元，股份总数1800万股，每股100元。这张股票上印的董事长就是潘序伦，股票编号为00003，十分难得。股票上有"立信"的商标和两枚印花税票。关于潘序伦立信会计业务方面的股票，目前仅发现了这一张。

中国切纸文具制造厂股份有限公司

　　1952年11月3日，经批准登记，中国切纸文具制造厂股份有限公司成立于上海市九江路305号，主要从事文教用品的制造，兼营印刷及纸张销售业务。

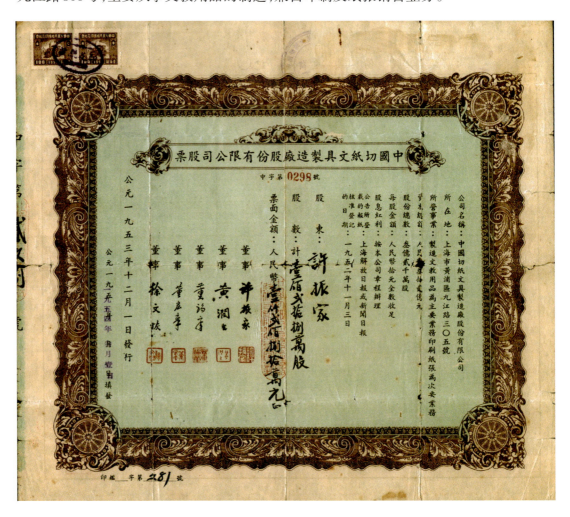

名称：中国切纸文具制造厂股份有限公司股票
股数：壹佰贰拾捌万股
发行年份：1953年
尺寸：294 mm × 263 mm
注释：该股票股东为公司董事许振家，股票背面显示公司股息支付至1966年第二季度。

昆明南屏大戏院股份有限公司股票

1940年1月,南屏大戏院在昆明晓东街建成,它是我国西南地区最早的一座现代化电影院。昆明南屏大戏院(后称南屏电影院),由龙云夫人顾映秋、卢汉夫人龙泽清以及刘淑清等昆明上层社会女性出资建造,人称"夫人集团"电影院。

南屏大戏院由当时著名的建筑师赵深设计,他在建国后组织设计了上海虹桥国际机场、上海电信大楼等。由于大戏院所处空间狭小,无论是在平面组合和立面处理上,还在基地的巧妙利用上,赵深的设计都有其独到之处,被誉为我国现代主义建筑的先锋代表作之一。而负责营造施工的是承接过南京"国民大会堂"、美术展览馆等建筑工程的陆根记营造厂。南屏大戏院当时有德国放映机、意大利真皮沙发等亚洲一流设备和服务。除了硬件好,南屏大戏院与好莱坞20世纪福克斯、华纳、环球、派拉蒙、哥伦比亚和联美等全球著名的八大影片公司都签订了租片协定,实现了与好莱坞同步上映大片。南屏大戏院院建成后,成为了能容纳1400人的西南地区、乃至全国第一流的电影院,可以与当时高级的南京大华电影院和上海大光明电影院相媲美。

除放映国内外优秀电影外,南屏大戏院还有很多独到的经营之道,如周末对学生实行半价,免费对学生放映宣传抗战的影片,为外国电影设计中文字幕等。

顾映秋(1902—1966),名桂芳、字映秋,云南昭通人,著名民主爱国人士,抗日爱国将领、云南省政府主席龙云的夫人。

顾映秋天资聪颖,才貌双全,棋琴书画无所不通,在云南省立女子中学读书时,即为同窗之翘楚。毕业后,她考入北京女子师范大学外语系攻读英语专业,后嫁给云南省政府主席龙云,成为名至实归的贤内助。

抗日战争中,顾映秋支持和保护了西南联大等大批民主爱国人士,和宋美龄、李德全(冯玉祥夫人)一起,前往滇西前线慰劳抗日将士。1945年,昆明发生"一二·一"惨案,顾映秋捐款支援学生的爱国行动,出资创办云南省坤维慈幼院、南菁中学;向龙云力荐著名数学家熊庆来出任云南大学校长等。

1949年8月13日,顾映秋与丈夫龙云在香港起义,正式转投向人民阵营。1966年,顾映秋病逝于北京,终年64岁。

云南大学映秋院 云南大学映秋院位于云南大学校本部,建于1938年,由龙云(时任云南省政府主席)的夫人顾映秋捐款修建,由著名建筑学家梁思成、林徽因夫妇主持设计。映秋院为四合院建筑,由平房、楼房、走廊、走道组成,东北设月宫门,西南建瞭望塔,中西合璧,古朴典雅。

云南大学映秋院以捐款人顾映秋名字命名,最初为云南大学女生宿舍,后著名画家徐悲鸿、"两弹一星"获奖者彭桓武院士等一批名家曾在此居住。1955年4月10日,周恩来总理曾到此视察。1987年被列为省级重点文物保护单位,现为云南大学的办公场所。

刘淑清(1904—1968)，四川简阳人，著名爱国民主人士、杰出女企业家、社会活动家，被誉为红土高原上的"宋庆龄"。

少女时代的刘淑清在成都女中读书，毕业后在成都一所小学教书。1924年，她与滇军旅长刘伯钧成婚，婚后随夫在昆明居住任教。1929年，刘伯钧解甲归田出任县长，后惨遭地方恶霸杀害。刘淑清含泪抛家舍财，带着三个年幼的女儿孀居昆明。

因为丈夫是龙云部下的将领，刘淑清结识了龙云夫人顾映秋、卢汉夫人龙泽清，并同她们结为密友。其后，刘淑清在昆明和昭通两地开展商业活动，从一个小小的茶社办起，先后创办了西南大旅社、大华交谊会和担任南屏大戏院、云南安宁温泉宾馆等。刘淑清热心于社会福利事业，在1942年创办了坤维慈幼院，专门收容在战火中失去家庭的孤儿，后来又建了一个幸福幼儿园，为工商界人士减轻家庭负担。1949年，刘淑清利用自己的特殊身份和社会地位，为促成云南和平解放做了大量工作，但也因此上了蒋介石的黑名单，不得不秘密离开昆明去香港，随后又到了美国。

1950年7月，云南和平解放后，刘淑清回到昆明，全身心地投入到新中国的建设事业中。在抗美援朝中，她号召妇女界捐献"昆明妇女号"飞机。刘淑清于1951年加入中国民主建国会，历任昆明市政协常委、市妇联副主席，被选为第二、三届全国人大代表等。在"文化大革命"中，刘淑清受到迫害，于1968年3月21日含冤去世，终年64岁。1979年，刘淑清得到平反昭雪，恢复名誉。

薛汉鼎(1914—1968)，山东临沂人。其于1932年加入中国共产党，1938年赴延安抗日军政大学学习，11月结业后被分配到新疆八路军办事处工作，1942年9月17日被国民党新疆省主席盛世才逮捕入狱，1946年经党组织营救获释返回延安。

1949年9月，薛汉鼎随军南下云南省，历任昆明市工商局局长，云南省财委委员，昆明市财委副主任、市委财贸部长、副市长，曲靖地委副书记等职。1968年，薛汉鼎在"文化大革命"中受迫害致死。十一届三中全会后，党组织为其平反昭雪。

名称：昆明南屏大戏院股份有限公司股票
股数：伍拾股
发行年份：1953年
尺寸：不详
注释：昆明南屏大戏院股份公司资本总额人民币23亿元，股份总额2.3万股，每股人民币10万元。票面载有董事长顾映秋，常务董事兼经理刘淑清，常务董事薛汉鼎。南屏大戏院股票不仅是一张文化类股票，它还是一张具有丰富内涵的红色股票，值得珍藏。

南屏大戲院股份有限公司 股票 第 陸 號

公元一九五三年一月一日填發

董事長
常務董事
副理經理
經理

計股本人民幣伍佰貳萬元

李華梁 股東 人 名

 伍拾 股

茲據

每股金額 人民幣壹拾萬元
股份總額 計貳萬叁仟股
資本總額 人民幣貳拾叁億元

公私合营衡山电影院股份有限公司股票

衡山电影院位于上海徐汇区衡山路838号，于1951年8月17日奠基兴建，1952年1月5日建成开业。第一任上海市市长陈毅为衡山电影院题写了院名。衡山电影院创建时总投资额为30万元，由民间集资和国家投资集资建造，其中三分之一由周边工厂和市民共同集资参股，可谓开了新中国影院建设的时代之风。

衡山电影院是新中国诞生后上海新建的第一家电影院，迄今已走过半个多世纪，几十年来以其别无二致的庭院式氛围、浓厚的历史文化底蕴和海派怀旧情结，享有"沪上唯一花园影院"的美誉。

2009年，由上海电影集团和徐汇区光启文化产业投资发展公司共同斥资，在保留其独有的环境优势前提下，通过精心设计和建造，完成了由表及里的全面改造，于2010年9月正式落成开业，现名为"新衡山电影院"。影院的建筑设计方案大胆地在立面上引入竖状线条，随着人行进时的视觉角度改变，配合自然光影的交错，产生一种韵动，其时尚高雅的整体格调与衡山路周边环境和历史风貌相得益彰，在繁华的徐家汇商圈中展现了"大隐隐于市"的格调。

名称：公私合营衡山电影院股份有限公司股票

股数：壹股、贰股、叁股、肆股、伍股、柒股

发行年份：1953年

尺寸：182 mm × 178 mm

注释：全套共6张，能集成全套者甚为难得，每股计人民币1万元。董事长刘宗治，上海市文化局艺术处干部，沪剧《星星之火》编剧。副董事长徐承烈，字熙载，诗人，学者徐燕谋胞弟。

中国青年出版社股份有限公司股票

1953年4月15日，由青年出版社和开明书店自愿联合建立的中国青年出版社股份有限公司诞生了，这是新中国成立后最先实行股份制的出版社，到现在已有整整67年了（截至2020年）。

1950年2月16日，开明书店向国家出版总署正式递交《开明书店股份有限公司关于请求与国家合营的报告》。国家出版总署署长胡愈之代表出版总署于同年4月3日正式回复开明书店："对贵店所提公私合营之原则，可予同意"。1951年，国家出版总署与团中央联系，建议青年出版社与开明书店合并。经过一段时间的酝酿和筹备，1953年4月12日，中国青年出版社董事会第一次会议在北京召开，当时选任的三位常务董事是当时任青年团第一书记的胡耀邦、原开明书店股份有限公司董事长邵力子和青年团中央书记处书记刘导生。董事会董事有胡克实、韦君宜、郑振铎、章锡琛、章锡珊、吴觉农等15人。1953年4月15日，中国青年出版社股份有限公司正式成立。

1952年8月胡耀邦调任团中央第一书记时，对办好《中国青年报》十分关注，强调青年团必须有一个强大的书刊出版阵地。当时团中央下属的青年出版社正与开明书店商议两家合并筹建中国青年出版社之事，胡耀邦认为这是一件大好事，"开明"和"青年"两家出版社的出书对象都是青少年，双方各有优势，合并起来可以优势互补，是对团的出版事业的扩大和加强。在合营过程中，胡耀邦亲自参与了中国青年出版社的人事安排，决定由他亲自来担任中国青年出版社董事长（1955年后由刘导生接任）。

邵力子（1882—1967），原名邵景泰，字仲辉，号凤寿，笔名力子，浙江绍兴人，我国近代著名民主人士、社会活动家、政治家、爱国人士，原开明书店股份有限公司董事长。

邵力子的一生经历了清朝、民国和中华人民共和国三个时代。他早年加入同盟会，与柳亚子发起组织南社，提倡革新文学；1920年加入上海共产主义小组，同年加入中国共产党，主持上海《民国日报》，任总编辑；1925年任黄埔军校秘书长，参加国民党改组工作；1926年退出中国共产党；1927年后，历任甘肃省主席、陕西省主席、国民党宣传部部长、驻苏联大使等，主张国共合作。新中国成立后，曾任全国人大常委、政协常委，民革常委等。1967年12月25日，邵力子在北京寓所逝世，享年85岁。

刘导生（1913—2014），江苏省丰县人。刘导生于1929年参加北京师范大学附属中学反帝大同盟；1930年加入中国共产主义青年团；1933年至1937年就读于北京大学；1935年秋加入中国共产党，曾任北京大学党支部书记，1936年6月在上海被选为全国学联主席，是"一二·九"运动的学生领袖之一。1938年，他深入敌后参加抗日游击战争，历任山东《大众日报》社社长、滨海建国学院院长、中共滨海地委宣传部长。其于1952年至1956年任团中央书记处书记；1981年3月任北京市委书记；1983年至1984年任北京市政协主席。2014年1月9日，刘导生在北京医院逝世，享年101岁。

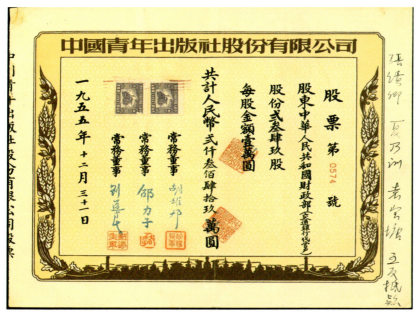

名称：中国青年出版社股份有限公司股票

股数：叁佰壹拾肆股、贰仟叁佰肆拾玖股

发行年份：1954年、1955年

尺寸：260 mm × 210 mm

注释：1955年12月发行的这张中国青年出版社股份有限公司股票的股东是中华人民共和国财政部，股份2349股，每股金额1万元，共计人民币2349万元。股票上贴有两枚中华人民共和国印花税票，还留下一行"张绩卿、夏乃训、袁宝塘五反抵款"的字迹。1954年9月发行的这张股票上盖有关于新币改革的方形字戳，下端留有股东自己注明的新旧币兑换比例等信息。该股票股东周伯棣曾任复旦大学银行系主任、上海财经学院教授兼财政金融系主任、上海社会科学院经济研究所研究员等职。股票票面上有胡耀邦、邵力子、刘导生这三位历史名人的手迹和私印，这属新中国老股票的珍罕品。

公私合营东昌电影院股份有限公司股票

　　东昌电影院位于上海市浦东新区南泉北路150号(原崂山西路150号),由当时的黄浦区文化局作为主要投资方,加上民间资本及民众小额集资,共投资40万元兴建。1954年8月建成,同月25日开幕,以原东昌区命名。1966年曾改称前进电影院,旋复原名。

　　东昌电影院占地6910平方米,建筑面积8480平方米,电影院设施设备齐全,安装有空调冷气、有立体声放映设备,放映厅有1178只软席座椅。它曾被称为"浦东的大光明",是浦江以东的第一家专业电影院。1955,年公私合营的东昌电影院股份有限公司发行股票。

　　1982年,东昌电影院为适应上海电影业的大环境,改善影院形象,由中国电影公司和黄浦区文化局筹资进行改造,新增了咖啡茶座、录像厅等设施,并安装了浦东地区的第一块"宽银幕"。2004年东昌电影院正式停止营业。

名称:公私合营东昌电影院股份有限公司股票
股数:未填用
发行年份:1955年
尺寸:163 mm × 174 mm
注释:东昌电影院董事长与长宁电影院董事长同为顾仲彝一人。

公私合营民丰造纸厂股票

民丰造纸厂是我国最早的卷烟纸生产厂之一,其前身为嘉兴禾丰造纸厂,褚辅成发起并邀请友人筹集了36万银元于1923年创办。到1925年8月,禾丰造纸厂正式投产。1927年,竺梅先、金润庠筹资28万元,盘进禾丰造纸厂,易名为"民丰造纸股份有限公司",竺梅先出任经理,金润庠任协理。公司总部设在上海博物院路(今虎丘路)29号,后迁至宁波路74弄3号。

在竺梅先的带领下,民丰造纸厂经历了一段辉煌期。1930年起,公司生产的"船牌"纸版行销国内外。1932年,其联合五家造纸厂,在上海成立国产纸板联合营业所。因受到国外烟草公司的打击,那时的国内烟草公司经营惨淡,竺梅先下决心生产国产卷烟纸。民丰造纸厂购入德国设备,派遣技工赴海外学技术,聘请外国专家到厂进行技术指导。1936年,"船牌"卷烟纸一经问世,大获好评,一举打破了国外烟草公司的技术垄断。经国民政府工商部批准,民丰造纸厂享有卷烟纸制造专利权。

嘉兴解放后,经历创伤的民丰造纸厂逐渐恢复生产。1953年1月1日起民丰厂实行公私合营,定名为"公私合营民丰造纸股份有限公司"。1966年至1976年,造纸厂改名为"东风造纸厂",后恢复原厂名。1998年改制为"民丰特种纸股份有限公司"。2000年"民丰特纸"股票在上海证券交易所上市。

竺梅先(1889—1942),字佑庭,浙江奉化人,烟草业先驱。他早年参加过孙中山领导的中国同盟会,后来弃政从商,积极倡导"实业救国",先后创立或参与创立大来银行、嘉兴民丰造纸厂、杭州华丰造纸厂、宁绍轮船公司等。让人肃然起敬的是,这位身兼要职的企业家创办了一所国际灾童教养院,接收来自上海等地的流浪孤儿600余人,免费供应食宿,并开办小学、初中,六年耗资25万元,散尽千金而在所不辞。

由于积劳成疾,竺梅先于1942年5月30日与世长辞,享年53岁。当其灵柩到达泰清寺时,沿途百姓和教养院师生列队迎候,无不痛哭流涕。竺梅先在弥留之际曾一再叮嘱夫人:"一定要把孩子们抚养下去,直到他们能自立为止。"其夫人秉承遗志,维持教养院一年多,直到最后一批灾童毕业,教养院才宣告闭院。

金润庠(1890—1961),字绅友,浙江镇海人,烟草业先驱。他早年到汉口立昌生海味行当学徒,后在上海英商华通保险公司当办事员,1909年升任华通烟台分公司经理。1911年,金润庠结识竺梅先,此后与竺梅先合伙相继盘入嘉兴禾丰、杭州武林造纸厂,扩建为民丰、华丰造纸厂,1936年获卷烟纸销售专利权。

"八·一三"事变后,金润庠任上海市抗敌后援会主席团成员,积极筹措资金物资支援抗日。1941年5月竺梅先病逝后,民丰、华丰两厂均由金润庠掌管。抗战胜利后,金润庠从日本人手中收回了民丰、华丰两厂。1953年,民丰、华丰两厂率先开展公私合营。1961年6月13日,金润庠在上海去世,终年71岁。其子女根据他的遗愿,将20余万元捐献给了浙江省工商联。

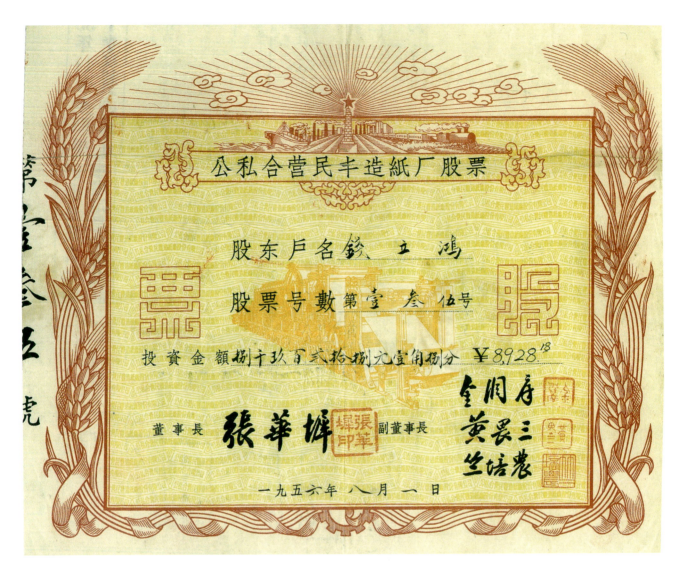

名称：公私合营民丰造纸厂股票

股数：(金额)捌仟玖佰贰拾捌元壹角捌分

发行年份：1956年

尺寸：278 mm × 256 mm

注释：民丰造纸厂是浙江嘉兴的著名民族企业。该股票上董事长张华墀(中共老党员、老革命,嘉兴民丰纸厂党委书记、厂长),副董事长金润庠、黄畏三(民丰造纸厂元老)、竺培农(竺梅先之子)。该股票图案极具时代特色,充满社会主义欣欣向荣的气息。

公私合营上海新闻日报社股份有限公司股票

《新闻日报》创刊于1949年6月29日,它的前身是创刊于1893年2月17日的《新闻报》。1949年上海解放后,上海市军管会考虑到上海作为一个工商业发达的城市,工商业界有众多读者,决定以私营报纸的形式将复刊后的《新闻报》命名为《新闻日报》,一方面表明《新闻日报》与《新闻报》有所区别,另一方面也表示《新闻日报》与《新闻报》在内容、定位等方面的延续。在报纸命名和定位基本完成后,1949年6月14日,上海军管会组建了由恽逸群、金仲华、汪伯奇、马荫良、许彦飞五人组成的新闻日报临时管理委员会。1949年10月,经中宣部任命,由金仲华任《新闻日报》社社长、总主笔,刘思慕任《新闻日报》总编辑、副社长。老报人邹凡扬、陆诒、钦本立、胡星原、郑拾风、陆炳麟等都先后参加了《新闻日报》的采访与编辑工作。

《新闻日报》创刊初期侧重报道经济新闻,包括全国商情、经济政策、商业新闻以及物价、银行利率等,读者群体亦以工商界人士为主。1953年7月,《新闻日报》实行公私合营,改制为"公私合营上海新闻日报社股份有限公司"。1955年6月1日正式发行上海新闻日报社股份有限公司股票。《新闻日报》董事会共有五人,其中公股代表三人,分别为刘思慕(董事长、新闻日报副社长),许彦飞(董事、新闻日报总经理),华春(董事、交通银行代表);私股董事两人,分别为:马荫良(董事、公私合营五洲大药房总经理),秦润卿(董事、公私合营银行董事)。《新闻日报》公私合营后调整资本为人民币260万元,其中公股占35.23%,私股占57.61%。

自1949年6月29日创刊至1955年6月,《新闻日报》的发行量一直稳定在每期10万份以上,发行量远高于同时期的《解放日报》《文汇报》《大公报》等,成为当时上海地区发行量最大的报纸。此后的五年里,《新闻日报》历经多次转型。1960年5月,中共上海市委决定《新闻日报》自1960年6月1日起停刊,并入《解放日报》。至此,这份以民间形式发行的我党的外围报纸,结束了它11年的使命。《新闻日报》从1949年6月29日创刊至1960年6月1日停刊,共出版了3937期。

名称：公私合营上海新闻日报股份有限公司股票

股数：叁仟玖佰玖拾陆股

发行年份：1955年

尺寸：303 mm × 215 mm

注释：新闻日报董事长刘思慕（中国报刊主编、作家），董事许彦飞（曾任南京国民政府国防部新闻局少将主任秘书）、华春、马荫良（曾任《申报》总经理）、秦润卿（钱业巨擘、曾任中国垦业银行董事长兼总经理）。

这张股票的股东叫庞增祥，认购股票3996股、计人民币3996元，他是一代书画大家庞莱臣的孙子，曾任上海市杨浦区政协委员、工商联副秘书长。这种新闻日报实物股票目前仅发现了两张，它在公私合营类股票中独具一格，为中国报业史添了一件颇具分量的实物史料。

公私合营长宁电影院股份有限公司股票

当年位于上海愚园路1418—1420号的长宁电影院从始建到20世纪90年代,一直是长宁区唯一的一家电影院。当年投资形式是合作股份制,1951年由国家与区内企业团体、个人共同认股投资40万元,1952年4月开工建造,同年11月建成,上海市市长陈毅批示以区名命名为长宁电影院。1953年3月,公私合营长宁电影院股份有限公司董事会成立。1955年公私合营长宁电影院股份有限公司发行股票。

长宁电影院占地2051平方米,建筑面积为4013平方米,观众厅面积为875平方米。该院初建时,设软座椅1223只。1952年11月28日起正式对外营业。电影院建成后首先给捐资居民放映了免费电影——苏联故事片《晴朗的夏天》,以答谢捐资户。

20世纪80年代,长宁电影院按照"以副促主、以主带副、全面发展"方针,创设舞厅、酒家、咖啡厅等11个附营项目,进入全市超百万元收入影院行列,1990年升入特级影院线,1992年年底被评为上海市三星级影院。1997年5月,因建设地铁2号线需要,长宁电影院被拆除。

顾仲彝(1903—1965),原名德隆,浙江余姚人。"五四"运动爆发后,受新文化影响,他在秀州中学投入进步学生运动。1923年,顾仲彝从国立东南大学文学院毕业后,入上海商务印书馆编辑所任英文编辑,结识沈雁冰、郑振铎等人,参加文学研究会,不久加入上海戏剧协社,开始从事戏剧活动。1937年抗日战争爆发后,顾仲彝投入民族救亡的爱国运动,写出了一批充满抗日激情的短文和诗篇,先后组织和加入上海剧艺社、上海艺术剧团和国剧团。抗战胜利后,顾仲彝参与筹建上海戏剧电影协会和中国文协上海分会;1945年10月,与李健吾、黄佐临、张骏祥、吴仞之等创办上海市立实验戏剧学校,任校长;1950年调入上海市文化局,历任电影事业管理处副处长、艺术处副处长;1956年后历任上海电影工作协会副主席,上海文联理事等职;1957年转入上海戏剧学院任戏剧文学系教授;1963年完成其关于戏剧理论研究方面的学术论著《编剧理论与技巧》。1965年,顾仲彝逝于上海,终年62岁。

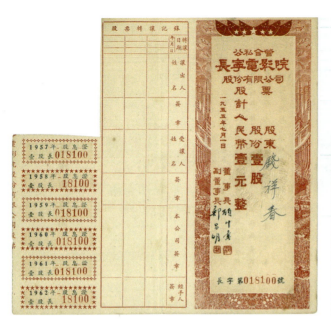
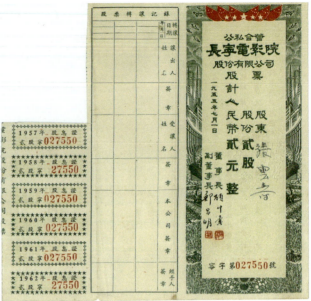
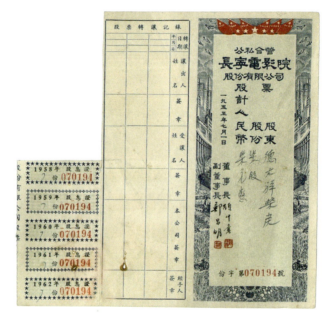

名称：公私合营长宁电影院股份有限公司股票

股数：壹股、贰股、柒股

发行年份：1955年

尺寸：182 mm × 178 mm

注释：长宁电影院董事长顾仲彝，时任上海电影工作协会副主席，他在1948年发行的第七期《电影杂志》上载文："电影是民众教育最有效力的工具，其感人之深影响之大，已渐渐为社会人士所认识"。副董事长郑昌明，历任长宁区工商联副主任委员、主任委员，曾在抗美援朝时捐献飞机大炮，后复办曹家渡救火会，集资筹办长宁电影院和开办群联中学。

公私合营长宁电影院股票一套共3枚，都附带有股息证。

公私合营杨浦电影院股份有限公司股票

　　杨浦电影院坐落在平凉路1730号,进入影院大厅,四周的玻璃橱窗内悬挂着孙道临、赵丹、秦怡、张瑞芳、田华等诸多电影明星的电影剧照。那时,每个星期天的早晨7点,影院都会放映一场儿童电影,票价只需五分钱。如今电影院已变成大桥社区事务受理中心。

名称:公私合营杨浦电影院股份有限公司股票
股数:肆股
发行年份:1955年
尺寸:163 mm × 174 mm
注释:杨浦电影院董事长与长宁电影院董事长同为顾仲彝一人。票面设计与东昌电影院类似。

澳门逸园赛狗有限公司股票

说起澳门的博彩业，人们大多想到的是葡京大酒店等大小不一的赌场，来到澳门后才知道，这里的博彩业还包括赛马、赛狗等多种形式。

1930年，由卢九家族、范洁朋等人组成的豪兴公司取得澳门赌场的专营权。1931年，范洁朋赴上海考察，见到赛狗博彩活动盛行，开始探询在澳门办赛狗的可行性，后来在澳葡政府的支持下，以优惠价格在望厦山附近一块土地上兴建了一个跑狗场。1931年8月澳门狗场开业，自此开启了澳门赛狗活动的历史。赛狗活动刚引入澳门时，其经营模式、比赛用的格力狗和部分器材都引自上海的两个赛狗场。1932年元旦过后，澳门赛狗会隆重开幕。1933年，澳门赛狗会因经营困难而停办。范洁朋把赛狗会卖给外籍商人嘉理仁（澳门电灯公司总经理），嘉理仁在1934年又转卖给了赌商毕侣俭。

毕侣俭接办澳门赛狗会后，易名南华赛狗游艺有限公司，办起了以赛狗为主的综合性娱乐场，不久后因养狗开支大而停止赛狗，1936年起向政府申请经营赌博娱乐场。1961年初，印尼华侨郑君豹向政府申请恢复赛狗，并于同年8月签订为期八年的赛狗专营合约。专营权初期由香港注册成立的澳门跑狗有限公司所拥有，后转给澳门逸园赛狗有限公司，1963年8月正式开业，由何贤任董事长。

1963年9月底，首场赛狗活动在逸园赛狗场举行，整个澳门为之疯狂，场馆外车水马龙，四处可见等待入场或排队下注的人群（当时最低投注额为1元）。入场费公众席每位2元；会员席每位5元；贵宾房收费25元；包厢可容6人，收费80元。另外，在葡京酒店、回力娱乐场和金碧娱乐场还设有场外投注站。赛狗活动每逢周二、周四、周末晚上8时及周日下午举行，每晚有14场赛事，投注方式与赛马相似，所有参赛的狗都是善于狩猎、身手敏捷的格力狗。

1983年12月6日，何贤去世后，其后人将逸园赛狗有限公司股权转让给由何添、何鸿燊、郑裕彤组成的财团，并且重组了董事会。1985年11月23日，逸园赛狗有限公司与澳门政府签署专营合约，专营的有效期为20年。澳门逸园赛狗有限公司至今仍在澳门旅游娱乐有限公司名下。

何贤（1908—1983），广东番禺人，何厚铧之父。澳门人称何贤为"澳门王"。何贤早年在顺德县陈村经营粮油店，后赴广州开设汇隆银号，任司理，1938年赴香港经商。从20世纪40年代中期起，何贤又陆续开办了印染厂、纸厂、火柴厂、石粉厂、酒店、地产公司、公共汽车公司、自来水公司、石油公司等，形成了颇具规模的企业集团。1941年，何贤赴澳门，任大丰银行董事长兼总经理，澳门镜湖医院主席。何贤是当时澳门华人社会的第一号人物，他长期担任澳门中华总商会会长、第六届全国人大常委、第五届全国政协常委。1983年12月6日，何贤在香港伊丽莎白医院去世，享年75岁。

名称:澳门逸园赛狗有限公司股票

股数:伍仟股

发行年份:1976年

尺寸:270 mm × 339 mm

注释:此澳门逸园赛狗有限公司股票为实用大面额券,存世品较为少见。

参 考 文 献

[1] 上海出版志编纂委员会.上海出版志[M].上海:上海社会科学院出版社,2001.
[2] 上海新闻志编纂委员会.上海新闻志[M].上海:上海社会科学院出版社,2000.
[3] 金普森,孙善根.宁波帮大辞典[M].宁波:宁波出版社,2000.
[4] 张静庐.中国近现代出版史料[M].上海:上海书店出版社,2011.
[5] 中国人民政治协商会议上海市委员会文史资料工作委员会.上海文史资料选辑[M].上海:上海人民出版社,1983.
[6] 中华书局编辑部.回忆中华书局[M].北京:中华书局,1987.
[7] 上海文化艺术志编纂委员会.上海文化娱乐场所志[G].上海:上海市新闻出版局内部资料,2000.
[8] 程德培,郜元宝,杨扬.良友人物:1926—1945[M].上海:上海社会科学院出版社,2004.
[9] 艾以.上海滩电影大王:张善琨[M].上海:上海人民出版社,2007.
[10] 刘志英.近代上海华商证券市场研究[M].上海:学林出版社,2004.
[11] 商务印书馆.商务印书馆九十年:我和商务印书馆(1897—1987)[M].北京:商务印书馆,1987.
[12] 商务印书馆.商务印书馆九十五年:我和商务印书馆(1897—1992)[M].北京:商务印书馆,1992.
[13] 商务印书馆.商务印书馆一百年:我和商务印书馆(1897—1997)[M].北京:商务印书馆,1997.
[14] 王建辉.老出版人的肖像[M].南京:江苏教育出版社,2003.
[15] 马国亮.良友忆旧:一家画报与一个时代[M].北京:生活·读书·新知三联书店,2002.
[16] 陆坚心,完颜绍元.20世纪上海文史资料文库[M].上海:上海书店出版社,1999.